Managementwissen für Studium und Praxis

Herausgegeben von
Professor Dr. Dietmar Dorn und
Professor Dr. Rainer Fischbach

Bisher erschienene Werke:

Statistik für Wirtschafts- wissenschaftler

Von
Prof. Dr. Thomas Sauerbier

2., überarbeitete Auflage

R.Oldenbourg Verlag München Wien

Bibliografische Information Der Deutschen Bibliothek

Die Deutsche Bibliothek verzeichnet diese Publikation in der Deutschen
Nationalbibliografie; detaillierte bibliografische Daten sind im Internet
über <http://dnb.ddb.de> abrufbar.

© 2003 Oldenbourg Wissenschaftsverlag GmbH
Rosenheimer Straße 145, D-81671 München
Telefon: (089) 45051-0
www.oldenbourg-verlag.de

Gedruckt auf säure- und chlorfreiem Papier
Druck: Hofmann Medien Druck GmbH, Augsburg
Bindung: R. Oldenbourg Graphische Betriebe Binderei GmbH

ISBN 3-486-27459-7

Vorwort zur 2. Auflage

Da sich das Buch als Begleitmaterial zur Statistikvorlesung bei mir sowie Kollegen an meiner Hochschule bewährt hat, waren keine wesentlichen Änderungen für die zweite Auflage notwendig. Die Neuauflage wurde deshalb dazu genutzt, Tippfehler zu beseitigen und an zahlreichen Stellen Präzisierungen und Ergänzungen vorzunehmen.

Mein Dank gilt Kollegen und Studierenden für ihre hilfreichen Kommentare und Anregungen zur ersten Auflage sowie dem Lektoratsleiter, Herrn Diplom-Volkswirt Martin Weigert, für die auch diesmal wieder außergewöhnlich einfache und angenehme Zusammenarbeit.

Thomas Sauerbier

Vorwort zur 1. Auflage

Noch ein Statistikbuch? Es gibt doch schon einige hundert allein im deutschsprachigen Raum! Steht denn da etwas drin, das woanders nicht enthalten ist?

Nein! Genau das nicht!

Anders als in manchen anderen Lehrbüchern wird hier nicht der Versuch unternommen, möglichst viele Details und Randgebiete aufzunehmen und den Leser mit Beweisen eher zu verwirren als ihn zu informieren. Statt dessen erhält der Leser einen soliden Überblick über alle wichtigen Bereiche der Statistik, die üblicherweise im Rahmen der Hochschulausbildung von Wirtschaftswissenschaftlern vermittelt werden. Das Buch soll dabei vor allem folgenden Zwecken dienen:

- Es ist eine auf das wirklich Wesentliche beschränkte Einführung in die Statistik und ein eigenständiges Lehrbuch insbesondere für Studierende der Wirtschafts- und Sozialwissenschaften an Universitäten und Fachhochschulen, aber auch für Angehörige anderer Fachbereiche sowie Praktiker aus der Wirtschaft.

- Es hilft, Wichtiges von weniger Wichtigem zu trennen, wenn man in der Statistikvorlesung den Wald vor lauter Bäumen (Beweisen, Formeln, Symbolen) nicht mehr erkennt.

- Durch die übersichtliche Gestaltung, die vielen Klausurtips und ca. 120 Beispiel- und Übungsaufgaben mit ausführlichen Lösungen ist es insbesondere auch für die Klausurvorbereitung geeignet.

- Mit Hinweisen zu praktischen Einsatzmöglichkeiten in verschiedenen Bereichen der Wirtschaftswissenschaften wird gezeigt, warum die Beschäftigung mit der Statistik auch über das Bestehen der Klausur hinaus sinnvoll ist.

Danken möchte ich an dieser Stelle meinem Freund Dr. Harald Ritz und meinem Vater Josef Sauerbier für die mühevolle Arbeit des Redigierens sowie den vielen Studierenden für zahlreiche Fragen, Anregungen und Korrekturhinweise zum Vorlesungsskript, das diesem Buch zugrunde liegt. Mein Dank gilt weiter dem Oldenbourg-Verlag und dort insbesondere dem Lektoratsleiter, Herrn Diplom-Volkswirt Martin Weigert, für die unkomplizierte Realisierung des Buches.

Thomas Sauerbier

Inhaltsverzeichnis

WAHRSCHEINLICHKEITSRECHNUNG

INDUKTIVE STATISTIK

ANHANG

1 Einleitung

1.1 Allgemeines

Wir sind ständig von Statistiken umgeben! Ob man in einer Boulevardzeitung ließt, wieviel Liter Bier die Deutschen im letzten Jahr pro Kopf getrunken haben, in den Nachrichten die aktuellen Arbeitslosenzahlen hört oder als Vertriebsmanager aufgrund der Umsatzzahlen der letzten Monate die Zahlen für das nächste Jahr schätzen muß - ohne Statistiken wäre wirtschaftliches Handeln, wie wir es heute kennen, nahezu unmöglich, und Statistiken prägen - oft unbewußt - zu einem erheblichen Teil unsere Meinung in den verschiedensten Bereichen.

Warum aber gehört dann Statistik zu den unbeliebtesten Fächern im Wirtschaftsstudium? Sicher, Statistik ist schwer, und viele haben Mathematik schon in der Schule nicht gerade präferiert! Aber oft kommt ein weiteres Problem erschwerend hinzu: In vielen Statistikbüchern und -vorlesungen wird weitgehend ignoriert, daß Statistik in erster Linie eine Methodik ist, mit der man die Realität analysieren und verstehen kann.

Diese Funktion wird in folgender Abbildung verdeutlicht:

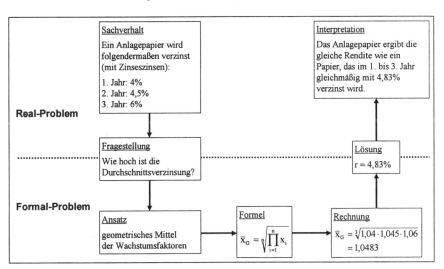

Abb. 1-1: Grundschema einer anwendungsorientierten Statistik

In der Realität ist ein Sachverhalt gegeben; hier z.B. die Verzinsung eines Anlagepapiers. Dieses Real-Problem wird nun in eine formale Ebene überführt, in der es berechnet werden kann. Über das geometrische Mittel der Wachstumsfaktoren ist es möglich, eine Durchschnittsverzinsung zu bestimmen. Die Lösung - zunächst eine nackte Zahl - muß in der realen Ebene wiederum interpretiert werden, um der ganzen Rechnung einen Sinn zu geben.

Oft spielt sich die Statistik leider ausschließlich auf der formalen Ebene ab: Es werden also nur die statistischen Methoden selbst betrachtet, nicht ihre Anwendung auf reale Probleme.

Statistik sollte man aber ganzheitlich sehen. Oder glauben Sie, daß ein Absolvent der Wirtschaftswissenschaften später von seinem Chef zu hören bekommt: "Hier haben Sie fünf Zahlen. Bilden Sie bitte das geometrische Mittel davon!" Statt dessen kommt eine Aufgabe folgender Art ständig vor: "Hier sind die Umsatzzahlen der letzten fünf Jahre. Berechnen Sie bitte das durchschnittliche Umsatzwachstum!"

Es wird deshalb - soweit es der beschränkte Rahmen zuläßt - in diesem Buch versucht, sowohl im Lehrtext als auch in den Beispiel- und Übungsaufgaben den Bezug zu realen Anwendungen herzustellen. Vielleicht hilft dies den Lesern, sich einerseits etwas mehr für das Fach Statistik zu motivieren und andererseits mit offenen Augen und kritischem Blick der Flut von Statistiken zu begegnen, die tagtäglich über die Massenmedien und im Geschäftsleben auf uns niedergeht.

1.2 Kapitelübersicht

Die Statistik für Wirtschaftswissenschaftler unterscheidet sich von der für Ingenieure o.ä. durch die wesentlich stärkere Betonung der beschreibenden (deskriptiven) Statistik, die erhobene (Vergangenheits-) Daten aufbereitet und analysiert. Aufgrund der erheblichen praktischen Bedeutung der deskriptiven Statistik wird dieses Gebiet als erster Teil des Buches besonders ausführlich behandelt.

Den zweiten Teil bildet eine elementare Einführung in das Gebiet der Wahrscheinlichkeitsrechnung. Hier geht es darum zu berechnen, mit welcher Wahrscheinlichkeit bestimmte Ereignisse (künftig) auftreten bzw. wie sich die möglichen Ausprägungen verteilen. Für die praktische Anwendung haben theoretische Wahrscheinlichkeitsverteilungen besondere Bedeutung. Die für Wirtschaftswissenschaftler wichtigen werden mit ihren wesentlichen Eigenschaften vorgestellt.

Der letzte Teil behandelt die induktive Statistik, bei der mit Hilfe einer Stichprobe auf eine (große) Grundgesamtheit geschlossen werden kann. Bekannt sind Hochrechnungen bei Wahlen, aber auch in der Industrie (z.B. im Fertigungsbereich) finden solche Methoden breite Anwendung. Neben einer kurzen Einführung in die Stichprobentheorie werden die wichtigsten Schätz- und Testverfahren behandelt.

Im Anhang befinden sich die ausführlichen Musterlösungen zu den zahlreichen Übungsaufgaben, die zu jedem Kapitel gestellt werden. Eine wertvolle Ergänzung dazu bilden die Klausurtips, die helfen, besonders häufige Fehler zu vermeiden. Insbesondere für Anfänger ist die Vielzahl der Symbole und Formelzeichen verwirrend. Im Symbolverzeichnis befindet sich deshalb eine Zusammenstellung aller verwendeten Symbole. Da es für Symbole leider keine einheitliche Schreibweise gibt und sie in nahezu jedem Buch anders verwendet werden, wurden als Hilfe für den Gebrauch verschiedener Bücher auch Hinweise auf alternative Schreibweisen gegeben. Die Tabellensammlung beinhaltet die in diesem Buch behandelten Verteilungen, die nicht direkt selbst berechnet werden können. Abgeschlossen wird das Buch mit einigen Literaturhinweisen sowie einem Index.

1.3 Gebrauch dieses Buches

Das vorliegende Werk ist insbesondere als Lehr- und Arbeitsbuch für Studierende konzipiert und soll einerseits den Einstieg in den Stoff erleichtern und andererseits eine optimale Unterstützung für die Klausurvorbereitung bieten.

Um dies zu erreichen, werden verschiedene, meist deutlich getrennte Elemente verwendet, die auch drucktechnisch klar abgegrenzt sind:

- Der **eigentliche Lehrtext** führt jeweils in die Problematik ein und beschreibt den Stoff. Auf Beweise oder tiefergehende theoretische Erläuterungen wird dabei weitgehend verzichtet. Statt dessen werden relativ ausführlich die Möglichkeiten, aber auch Probleme der praktischen Anwendung der beschriebenen Methoden erläutert.

- Wichtige **Begriffe** werden bei ihrem ersten Erscheinen fett gedruckt, um insbesondere das Nachschlagen zu beschleunigen.

- **Formeln,** die auch für das Lösen von Aufgaben benötigt werden, sind eingerahmt, um sie gegenüber weniger wichtigen Herleitungen oder Hilfsinformationen hervorzuheben.

- In vielen Abschnitten werden konkrete (Rechen-) **Beispiele** verwendet, um das Verständnis zu erhöhen. Diese sind - soweit möglich - eingerückt dargestellt, um sie vom eigentlichen Lehrtext zu trennen.

- Unter der Überschrift "**Klausurtip(s)**" werden besonders wichtige Informationen oder häufige Fehler herausgestellt. Dabei werden Dinge auf den Punkt gebracht, die in den meisten anderen Büchern oft nur versteckt oder implizit enthalten sind. Weitere Tips dieser Art befinden sich im Anhang.

- Jedes Kapitel schließt mit einigen **Übungsaufgaben** ab. Sie dienen einerseits dazu, den vermittelten Stoff zu vertiefen und einzuüben, und eignen sich andererseits auch zur Klausurvorbereitung. Die meist sehr ausführlichen Musterlösungen befinden sich im Anhang. Das selbständige Lösen der Übungsaufgaben (nicht erst kurz vor der Klausur!) ist in einem Fach wie Statistik unverzichtbar, um sich den Stoff anzueignen.

1.4 Verwenden zusätzlicher Literatur

Wie in jedem anderen Fach wird Studierenden auch in der Statistik grundsätzlich empfohlen, weitere Literatur zu verwenden. Dies dient dazu, andere Sichtweisen und Schwerpunkte zu erfahren, und kann durch eine andere Darstellung in Problemfällen auch das Verstehen erleichtern.

Es ist jedoch unbedingt folgende Problematik zu beachten:

In der Statistik wird eine große Zahl von Begriffen, Namen, Abkürzungen, Formelzeichen und Definitionsgleichungen verwendet. Leider unterscheiden sie sich oft von einem Lehrbuch zum anderen.

Ein typisches Beispiel ist die Regressionsgerade (Abschnitt 5.2.1), für die in verschiedenen Büchern folgende Formeln angegeben werden:

$$y^* = a \cdot x + b$$

$$\hat{y} = a + b \cdot x$$

$$Y' = a + b \cdot X$$

$$\hat{y} = m \cdot x + b$$

$$\hat{y} = b_0 + b_1 \cdot x$$

Mögen die "Verzierungen" am y noch relativ belanglos sein, beinhaltet der Unterschied zwischen der ersten und zweiten Formel eine große Gefahr: Die Werte für a und b könnten bei Verwendung mehrerer Bücher vertauscht werden, so daß sich bei einer (Klausur-) Aufgabe eine falsche Lösung ergibt!

Gleiches ergibt sich bei der Verwendung von Taschenrechnern oder Computerprogrammen. Werden die Koeffizienten a und b einer Regressionsgeraden berechnet, ist zunächst ihre Bedeutung zu klären. Ähnliches gilt insbesondere auch für die Berechnung der Standardabweichung, für die fast immer zwei alternative Formeln gleichzeitig (für Stichprobe oder Grundgesamtheit) zur Verfügung stehen.

Deshalb der dringende Hinweis:

Bei Verwendung von zusätzlicher Literatur (inkl. Formelsammlungen) oder Taschenrechnern mit statistischen Funktionen ist immer sorgfältig zu prüfen, was sich hinter einer Formel oder einem Namen verbirgt! Ein unreflektiertes Mischen von Symbolen und Formeln führt leicht zu falschen oder sogar unsinnigen Ergebnissen.

2 Grundlagen

2.1 Grundbegriffe

Die Statistik beschäftigt sich mit der Untersuchung von Massenerscheinungen. Insoweit muß eine Menge von Elementen, den sogenannten **statistischen Einheiten**, gegenüber anderen Elementen abgegrenzt werden. Dazu muß jede statistische Einheit nach folgenden Kriterien eindeutig identifizierbar bzw. abgrenzbar sein:

- sachlich
- räumlich
- zeitlich

Beispiel: Alle wahlberechtigten Bürger (sachlich) der Bundesrepublik Deutschland (räumlich) zur Bundestagswahl 1998 (zeitlich).

Die Menge aller so abgegrenzten Elemente nennt man **Grundgesamtheit** (Symbol für die Anzahl der Elemente: N).

Bei statistischen Massen unterscheidet man:

Bestandsmasse: Die Elemente der Masse besitzen eine Lebensdauer und verweilen für eine gewisse Zeit in der Masse. Die Messung erfolgt zu einem bestimmten Zeitpunkt. Beispiele: Einwohner einer Stadt, Waren in einem Lager.

Ereignismasse: (auch: **Bewegungsmasse**) Die Elemente (Ereignisse) der Masse treten nur zu bestimmten Zeitpunkten auf. Die Messung erfolgt über einen bestimmten Zeitraum. Beispiele: Geburten innerhalb eines Jahres, Autounfälle in einem Monat.

Die Eigenschaften, die bei einer statistischen Untersuchung interessieren, heißen **Merkmale**. Allgemein wird folgende Symbolschreibweise verwendet: $X = \{x_1, x_2, ..., x_i, ..., x_m\}$. Die x_i symbolisieren die möglichen **Merkmalsausprägungen**. Ein Beispiel ist das Merkmal Geschlecht mit den Ausprägungen männlich und weiblich. Da die statistischen Einheiten Träger dieser Merkmale sind, werden sie auch als **Merkmalsträger** bezeichnet.

Bezüglich der Merkmale können zwei Gruppen unterschieden werden:

diskrete Merkmale: Das sind Merkmale, bei denen nur endlich viele oder abzählbar unendlich viele mögliche Ausprägungen existieren. Ein Beispiel für endlich viele ist das Geschlecht, Beispiele für abzählbar unendlich viele sind Anzahlen, wie z.B. Einwohnerzahl, Zahl der Kfz usw. Merkmale, die nur zwei mögliche Ausprägungen besitzen, nennt man **dichotome Merkmale**.

stetige Merkmale: (auch kontinuierliche Merkmale genannt) Bei stetigen Merkmalen sind (zumindest innerhalb eines endlichen Bereichs) unendlich viele Zwischenwerte möglich. Beispiele sind die meisten physikalischen Größen wie Länge, Gewicht, Zeitdauer usw.

Zum Teil besteht ein gewisser Übergangsbereich, der als quasi-stetig bezeichnet werden kann. So sind Geldbeträge grundsätzlich diskret, da die kleinsten Einheiten z.B. Euro und Cent sind. Bei Staatsausgaben von Milliarden EUR können Geldbeträge jedoch durchaus als stetig behandelt werden. Umgekehrt lassen sich auch stetige physikalische Größen aufgrund der begrenzten Meßgenauigkeit de facto nur in endlichen vielen (diskreten) Schritten messen.

Eine weitere Angabe zu Merkmalen ist, ob ein einzelner Merkmalsträger mehrere Ausprägungen gleichzeitig besitzen kann. Z.B. kann eine Person gleichzeitig an mehreren Krankheiten leiden oder mehrere Berufsausbildungen abgeschlossen haben. Man spricht dann von **häufbaren Merkmalen**.

2.2 Skalenarten

Je nach Art eines Merkmals lassen sich verschiedene Skalenarten unterscheiden:

Nominalskala: Vergleich der Ausprägungen auf Übereinstimmung

                             keine Rangfolge

                             Beispiele: Geschlecht, Religion, Postleitzahlen

Ordinalskala: es liegt eine (natürliche) Rangfolge der Ausprägungen vor

                             die Abstände sind jedoch nicht quantifizierbar

                             Beispiele: Dienstgrade, Schulnoten, Tabellenplätze

metrische Skala: (auch Kardinalskala genannt)

                             Ausprägungen und Abstände zwischen ihnen sind quantitativ meßbar

                             es werden folgende Varianten unterschieden:

Intervallskala: Nullpunkt und Maßeinheit willkürlich

                             Beispiele: Jahreszahlen, Temperatur in Grad Celsius

Verhältnisskala: natürlicher Nullpunkt, willkürliche Maßeinheit

                             Beispiele: Körpergröße, Alter, Temperatur in Kelvin

Absolutskala: Nullpunkt und Maßeinheit natürlich

                             Beispiele: absolute Häufigkeiten, Stückzahlen

Die ersten beiden sind qualitative Skalen, die übrigen quantitative.

Qualitative Merkmalsausprägungen können auch in Form von Zahlen angegeben werden, ohne daß sie dadurch quantitativ werden. Z.B. ist eine Postleitzahl keine

Maßeinheit, sondern nur eine Abkürzung für ein bestimmtes Gebiet. Im Zusammenhang mit Computerauswertungen werden qualitative Angaben (zumindest intern) immer in Form von Zahlen gespeichert (z.B. 1 = männlich, 2 = weiblich). Dies ist deutlich von echten quantitativen Ausprägungen zu unterscheiden.

Die einzelnen Skalenarten erlauben unterschiedliche **Skalentransformationen**:

Nominalskala: umkehrbar eindeutig (Umbenennen)

Beispiel: Mann/Frau in Herr/Dame

Ordinalskala: streng monoton steigend (Beibehalten der Rangfolge)

Beispiel: 1, 2, ... in "sehr gut", "gut" ...

Intervallskala: positiv linear ($y = a + b \cdot x$ mit $b > 0$)

Beispiel: Angabe der Temperatur in Celsius oder Fahrenheit

Verhältnisskala: positiv proportional ($y = b \cdot x$ mit $b > 0$)

Beispiel: Angabe der Größe in Zentimeter oder Zoll

Absolutskala: identisch ($y = x$) (keine Transformation im üblichen Sinn)

Beispiel: Angabe der Personenzahl als "Köpfe", "Seelen" ...

Die Anforderungen an die Skala steigen kontinuierlich von der Nominalskala zur Absolutskala, so daß alle unteren Skalen in den nachfolgenden enthalten sind. Z.B. kann man ordinale Dienstränge wie ein nominales Merkmal auf gleich oder ungleich prüfen und verzichtet dabei auf die Information höher bzw. niedriger.

2.3 Phasen einer statistischen Untersuchung

Eine statistische Untersuchung läßt sich in folgende Phasen unterteilen:

1) Planung

Es ist unter anderem festzulegen:

- Untersuchungsziel
- sachliche, räumliche und zeitliche Abgrenzung der Untersuchungseinheiten
- Erhebungstechnik
- statistische Verfahren
- organisatorische Fragen

2) Erhebung

Es können zwei Verfahren unterschieden werden:

Primärerhebung: es werden Daten neu erhoben

Vorteil: Daten entsprechen genau den Anforderungen

Nachteil: sehr aufwendig (teuer, langwierig)

Sekundärstatistik: vorhandene Statistiken werden neu ausgewertet

Vorteil: kostengünstig, schnell

Nachteil: Daten passen oft nicht, Verfälschungen möglich

3) Aufbereitung

Zusammenfassen und Bearbeiten der Rohdaten. Dazu gehört neben der DV-technischen Erfassung auch die Darstellung in Tabellen und ggf. Grafiken.

4) Analyse

Mit Hilfe geeigneter statistischer Verfahren wird das Datenmaterial analysiert. Dadurch können z.B. Zusammenhänge aufgedeckt und quantifiziert werden.

5) Interpretation und Umsetzung

Dieser letzte Schritt betrifft vor allem die inhaltliche Ebene und ist deshalb eher die Aufgabe des entsprechenden Fachmanns des Erhebungsgegenstandes.

2.4 Übungsaufgaben

Aufgabe 2-1

Kreuzen Sie in der folgenden Tabelle an, ob das jeweilige Merkmal diskret oder stetig ist und welche Skala verwendet wird.

Merkmal	diskret	stetig	nominal	ordinal	Interv.	Verh.	Absol.
					Skala		
Geschwindigkeit							
Studienfach							
Einwohnerzahl							
Jahr der Heirat							
Klausurnote							
Monatseinkommen							
Semesterzahl							

Aufgabe 2-2

Welche der folgenden Merkmale sind häufbar?

a) Körpergröße
b) Geschlecht
c) Hobby
d) Alter

3 Darstellen von statistischem Zahlen-material

3.1 Eindimensionale Häufigkeitsverteilungen

3.1.1 Nominale Merkmale

Angenommen, für eine Gruppe von n = 20 Personen (Merkmalsträgern) soll das Merkmal Familienstand erhoben werden. Es sind m = 4 Merkmalsausprägungen definiert: ledig, verheiratet, geschieden, verwitwet.

Es werden folgende **Beobachtungswerte** ermittelt:

geschieden, verheiratet, verheiratet, verwitwet, geschieden, ledig, verheiratet, verheiratet, geschieden, ledig, verheiratet, verheiratet, ledig, verwitwet, ledig, verheiratet, ledig, ledig, verwitwet, geschieden.

Diese ungeordnete Beobachtungsreihe wird **Urliste** genannt.

Den Statistiker interessiert normalerweise nicht, welche der 20 Personen welchen Familienstand aufweist, und auch die Reihenfolge der Beobachtungen ist unwichtig. Von Bedeutung ist vielmehr, welche Merkmale wie oft aufgetreten sind. Geeignet ist hierfür eine tabellarische Darstellung.

Tab. 3-1: Tabelle mit Häufigkeiten

Merkmalsausprägung x_i	Häufigkeit		
	absolut h_i	relativ f_i	relativ in % $f_i \cdot 100\%$
ledig	6	0,30	30%
verheiratet	7	0,35	35%
geschieden	4	0,20	20%
verwitwet	3	0,15	15%
Σ	20	1,00	100%

Die **absolute Häufigkeit** h_i gibt an, wie oft die Merkmalsausprägung x_i bei der Erhebung beobachtet wurde. Dabei ist h_i eine Kurzschreibweise für $h(x_i)$, die im folgenden zur Vereinfachung verwendet wird, sofern keine Verwechslungen zu befürchten sind. Es gilt:

$$\sum_{i=1}^{m} h_i = n$$

Die **relative Häufigkeit** f_i (Kurzschreibweise für $f(x_i)$) gibt an, wie oft eine Merkmalsausprägung im Verhältnis zur Anzahl der Beobachtungswerte vorkommt. Sie ist gegeben durch:

$$f_i = \frac{h_i}{n}$$

Für die relativen Häufigkeiten gilt:

$$\sum_{i=1}^{m} f_i = 1$$

Oft werden relative Häufigkeiten auch als Prozentwerte angegeben.

Neben der tabellarischen gibt es verschiedene grafische Darstellungen:

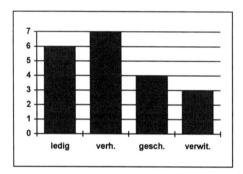

Abb. 3-1: Säulendiagramm

Eine sehr gebräuchliche Darstellung ist das **Säulendiagramm**. Werden die Merkmalswerte von links nach rechts nach absteigenden Häufigkeiten sortiert, handelt es sich um ein **Pareto-Diagramm**. Insbesondere bei Präsentationsgrafiken wird zunehmend die dreidimensionale Darstellung verwendet. Es ist jedoch zu bedenken, daß das bessere Aussehen oft mit einer schlechteren Ablesbarkeit der Werte verbunden ist.

Gelegentlich werden in der Darstellung die beiden Achsen vertauscht. Diese Form wird meist als **Balkendiagramm** bezeichnet (siehe Abb. 3-2).

Die Begriffe Säulendiagramm und Balkendiagramm werden in der Literatur nicht immer in gleicher Weise verwendet.

Seltener wird das **Stabdiagramm** verwendet, bei dem die Häufigkeiten durch dünne Striche (Stäbe) anstelle von breiten Säulen bzw. Balken dargestellt werden.

Oft ist es interessant, die relative Verteilung auf einen Blick zu erkennen. Hierzu eignen sich **Kreisdiagramme** (bei dreidimensionaler Darstellung auch Tortendiagramme genannt), die bei nicht häufbaren Merkmalen den Anteil einer Ausprägung an der Gesamtheit besonders gut darstellen (Abb. 3-3).

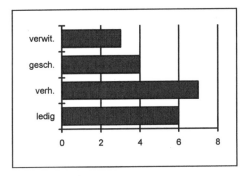

Abb. 3-2: Balkendiagramm

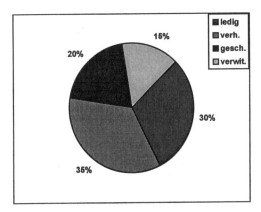

Abb. 3-3: Kreisdiagramm

Soll die Verteilung der Merkmalsausprägungen über mehrere Perioden hinweg verfolgt werden, wird für jede Periode ein **Rechteckdiagramm** erzeugt und auf der X-Achse in zeitlicher Reihenfolge geordnet. Diese Darstellungsform wird meist als **Stapelsäulendiagramm** bezeichnet:

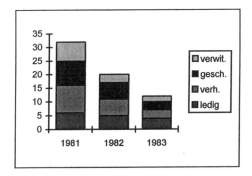

Abb. 3-4: Stapelsäulendiagramm

Wird der Schwerpunkt bei der Darstellung auf die relativen Häufigkeiten gelegt, erhalten alle Säulen die gleiche Gesamtgröße und repräsentieren jeweils 100%. Das nachfolgende Diagramm stellt dieselben Daten wie das letzte dar, jedoch für jedes Jahr auf 100% normiert.

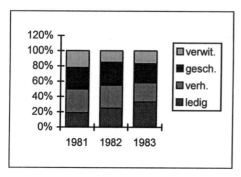

Abb. 3-5: Normierte Stapelsäulen

Der Nachteil dieser Form besteht darin, daß z.B. bei schrumpfender Gesamtheit die Anteile einer Ausprägung wachsen können, obwohl die absolute Häufigkeit geringer wird (hier z.B. bei "ledig"). Dies kann zu Fehlinterpretationen führen.

An dieser Stelle sei vor einem Fehler gewarnt, der bei der zwei- oder dreidimensionalen Darstellungen häufig zu beobachten ist:

Das Verhältnis von Größen wird bei zwei- bzw. dreidimensionalen Figuren oft durch ein entsprechendes Verhältnis der Kantenlängen (bzw. Höhen und Breiten) ausgedrückt, wie in folgender Abbildung zu sehen ist:

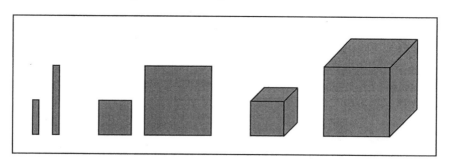

Abb. 3-6: Längenverhältnis 1:2 in ein-, zwei- und dreidimensionaler Darstellung

Visualisiert werden soll ein Verhältnis von 1:2. Das ist in der (im wesentlichen) eindimensionalen Darstellung links durch ein entsprechendes Verhältnis der Höhen geschehen. In der zweidimensionalen Form in der Mitte wurde das Verhältnis 1:2 für die Kantenlängen verwendet. Damit ist jedoch die relevante Fläche rechts viermal statt doppelt so groß. Noch krasser ist die dreidimensionale Variante rechts: Durch die doppelt so große Kantenlänge besitzt der rechte Würfel ein achtmal so großes Volumen wie der linke Würfel.

3.1.2 Ordinale Merkmale

Bei ordinal skalierten Merkmalen können grundsätzlich die gleichen tabellarischen und grafischen Darstellungsformen wie für nominale Merkmale verwendet werden. Es ist dann jedoch darauf zu achten, daß die Merkmalsausprägungen in der gegebenen Reihenfolge aufgeführt werden.

Zusätzlich sind bei ordinal skalierten Merkmalen Summenhäufigkeiten möglich, aber eher unüblich. Es wird deshalb auf die entsprechenden Ausführungen im folgenden Abschnitt verwiesen, die z.T. übernommen werden können.

3.1.3 Quantitative Merkmale

Sofern bei einem quantitativen Merkmal nur eine (sehr) geringe Anzahl möglicher Ausprägungen existiert (z.B. Anzahl der Kinder o.ä.), können die oben vorgestellten Darstellungsformen praktisch unverändert übernommen werden.

In vielen Fällen sind jedoch entweder unendlich viele Ausprägungen möglich (bei stetigen Merkmalen immer) oder es kommen so viele vor, daß sie sinnvollerweise nicht einzeln dargestellt werden können.

Als Beispiel sei die Körpergröße einer Gruppe von Personen erfaßt worden. Die Größe ist als physikalische Längenangabe stetig und besitzt damit unendlich viele Zwischenwerte. Genaugenommen werden somit nie zwei Personen exakt dieselbe Größe aufweisen, sofern man nur genau genug mißt bzw. messen kann. Die Angaben werden deshalb fast immer auf ganze Zentimeter gerundet. Damit sind bereits sogenannte Klassen entstanden, die Beobachtungswerte innerhalb eines bestimmten Bereichs zu einem Wert zusammenfassen. Beim normalen Runden werden z.B. die Werte 160,2, 159,7 und 160,4 so behandelt, als wären sie gleich. Oft sind jedoch auch die so entstandenen klassierten Merkmalsausprägungen noch zu fein für eine sinnvolle Darstellung. Z.B. könnte eine Person mit 225 cm in der Gruppe enthalten sein, während es sonst keine Person über 200 cm gibt. In einer Tabelle müßten dann mehr als 20 leere Klassen aufgeführt werden. Deshalb kann eine weitere Klassenbildung (Klassierung) sinnvoll sein.

Im Zusammenhang mit der Klassenbildung sind eine Reihe von Begriffen und Festlegungen notwendig:

Eine **Klasse** ist eine Menge von Merkmalsausprägungen innerhalb festgelegter Grenzen. Dabei ist es - insbesondere bei diskreten Merkmalen - wichtig, genau festzulegen, ob eine Klassengrenze zur Klasse gehört oder nicht. Dagegen sind Angaben wie "150 - 160 cm" und "160 - 170 cm" nicht korrekt, da nicht ersichtlich ist, zu welcher der beiden Klassen der Wert 160 cm gehört. Die Angaben sind deshalb in einer der beiden folgenden Formen vorzunehmen:

- über 150 bis 160 cm

- 150 bis unter 160 cm

In mathematischer Schreibweise werden meist runde Klammern verwendet, wenn der entsprechende Rand nicht zur Menge gehört (seltener auch eckige Klammern, die nach außen zeigen), und eckige Klammern, wenn der Rand Teil der Klasse ist. Die Angaben oben sehen dann so aus:

- (150; 160] bzw.

- [150; 160)

Der Abstand zwischen unterer und oberer Klassengrenze ist die **Klassenbreite**. Sie ist in Abhängigkeit vom Untersuchungsgegenstand und der Anzahl n der beobachteten Werte so zu wählen, daß sich eine sinnvolle Klassenzahl m ergibt. Dabei können folgende Faustregeln verwendet werden:

$n \leq 30$: $m = 5$

$30 < n < 400$: $m \approx \sqrt{n}$

$n \geq 400$: $m = 20$

Die Klassenbreite muß nicht konstant sein. Sollen Angaben in einem bestimmten Bereich besonders genau dargestellt werden, wird dort eine geringere Klassenbreite als in anderen Bereichen gewählt. Das ist vor allem dann sinnvoll, wenn diese Bereiche sehr dicht besetzt und die Häufigkeiten schon bei kleinen Änderungen der Ausprägungen sehr unterschiedlich sind. Für das Alter bei der Heirat könnte der gesamten Bereich in Klassen einer Breite von fünf Jahren aufteilt werden. Dies mag für die Altersklasse [60; 65) sinnvoll sein, nicht aber für die Altersklasse [15; 20), da zwischen 15- und 19-jährigen ein so großer Unterschied bestehen dürfte, daß eine Zusammenfassung die Informationen verzerrt und keine genauen Aussagen mehr zuläßt.

Eine Sonderform einer variablen Klassenbreite sind **offene Randklassen** (auch Flügelklassen genannt). Sie reichen von einer festen Grenze bis zu plus oder minus Unendlich. Sie sind immer dann zu verwenden, wenn einige wenige Werte deutlich außerhalb des üblichen Bereichs liegen. Dies kommt vor allem für die nach oben offene Randklasse vor. Bei (Jahres-) Einkommen liegt die Masse zwischen 0 und 50.000 EUR, ein nennenswerter Anteil noch bis 100.000 EUR und nur einige wenige liegen oberhalb von 1.000.000 EUR. Hier könnte - je nach Intension - eine offenen Randklasse z.B. alle Einkommen über 100.000 oder über 1.000.000 umfassen. Die untere Randklasse ist meist durch das Merkmal gegeben, das in vielen Fällen keine negativen Ausprägungen annehmen kann.

Werden in einer Tabelle nur die Klassenhäufigkeiten angegeben, ist keine Aussage mehr über die Verteilung innerhalb einer Klasse möglich. Normalerweise wird dann anstelle der echten Werte die **Klassenmitte** verwendet, die der Mittelwert der Klassengrenzen ist.

Die tabellarische Darstellung (siehe Tab. 3-2) entspricht weitgehend der, die für nominale Merkmale verwendet wurde.

Tab. 3-2: Tabelle mit klassierten Daten

Körpergröße in cm	Klassenmitte in cm	Häufigkeit		
		absolut h_i	relativ f_i	relativ in % $f_i \cdot 100\%$
[150; 160)	155,0	18	0,09	9%
[160; 170)	165,0	30	0,15	15%
[170; 175)	172,5	46	0,23	23%
[175; 180)	177,5	54	0,27	27%
[180; 190)	185,0	30	0,15	15%
[190; 200)	195,0	22	0,11	11%
Σ		200	1,00	100%

Für die grafische Darstellung klassierter quantitativer Merkmale wird meist ein **Histogramm** verwendet, das für die Daten aus Tab. 3-2 so aussieht:

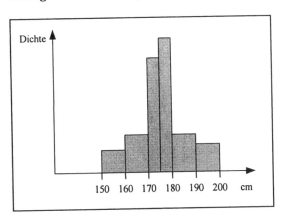

Abb. 3-7: Histogramm

Bei einem Histogramm ist folgendes zu beachten:

- Die Häufigkeit einer Klasse ist proportional zur <u>Fläche</u> des entsprechenden Rechtecks des Diagramms.

- Die Höhe eines Rechtecks entspricht der Dichte der Klasse. Dieser relative Wert ergibt sich als Quotient der Klassenhäufigkeit zur Klassenbreite. Die Höhe der Rechtecke ist nur dann proportional zur entsprechenden Klassenhäufigkeit, wenn alle Klassen die gleiche Breite besitzen. Die in vielen Büchern dargestellte Angabe der absoluten oder relativen Häufigkeiten an der Y-Achse ist deshalb zumindest ungenau und bei unterschiedlichen Klassenbreiten falsch.

- Auch bei offenen Randklassen ist auf die Flächen-Proportionalität zu achten. Die Breite entspricht meistens den übrigen (benachbarten) Klassen, die Höhe ergibt sich entsprechend.

- Eine Zusammenfassung benachbarter Klassen verändert das Diagramm nicht grundlegend, sondern vergröbert es. Würden im Beispiel die beiden Klassen zwischen 170 und 180 zu einer zusammengefaßt, müßte dort ein Rechteck gezeichnet werden, dessen Breite der Summe beider Breiten und dessen Höhe dem Durchschnitt beider Höhen entspräche.

Neben dem Histogramm werden z.T. weitere Darstellungen verwendet:

Beim **Häufigkeitspolygon** wird anstelle der Rechtecke des Histogramms ein durchgezogener Linienzug verwendet. Die Eckpunkte des Polygons befinden sich an denselben Stellen, an denen die Mitte des oberen Randes der Histogramm-Rechtecke liegt. Dies ist in der folgenden Abbildung zu sehen:

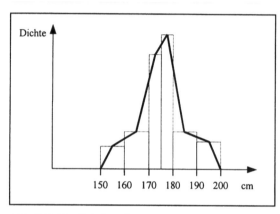

Abb. 3-8: Häufigkeitspolygon

Problematisch sind beim Häufigkeitspolygon die Randklassen. Beginnt bzw. beendet man den Polygonzug in der Mitte der Klasse, wirkt die Grafik unvollständig, da sie "in der Luft hängt". Zeichnet man die Linien bis zum Rand der äußeren Klassen, ergibt sich eine Verfälschung der Flächen. Zeichnet man sie bis in die Mitte der nicht mehr existierenden Nachbarklasse (in Abb. 3-8 z.B. bis 145 cm), so entspricht dies einer (falschen) endlichen Dichte außerhalb des Wertebereichs.

Beim **Stabdiagramm** ist die Länge der Stäbe proportional zur Klassenhäufigkeit. Die Stäbe haben jedoch nicht notwendigerweise den gleichen Abstand voneinander, sondern befinden sich an der Stelle, die der Klassenmitte entspricht. Nachteilig ist, daß sich die Häufigkeit nur indirekt aus der Höhe und dem Abstand der Stäbe ergibt. Das obige Beispiel ist als Stabdiagramm in Abb. 3-9 dargestellt.

Für einige Fragestellungen ist es von Interesse zu wissen, wie viele Einheiten eine bestimmte Merkmalsausprägung nicht überschreiten. Im Beispiel soll angegeben werden, wie viele (bzw. wieviel Prozent der) Personen höchstens ... cm groß sind. Dazu werden die Häufigkeiten bis zu der entsprechenden Merkmalsausprägung aufaddiert (kumuliert). Bei den absoluten Häufigkeiten entsteht so die **Summen-häufigkeitsverteilung H(x_i)** und bei den relativen die **Verteilungsfunktion F(x_i)** (Kurzschreibweisen H_i bzw. F_i). Tab. 3-3 stellt beide Varianten dar.

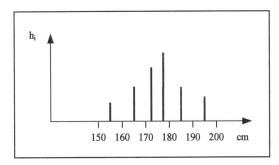

Abb. 3-9: Stabdiagramm

Tab. 3-3: Summenhäufigkeits- und Verteilungsfunktion in Tabellenform

Körpergröße in cm bis	h_i	f_i	Summenhäufig- keitsverteilung H_i	Verteilungs- funktion F_i
160	18	0,09	18	0,09
170	30	0,15	$18 + 30 = \;\;48$	0,24
175	46	0,23	$48 + 46 = \;\;94$	0,47
180	54	0,27	$94 + 54 = 148$	0,74
190	30	0,15	$148 + 30 = 178$	0,89
200	22	0,11	$178 + 22 = 200$	1,00

Die grafische Darstellung für Summenhäufigkeitsverteilung und Verteilungsfunktion sieht gleich aus und unterscheidet sich nur durch die Beschriftung der Y-Achse. Für das gegebene Beispiel ergibt sich folgende, als **Verteilungspolygon** bezeichnete Darstellung:

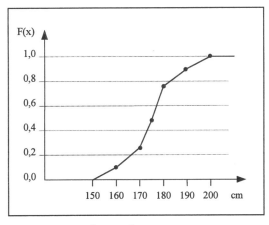

Abb. 3-10: Verteilungspolygon

Hier wurden die Häufigkeiten den Klassengrenzen zugeordnet und mit geraden
Linien verbunden. Dies geht davon aus, daß innerhalb einer Klasse Gleichverteilung vorliegt. Bei diskreten Daten entsteht dagegen eine Treppenfunktion, die
jeweils an der Merkmalsausprägung einen Sprung aufweist.

3.2 Zweidimensionale Häufigkeitsverteilungen

Oft ist es von Interesse, zwei (oder mehr) Merkmale gleichzeitig zu erfassen und
ihren Zusammenhang zu untersuchen. Ein Beispiel ist der Zusammenhang zwischen Körpergröße und Gewicht. Werden für eine Menge von Personen beide
Merkmale gleichzeitig erfaßt, enthält die Urliste keine Einzelwerte, sondern **Tu-
pel**. Anders als bei der getrennten Erfassung beider Merkmale in zwei einzelnen
Listen kann auf diese Art der Zusammenhang zwischen ihnen dargestellt werden.
Hier die tabellarische Darstellung zweier qualitativer Merkmale:

Tab. 3-4: Kontingenztabelle mit absoluten Häufigkeiten

		Geschlecht		Σ
		männlich	**weiblich**	
	ledig	25	30	55
Familien-	**verheiratet**	40	40	80
stand	**geschieden**	20	25	45
	verwitwet	5	15	20
Σ		90	110	200

Bei qualitativen Merkmalen spricht man von einer **Kontingenztabelle**, bei (klassierten) quantitativen Merkmalen von einer **Korrelationstabelle**. Insbesondere im
Rahmen von Marktforschungsanalysen werden solche Darstellungen sehr häufig
eingesetzt und dort meist als **Kreuztabellen** bezeichnet. Im Tabellenkalkulationsprogramm Excel entsprechen ihnen weitgehend die dortigen **Pivot-Tabellen**.

Am rechten bzw. unteren Rand ist die **Randverteilung** angegeben. Sie ergibt sich
aus der Summe der Häufigkeiten in den jeweiligen Zeilen bzw. Spalten und ist
identisch mit den eindimensionalen Häufigkeiten des betreffenden Merkmals.

Die einzelnen Zeilen bzw. Spalten geben jeweils die **bedingten Häufigkeiten** an.
Z.B. besagt die erste Zeile der oberen Tabelle, daß sich eine Häufigkeitsverteilung
für männlich / weiblich von 25 / 30 ergibt unter der Bedingung, daß die Personen
ledig sind. Es wird also nur die Teilgruppe der Grundgesamtheit betrachtet, welche die Bedingung (hier also "ledig") erfüllt.

Die grafische Darstellung der Daten einer Kontingenztabelle in der heute häufig
angewandten 3D-Form (Abb. 3-11 links) ist nicht ganz unproblematisch, da die
Werte schlecht ablesbar sind und Säulen in den hinteren Reihen verdeckt werden
können. Meist besser ist die Verwendung von gruppierten Säulen in zweidimensionaler Version (Abb. 3-11 rechts).

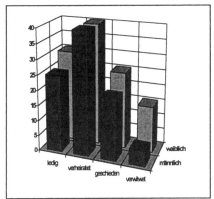 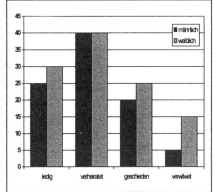

Abb. 3-11: Alternative grafische Darstellungen einer zweidimensionalen Verteilung

Früher wurden statt dessen meist zweidimensionale Tabellen verwendet, bei denen die dritte Dimension (also die Häufigkeit) durch unterschiedlich dunkle Schraffuren oder verschieden große Kreise dargestellt wurde.

Bei quantitativen Merkmalen wird meist das **Streudiagramm** verwendet. Darin stellt jedes Beobachtungstupel einen Punkt (meist durch Kreuzchen symbolisiert) in einem zweidimensionalen Koordinatensystem dar:

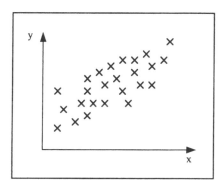

Abb. 3-12: Streudiagramm

Durch Lage und Dichteverteilung der Punktwolke können Zusammenhänge oft sehr einfach erkannt werden. Problematisch ist, daß mehrere Kreuzchen auf derselben Stelle nicht oder nicht ausreichend zeichentechnisch verdeutlicht werden können. Das Streudiagramm zeigt somit meistens nur an, ob ein bestimmter Wert vorkommt oder nicht. Es ist deshalb sehr gut für stetige Merkmale geeignet, bei denen sehr viele verschiedene Ausprägungen möglich sind. Bei diskreten oder klassierten Merkmalen mit nur wenigen unterschiedlichen Zustandskombinationen gehen jedoch im Streudiagramm wichtige Informationen verloren.

3.3 Übungsaufgaben

Aufgabe 3-1

a) Ergänzen Sie die folgende Tabelle:

Größe [cm]	h_i	f_i	H_i	F_i
[140; 150]	5			
(150; 160]	25			
(160; 170]	45			
(170; 180]	80			
(180; 190]	30			
(190; 200]	15			
Σ				

b) Zeichnen Sie dazu die Verteilungsfunktion.

c) Welche Annahme bezüglich der Verteilung liegt Ihrer Zeichnung in b) zugrunde?

Aufgabe 3-2

Zeichnen Sie für die Daten der folgenden Tabelle ein Histogramm.

Unternehmensgröße	1 - 50	51 - 100	101 - 200	201 - 500	501 - 1000
h_i	150	200	200	150	125

Aufgabe 3-3

Der Zusammenhang zwischen Mathematik- und Statistiknote (jeweils ganzzahlige Werte von 1 bis 5) sollen für die Studierenden der letzten Jahre (mehr als 1000 Wertepaare) dargestellt werden. Ist dazu die Form eines Streudiagramms sinnvoll?

Aufgabe 3-4

Stellen Sie die folgenden Beobachtungswerte in einer Kontingenztabelle dar:

Student Nr.	1	2	3	4	5	6	7	8	9	10	11	12	13	14	15
Mathematik	1	2	4	5	4	3	3	4	4	2	2	1	3	3	4
Statistik	1	1	2	4	4	2	2	3	2	4	5	2	2	3	3

Student Nr.	16	17	18	19	20	21	22	23	24	25	26	27	28	29	30
Mathematik	4	4	3	4	1	3	1	5	2	1	2	1	4	2	2
Statistik	2	3	4	4	2	2	3	4	3	3	3	3	5	2	3

4 Analyse eindimensionaler Häufigkeits-
verteilungen

Mit Hilfe statistischer Maßzahlen - auch Parameter genannt - wird versucht, die möglicherweise Tausende von Einzelwerten umfassende ursprüngliche Datenmenge auf eine einzige repräsentative Zahl zu reduzieren. Dem Informationsverlust steht dabei die Informationsverdichtung gegenüber.

4.1 Lagemaße

Lagemaße geben einen Punkt innerhalb einer Verteilung an, der in einer bestimmten Weise repräsentativ für die gesamte Verteilung sein soll.

4.1.1 Mittelwerte

Mittelwerte stellen einen durchschnittlichen Wert der vorkommenden Einzelwerte dar. Es ist zu beachten, daß dieser Wert selbst nicht als Ausprägung vorkommen muß. Der Mittelwert kann sogar außerhalb des Wertebereichs der Merkmalsausprägungen liegen. Z.B. ist die mittlere Augenzahl bei einem Würfel 3,5, obwohl nur ganzzahlige Werte zwischen 1 und 6 vorkommen können.

Mittelwerte können nur für metrische Merkmale gebildet werden. Das "mittlere Geschlecht" ist offensichtlich unsinnig; gleiches gilt für ordinale Merkmale ("die vier deutschen Teilnehmer wurden im Schnitt 6,5ter"). Ein Grenzfall sind Noten, die grundsätzlich ordinaler Natur sind, jedoch in ihrer Repräsentanz als Zahlen zwischen 1 und 5 oft als metrisch behandelt werden ("Notendurchschnitt").

4.1.1.1 Arithmetisches Mittel

Die bekannteste Maßzahl überhaupt ist das arithmetische Mittel, das (meist) der üblichen Verwendung des Begriffs "Durchschnitt" entspricht. Es wird bei Stichproben mit $\bar{x}$ ("x quer") bezeichnet, bei Grundgesamtheiten zum Teil mit μ ("mü" gesprochen).

Das arithmetische Mittel wird berechnet, indem die Summe der einzelnen Merkmalsausprägungen gebildet und durch deren Anzahl geteilt wird.

$$\bar{x} = \frac{1}{n} \sum_{i=1}^{n} x_i$$

Liegen die Angaben als Häufigkeitsverteilung vor, gelten folgende Formeln:

$$\overline{x} = \frac{1}{\displaystyle\sum_{i=1}^{m} h_i} \sum_{i=1}^{m} x_i \cdot h_i = \frac{1}{n} \sum_{i=1}^{m} x_i \cdot h_i \qquad \text{bei absoluten Häufigkeiten}$$

bzw.

$$\overline{x} = \sum_{i=1}^{m} x_i \cdot f_i \qquad \text{bei relativen Häufigkeiten}$$

Die beiden letzten Formeln sind ein Beispiel für ein gewichtetes (auch: gewogenes) Mittel. D.h., die vorkommenden Beobachtungswerte (x_i) werden nicht gleichgewichtet, sondern mit individuellen Gewichtungsfaktoren (hier den Häufigkeiten) versehen gemittelt.

Bei klassierten Daten wird normalerweise für jede Klasse die Klassenmitte als Wert verwendet. Man unterstellt dabei Gleichverteilung innerhalb einer Klasse.

Beispiel:

Körpergröße [cm]	Klassenmitte	h_i
[140; 160)	150	15
[160; 180)	170	40
[180; 200)	190	25
Σ		80

$$\overline{x} = \frac{1}{n} \sum_{i=1}^{m} x_i \cdot h_i = \frac{1}{80} \cdot (150 \cdot 15 + 170 \cdot 40 + 190 \cdot 25) = 172{,}5$$

Das arithmetische Mittel besitzt unter anderem folgende Eigenschaften:

- Die Summe der Abweichungen der Einzelwerte x_i vom arithmetischen Mittel $\overline{x}$ ist 0.

- Die Summe der quadratischen Abweichungen der Einzelwerte x_i vom arithmetischen Mittel $\overline{x}$ ist minimal (im Verhältnis zu jedem anderen Wert als $\overline{x}$).

- Extremwerte (Ausreißer) gehen mehr oder weniger stark in $\overline{x}$ ein.

4.1.1.2 Geometrisches Mittel

Nicht immer ist das arithmetische Mittel der geeignete Mittelwert. Dies gilt unter anderem für Wachstumsfunktionen, zu denen z.B. Zinseszins-Effekte gehören. Hierzu ein Beispiel:

Ein Sparpapier läuft über drei Jahre und bietet in ersten Jahr 4%, im zweiten 5% und im dritten 6% Zinsen. Die Rückzahlung der Einlage inkl. aller Zinsen erfolgt mit einer Zahlung am Ende der Laufzeit.

Der Wert für die durchschnittliche Rendite sollte so aussehen, daß ein Papier mit dieser gleichbleibenden Rendite nach der Laufzeit den gleichen Rückzahlungswert besitzt. Dieser beträgt (als Faktor) für das Beispiel:

$$1{,}04 \cdot 1{,}05 \cdot 1{,}06 = 1{,}15752$$

Das arithmetische Mittel der einzelnen Zinssätze ergibt 5%. Die Kontrollrechnung zeigt jedoch, daß dies zu einem anderen Rückzahlungswert führt:

$$1{,}05 \cdot 1{,}05 \cdot 1{,}05 = 1{,}05^3 = 1{,}157625$$

Das arithmetische Mittel ist somit nicht der gesuchte Mittelwert. Dieser errechnet sich im Beispiel so:

$$x^3 = 1{,}15752 \quad \Rightarrow \quad x = \sqrt[3]{1{,}15752} = 1{,}049968$$

Allgemein gilt folgende Formel für das sogenannte geometrische Mittel:

$$\overline{x}_G = \sqrt[n]{\prod_{i=1}^{n} x_i}$$

Sofern keine Einzeldaten vorliegen, werden folgende Formeln verwendet:

$$\overline{x}_G = \sqrt[n]{\prod_{i=1}^{m} x_i^{h_i}} \qquad \text{bei absoluten Häufigkeiten}$$

bzw.

$$\overline{x}_G = \prod_{i=1}^{m} x_i^{f_i} \qquad \text{bei relativen Häufigkeiten}$$

Das geometrische Mittel ist immer dann zu verwenden, wenn es um Wachstumseffekte wie Kapitalverzinsung, (prozentuales) Umsatzwachstum, Bevölkerungsentwicklung usw. geht. Als Werte sind dabei jeweils Wachstumsfaktoren (vgl. auch Abschnitt 6.5) zu verwenden.

4.1.1.3 Harmonisches Mittel

Eine dritte Art des Mittelwertes wird in bestimmten Fällen notwendig, wenn die Ausprägungen Quotienten sind. Hierzu ein Beispiel:

> Ein Auto fährt eine Strecke von 200 km. Die ersten 100 km legt es mit einer Geschwindigkeit von 80 km/h zurück, die letzten 100 km mit 120 km/h. Wie hoch ist die Durchschnittsgeschwindigkeit?

> Zunächst soll für dieses Beispiel ausgerechnet werden, wie lange das Fahrzeug für die Strecke von 200 km benötigt:

$$t = \frac{100\,km}{80\,km/h} + \frac{100\,km}{120\,km/h} = 1{,}25\,h + 0{,}83333\,h = 2{,}08333\,h$$

Als Durchschnittsgeschwindigkeit ist die (konstante) Geschwindigkeit anzusehen, die bei gleicher Strecke zur gleichen Fahrzeit führen würde:

$$\overline{v} = \frac{200\,km}{2{,}08333\,h} = 96\,km/h$$

Die Durchschnittsgeschwindigkeit entspricht nicht dem arithmetischen Mittel, das
sich leicht ersichtlich zu 100 km/h ergeben würde. Der Grund liegt darin, daß
gleiche Strecken und nicht gleiche Zeitdauern für die beiden Geschwindigkeiten
angenommen wurden. Wäre das Fahrzeug die Geschwindigkeiten für gleiche
Zeitdauern gefahren, könnte das arithmetische Mittel verwendet werden.

Störend ist, daß die Bezugsgröße (Zeit) im Nenner steht. Die Lösung besteht deshalb darin, daß man zunächst die Kehrwerte der Geschwindigkeiten verwendet,
deren arithmetisches Mittel bestimmt und anschließend davon wieder den Kehr-
wert, um zur ursprünglichen Einheit (km/h) zurückzukehren.

Die Formel des hier relevanten harmonischen Mittels lautet:

$$\overline{x}_H = \frac{1}{\dfrac{1}{n}\displaystyle\sum_{i=1}^{n}\dfrac{1}{x_i}} = \frac{n}{\displaystyle\sum_{i=1}^{n}\dfrac{1}{x_i}}$$

Der Nenner in der ersten Form entspricht der Formel für das arithmetische Mittel;
es werden lediglich anstelle der Einzelwerte selbst deren Kehrwerte aufaddiert.

Konkret für das Beispiel oben gilt:

$$\overline{x}_H = \frac{1}{\dfrac{1}{2}\left(\dfrac{1}{80\,km/h} + \dfrac{1}{120\,km/h}\right)} = \frac{2}{\dfrac{3+2}{240\,km/h}} = \frac{480\,km/h}{5} = 96\,km/h$$

Auch hier die alternativen Formeln für absolute und relative Häufigkeiten:

$$\overline{x}_H = \frac{1}{\dfrac{1}{\displaystyle\sum_{i=1}^{m} h_i}\displaystyle\sum_{i=1}^{m}\dfrac{1}{x_i}\cdot h_i} = \frac{1}{\dfrac{1}{n}\displaystyle\sum_{i=1}^{m}\dfrac{1}{x_i}\cdot h_i}$$ bei absoluten Häufigkeiten

bzw.

$$\overline{x}_H = \frac{1}{\displaystyle\sum_{i=1}^{m}\dfrac{1}{x_i}\cdot f_i}$$ bei relativen Häufigkeiten

Beispiel für absolute Häufigkeiten:

Ein Auto fährt 200 km mit 80 km/h und 300 km mit 100 km/h.

$$\overline{x}_H = \cfrac{1}{\cfrac{1}{200\,km + 300\,km} \cdot \left(\cfrac{200\,km}{80\,km/h} + \cfrac{300\,km}{100\,km/h}\right)} = \frac{500}{5,5}\,km/h = 90,9\,km/h$$

Das harmonische Mittel wird allgemein dann verwendet, wenn der Mittelwert von Quotienten, wie Geschwindigkeiten (z.B. km/h oder Stück/h) und Quoten (z.B. Ausschußquoten oder Arbeitslosenquoten), berechnet werden soll und die Bezugsgröße (die Gewichtungsfaktoren) über den Zähler gegeben ist (z.B. km oder Stück bei km/h bzw. Stück/h). Ist die Bezugsgröße über den Nenner gegeben (z.B. h bei km/h bzw. Stück/h), ist dagegen das arithmetische Mittel zu verwenden.

4.1.1.4 Übersicht zu Mittelwerten

Mittelwerte sind immer dann zu verwenden, wenn ein "Durchschnitt" gesucht ist. Zur Frage, welcher der Mittelwerte konkret zu berechnen ist, hier eine Übersicht:

arithmetisches Mittel: Dieses Mittel wird angewandt, wenn keiner der nachfolgend genannten Spezialfälle vorliegt.

geometrisches Mittel: Dieses Mittel ist dann zu verwenden, wenn sich die Endgröße aufgrund von Multiplikationen ergibt. Dies ist bei Wachstumseffekten der Fall, bei denen die einzelnen Wachstumsfaktoren multipliziert werden.

harmonisches Mittel: Dieser Mittelwert ist dann zu verwenden, wenn Quotienten (z.B. Geschwindigkeiten oder Quoten) zu mitteln sind und die Bezugsgröße über den Zähler gegeben ist.

Für das Abschätzen von Ergebnissen ist folgender Zusammenhang hilfreich:

$$\overline{x} \geq \overline{x}_G \geq \overline{x}_H$$

Die Unterschiede zwischen den drei Mittelwerten sind um so größer, je mehr die Einzelwerte differieren.

Die Übersicht in Tab. 4-1 macht die Zusammenhänge der Mittelwerte besonders deutlich.

Klausurtips zu Mittelwerten:

- (Alle) Mittelwerte müssen grundsätzlich zwischen dem kleinsten und größten Einzelwert (bzw. Klassenmittel) liegen!

- Bei der Wahl der Formel ist zu beachten, ob Einzelwerte, absolute Häufigkeiten oder relative Häufigkeiten gegeben sind!

Tab. 4-1: Übersicht zu Mittelwerten

	Einzelwerte	absolute Häufigkeiten	relative Häufigkeiten
arithmetisches Mittel	$\overline{x} = \dfrac{1}{n}\sum\limits_{i=1}^{n} x_i$	$\overline{x} = \dfrac{1}{n}\sum\limits_{i=1}^{m} x_i \cdot h_i$	$\overline{x} = \sum\limits_{i=1}^{m} x_i \cdot f_i$
geometrisches Mittel	$\overline{x}_G = \sqrt[n]{\prod\limits_{i=1}^{n} x_i}$	$\overline{x}_G = \sqrt[n]{\prod\limits_{i=1}^{m} x_i^{h_i}}$	$\overline{x}_G = \prod\limits_{i=1}^{m} x_i^{f_i}$
harmonisches Mittel	$\overline{x}_H = \dfrac{1}{\dfrac{1}{n}\sum\limits_{i=1}^{n}\dfrac{1}{x_i}}$	$\overline{x}_H = \dfrac{1}{\dfrac{1}{n}\sum\limits_{i=1}^{m}\dfrac{1}{x_i}\cdot h_i}$	$\overline{x}_H = \dfrac{1}{\sum\limits_{i=1}^{m}\dfrac{1}{x_i}\cdot f_i}$

4.1.2 Andere Lagemaße

Die im letzten Abschnitt vorgestellten Mittelwerte - insbesondere das arithmetische Mittel - sind die wohl wichtigsten und am häufigsten verwendeten Lagemaße. Zusätzlich kommen aber auch noch andere Maßzahlen zum Einsatz. Dies ist z.B. notwendig, wenn die Merkmale nicht metrisch skaliert sind.

4.1.2.1 Modus

Beispiel: In einer Stadt seien 45% katholisch, 25% evangelisch und der Rest Mitglied anderer Religionsgemeinschaften oder konfessionslos.

Bei der Religionszugehörigkeit handelt es sich um ein nominal skaliertes Merkmal, so daß keine Mittelwerte gebildet werden können. Die dominierende Ausprägung "katholisch" sollte jedoch in einer Kennzahl deutlich werden.

Für diese Anwendung eignet sich der Modus. Er ist die Ausprägung, die am (relativ) häufigsten vorkommt, sofern dies eindeutig ist. Das Symbol dafür lautet: $\overline{x}_M$

Bezüglich des Modus ist folgendes zu beachten:

- Er kann nur für diskrete oder klassierte Merkmale angegeben werden.

- Er muß nicht "repräsentativ" sein, sondern kann bei ordinalen oder metrischen Merkmalen durchaus einem Randwert entsprechen.

- Er erlaubt keine Aussage wie: "Die meisten Merkmalsträger besitzen die Ausprägung x." Es kann lediglich angegeben werden, daß es keine andere Ausprägung gibt, die häufiger vorkommt.

- Er sollte nur dann verwendet werden, wenn eine Ausprägung in ihrer Häufigkeit deutlich über den andern liegt.

- Er reagiert überhaupt nicht auf Extremwerte.

4.1.2.2 Zentralwert (Median)

Häufig findet man Aussagen wie: Die Hälfte der ... verdient mehr/weniger als ...

Der entsprechende Wert ist in der Regel nicht mit dem (arithmetischen) Mittelwert identisch, da gerade Einkommen und ähnliche Größen "schief" sind; d.h., einige wenige verdienen sehr viel und verschieben damit den Mittelwert nach oben, ohne daß sich die Anzahl derer ändert, die über dem angegebenen Wert liegen (vgl. Abschnitt 4.4).

Für mindestens ordinal skalierte Merkmale ist der Zentralwert (Median) $\overline{x}_Z$ das Element, das in einer geordneten Beobachtungsreihe von n Elementen genau in der Mitte steht. Es sind also mindestens 50% der Merkmalswerte kleiner oder gleich und mindestens 50% größer oder gleich dem Zentralwert.

Für eine ungerade Anzahl n von Werten gilt:
$$\overline{x}_Z = x_{(n+1)/2}$$

Für eine gerade Anzahl n von Werten:
$$\overline{x}_Z = \frac{x_{n/2} + x_{(n/2)+1}}{2}$$

Die Formel für gerade Werte setzt voraus, daß das Merkmal metrisch skaliert ist oder beide Ausprägungen identisch sind. Anderenfalls kann der Zentralwert nicht angegeben werden.

Zum Berechnen werden die Merkmalsausprägungen nach aufsteigender Größe geordnet und (neu) durchnumeriert.

Hier ein konkretes Beispiel:

Angenommen es sind folgende 11 Rohwerte gegeben: 2, 4, 1, 1, 6, 9, 13, 4, 17, 2, 0. Die Sortierung ergibt:

i	1	2	3	4	5	6	7	8	9	10	11
x_i	0	1	1	2	2	4	4	6	9	13	17

Der Zentralwert ist dann der 6. Wert, also 4.

Wird als 12. Beobachtungswert die 3 hinzugefügt, ergibt sich folgendes:

i	1	2	3	4	5	6	7	8	9	10	11	12
x_i	0	1	1	2	2	3	4	4	6	9	13	17

Der Zentralwert ist dann das Mittel aus dem 6. und 7. Wert, also 3,5.

Bei klassierten (metrischen) Daten könnte im einfachsten Fall das Mittel der zentralen Klasse verwendet werden. Umfaßt jedoch die zentrale Klasse z.B. bei 200 Elementen das 97. bis 152., so wird der gesuchte Zentralwert (bei angenommener Gleichverteilung innerhalb der Klasse) eher am unteren Klassenrand als in der Klassenmitte liegen. In diesem Fall wird folgende Formel zum Bestimmen des Zentralwertes verwendet:

$$\overline{x}_Z = x^u + (x^o - x^u) \cdot \frac{\frac{n}{2} - H(x^u)}{H(x^o) - H(x^u)}$$

Die Formel ist folgendermaßen zu deuten:

x^u ist die untere Grenze der zentralen Klasse. Hierzu ist ein Teil der Klassenbreite (x^o-x^u) zu addieren. Dieser Teil bestimmt sich aus der relativen Position des mittleren Elements (Position = n/2) im Verhältnis zu den Positionsnummern des unteren Klassenrands $H(x^u)$ und des oberen Klassenrands $H(x^o)$.

Bei relativen Werten wird folgende Formel verwendet:

$$\overline{x}_Z = x^u + (x^o - x^u) \cdot \frac{\frac{1}{2} - F(x^u)}{F(x^o) - F(x^u)}$$

Hierzu ein konkretes Beispiel für die aus Abschnitt 3.1.3 bekannte Verteilung:

Körpergröße in cm bis	h_i	f_i	Summenhäufig-keitsverteilung H_i	Verteilungs-funktion F_i
160	18	0,09	18	0,09
170	30	0,15	18 + 30 = 48	0,24
175	46	0,23	48 + 46 = 94	0,47
180	54	0,27	94 + 54 = 148	0,74
190	30	0,15	148 + 30 = 178	0,89
200	22	0,11	178 + 22 = 200	1,00

Es ist direkt abzulesen, daß die mittleren Elemente (100. bzw. 101.) in der Klasse (175; 180] enthalten sind. Da nur 6 Elemente dieses Bereichs kleiner, aber 48 größer als das mittlere Element sind, dürfte es eher bei 175 als bei 180 cm liegen. Nach der Formel ergibt sich folgender Median:

$$\overline{x}_Z = x^u + (x^o - x^u) \cdot \frac{\frac{n}{2} - H(x^u)}{H(x^o) - H(x^u)}$$

$$= 175\,cm + (180\,cm - 175\,cm) \cdot \frac{\frac{200}{2} - 94}{148 - 94} = 175,56\,cm$$

Das Vorgehen wird in Abb. 4-1 grafisch verdeutlicht.

An der Y-Achse geht man vom Punkt 0,5 waagrecht, bis man die Verteilungsfunktion schneidet. An diesem Schnittpunkt wird das Lot gefällt. Der dazugehörige Wert der X-Achse entspricht dem gesuchten Zentralwert.

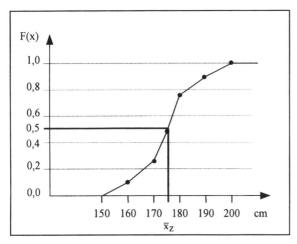

Abb. 4-1: Grafisches Bestimmen des Zentralwertes

Der Zentralwert besitzt unter anderem folgende Eigenschaften:

- Im Gegensatz zu den Mittelwerten kann er bereits bei ordinal skalierten Merkmalen berechnet werden.

- Er wird durch Extremwerte nicht beeinflußt (bzw. nur durch ihre Existenz, nicht durch ihren konkreten Wert).

- Die Summe der absoluten Abweichungen der Einzelwerte vom Median ist ein Minimum, d.h., sie ist geringer als für jeden anderen Wert.

Klausurtips zum Zentralwert von klassierten Daten:

- Erst die zentrale Klasse bestimmen, dann <u>innerhalb</u> dieser Klasse den exakten Wert berechnen!

- Durch den zweiten Summanden in der Formel darf die zuvor bestimmte zentrale Klasse nicht verlassen werden! Er darf somit auch nicht negativ werden.

4.1.2.3 Quantile

Der Zentralwert hat eine geordnete Reihe von Beobachtungswerten in zwei gleich große Bereiche geteilt, von denen jeder 50% umfaßte. Das Konzept der Quantile (oder p-Quantile) verallgemeinert dies für andere Anteilswerte p ($0 < p < 1$).

Wenn $n \cdot p$ nicht ganzzahlig ist: $\boxed{\overline{x}_p = x_{[n \cdot p + 1]}}$

Wenn $n \cdot p$ ganzzahlig ist: $\boxed{\overline{x}_p = \dfrac{x_{[n \cdot p]} + x_{[n \cdot p + 1]}}{2}}$

Die eckigen Klammern im Index von x sind Gaußklammern und bedeuten Abrunden (genauer: die größte Zahl, die kleiner oder gleich dem Klammerausdruck ist).

In der Praxis werden meist bestimmte Werte für p verwendet, für welche die Quantile spezielle Namen haben. Die wichtigsten sind:

Quartil: Einteilung in vier Abschnitte mit je 25%

Dezil: Einteilung in zehn Abschnitte mit je 10%

Perzentil: Einteilung in 100 Abschnitte mit je 1%

Quantile dienen oft dazu, Bereiche einer bestimmten Anzahl (Prozentsatz) von Beobachtungseinheiten zu bestimmen, die als Normalbereich gelten sollen. Z.B. werden bei Studien zur Einkommenshöhe oft das untere und obere Quartil oder Dezil angegeben, um den Bereich der typischen Gehälter für eine bestimmte Berufsgruppe festzulegen. Die entsprechende Aussage lautet verbal: 50% bzw. 80% aller Befragten liegen zwischen ... und ...

Wichtig sind diese Maße in der Ergonomie. Z.B. werden Autos meist so konstruiert, daß sie noch für sogenannte 5%-Frauen und 95%-Männer geeignet sind. Das bedeutet, daß lediglich 5% der Frauen zu klein und 5% der Männer zu groß für die angebotenen Maße sind.

Eine in der Praxis häufig verwendete Art der Darstellung von erhobenen Daten, die auf Quartilen basiert, ist der **Box-Plot** (auch Box-and-Whisker-Plot genannt):

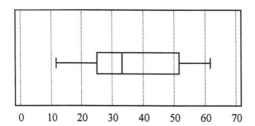

Abb. 4-2: Box-Plot

Die mittleren 50% der Datenwerte werden in Form einer Box dargestellt. Die Kanten dieser Box entsprechen dem 1. und 3. Quartil. Innerhalb der Box wird das mittlere Quartil (= Zentralwert) durch einen Strich markiert. Während dieser Teil des Box-Plots einheitlich gehandhabt wird, besteht über die Darstellung der Randbereiche Uneinigkeit. Neben der Art der Linien (durchgezogen oder gestrichelt) sind vor allem ihre Längen umstritten. In der Regel markieren die Endpunkte den maximalen bzw. minimalen Wert - gegebenenfalls ohne extreme Ausreißer. Einige Autoren beschränken die Länge jedoch grundsätzlich auf z.B. die 1,5fache Länge der Box, andere verwenden eine solche feste Länge immer, auch wenn die Datenpunkte nicht bis dorthin reichen. Zum Teil werden Ausreißer zudem außerhalb des Strichs als Einzelpunkte in die Darstellung eingezeichnet.

4.2 Streumaße

Lagemaße wie Mittelwerte können zwar den Durchschnitt beschreiben, sie sagen jedoch nichts darüber aus, wie weit die einzelnen Werte davon entfernt sind. Um darüber eine Aussage machen zu können, bieten sich verschiedene Streumaße an.

4.2.1 Spannweite

Das einfachste Streumaß ist die Spannweite w als (absolute) Differenz zwischen größtem und kleinstem Beobachtungswert:

$$w = \max(x_i) - \min(x_i)$$

Da die Spannweite nur die beiden Extremwerte betrachtet, kann mit diesem Maß keine Aussage über Verteilung der übrigen Werte getroffen werden. Sie gibt daher lediglich die Größe des Bereichs an, aus dem überhaupt Werte vorkommen.

4.2.2 Mittlere absolute Abweichung

Die Spannweite hat den Nachteil, daß ihr Wert nur von den beiden Extremwerten abhängt. Ein erster Versuch, alle Werte bei der Definition eines Streumaßes einzubeziehen, besteht darin, den Durchschnitt der (betragsmäßigen) Abstände aller Werte von einem zentralen Bezugspunkt als Streumaß zu verwenden. Als Bezugspunkt wird dabei in der Regel der Zentralwert verwendet. Diese **mittlere absolute Abweichung** berechnet sich nach folgender Formel:

$$d_{\overline{x}_Z} = \frac{1}{n} \sum_{i=1}^{n} |x_i - \overline{x}_Z|$$

Z.T. wird auch das arithmetische Mittel als Bezugspunkt verwendet. Der Zentralwert ist jedoch gegenüber jedem anderen Punkt dadurch ausgezeichnet, daß die mittlere absolute Abweichung von ihm aus gemessen am kleinsten ist.

4.2.3 Varianz und Standardabweichung

Die mittlere absolute Abweichung stellt zwar ein relativ einfaches Maß für die Streuung dar, besitzt aber keine wesentliche praktische Bedeutung. Aufgrund bestimmter mathematischer und statistischer Eigenschaften, die für viele Bereiche wichtig sind (z.B. Korrelationsanalyse, induktive Statistik u.v.m.), werden statt dessen fast ausschließlich die Varianz und die Standardabweichung verwendet, bei denen die quadrierten Abweichungen vom Mittelwert relevant sind.

Die **Varianz** ist die mittlere quadratische Abweichung der Beobachtungswerte vom arithmetischen Mittel:

$$s^2 = \frac{1}{n} \sum_{i=1}^{n} (x_i - \overline{x})^2$$

Die Varianz besitzt nicht mehr dieselbe Dimension (Einheit) wie das ursprüngliche Merkmal (z.B. cm, kg), sondern deren quadratische Form (z.B. cm^2, kg^2). Um wieder zur ursprünglichen Ebene zurückzukehren, wird die **Standardabweichung** als (positive) Quadratwurzel der Varianz definiert:

$$s = +\sqrt{s^2}$$

Die Standardabweichung drückt vereinfacht aus, wie weit die Einzelwerte durchschnittlich um das arithmetische Mittel streuen.

Für Häufigkeitsverteilungen gelten folgende Formeln:

absolute Häufigkeiten:

$$s^2 = \frac{1}{n} \sum_{i=1}^{m} (x_i - \overline{x})^2 \cdot h_i$$

relative Häufigkeiten:

$$s^2 = \sum_{i=1}^{m} (x_i - \overline{x})^2 \cdot f_i$$

Ein Nachteil der bisherigen Formeln besteht darin, daß man zur Berechnung bereits den arithmetischen Mittelwert kennen muß. In Taschenrechnern und Computer-Programmen wird deshalb mit vereinfachten Formeln gerechnet, die nach dem sogenannten Verschiebungssatz hergeleitet werden:

$$s^2 = \frac{1}{n} \sum_{i=1}^{n} (x_i^2) - \overline{x}^2 = \frac{1}{n} \sum_{i=1}^{n} (x_i^2) - \left(\frac{1}{n} \sum_{i=1}^{n} x_i \right)^2$$

Für Häufigkeitsverteilungen gilt:

$$s^2 = \frac{1}{n} \sum_{i=1}^{m} (x_i^2 \cdot h_i) - \overline{x}^2 \quad \text{bzw.} \quad s^2 = \sum_{i=1}^{m} (x_i^2 \cdot f_i) - \overline{x}^2$$

Wie man erkennen kann, reichen zur Berechnung die Summe der Beobachtungswerte und deren Quadrate sowie die Anzahl n aus.

Hier ein kleines Beispiel:

Gegeben sind fünf Beobachtungswerte: 2, 4, 9, 1, 6.

$$\overline{x} = \frac{1}{n} \sum_{i=1}^{n} x_i = \frac{1}{5}(2 + 4 + 9 + 1 + 6) = 4,4$$

Damit ergibt sich nach der ersten Formel:

$$s^2 = \frac{1}{n}\sum_{i=1}^{n}(x_i - \overline{x})^2 = \frac{1}{5}\left((-2,4)^2 + (-0,4)^2 + 4,6^2 + (-3,4)^2 + 1,6^2\right) = 8,24$$

Dasselbe Ergebnis erhält man auch mit der zweiten Formel:

$$s^2 = \frac{1}{n}\sum_{i=1}^{n}(x_i^2) - \overline{x}^2 = \frac{1}{5}\left(2^2 + 4^2 + 9^2 + 1^2 + 6^2\right) - 4,4^2 = 8,24$$

Die Standardabweichung beträgt:

$$s = +\sqrt{8,24} = 2,87$$

Klausurtips:

- Varianz und Standardabweichung können nicht negativ sein!

- Die Standardabweichung muß (meist deutlich) kleiner als die Spannweite sein!

- Die Einheit der Standardabweichung (z.B. cm) entspricht der der ursprünglichen Werte; die Einheit der Varianz ist das Quadrat davon (z.B. cm^2).

- Die zweite Variante der Formeln ist gegenüber der ersten meist zu bevorzugen und führt in Klausuren erfahrungsgemäß zu weniger Fehlern. Die erhöhte Gefahr nicht akzeptabler Rundungsfehler ist jedoch zu beachten!

- Taschenrechner besitzen meist zwei unterschiedliche Funktionen für die Berechnung der Varianz: eine für die Grundgesamtheit und eine für Stichproben; erstere ist hier richtig.

4.2.4 Variationskoeffizient

Da eine Standardabweichung von z.B. 1 cm völlig anders zu bewerten ist, je nach dem, ob sie sich auf ein durchschnittliches Maß von 5 cm oder 2 m bezieht, ist es sinnvoll, ein relatives Maß einzuführen: den **Variationskoeffizienten v**. Dabei handelt es sich um eine dimensionslose Größe, die definiert ist als:

$$\boxed{v = \frac{s}{\overline{x}}}$$

4.3 Konzentrationsmessung

Es ist oft Gegenstand politischer Diskussionen, daß Merkmale wie Einkommen, Vermögen, Marktmacht usw. auf wenige Merkmalsträger (z.B. Personen, Haushalte, Unternehmen) konzentriert sind.

Zur Veranschaulichung wird von folgendem Beispiel ausgegangen:

Tab. 4-2: Ausgangstabelle für Konzentrationsmessung

Anzahl Personen	Besitzanteil / Person
4	2,5%
2	5,0%
3	10,0%
1	50,0%

Diese Tabelle besagt u.a., daß es 4 Personen gibt, denen jeweils 2,5% Anteil an einem Gesamtbesitz gehören, zusammen also 10%. Für die nachfolgenden Berechnungen müssen die Personen nach aufsteigenden Anteilen geordnet sein.

Betrachtet man die Einzelbeobachtungen, ergibt sich folgende Tabelle:

Tab. 4-3: Tabelle mit Einzelwerten für Konzentrationsmessung

i	F_i	q_i	Q_i
1	0,1	0,025	0,025
2	0,2	0,025	0,05
3	0,3	0,025	0,075
4	0,4	0,025	0,1
5	0,5	0,05	0,15
6	0,6	0,05	0,2
7	0,7	0,1	0,3
8	0,8	0,1	0,4
9	0,9	0,1	0,5
10	1,0	0,5	1,0

Dabei bezeichnet q_i den (relativen) Anteilswert des i-ten Merkmalsträgers; Q_i steht für den kumulierten Wert von 1 bis i.

Bei klassierten Daten, wie sie auch in Tab. 4-2 angegeben sind, ergibt sich diese Tabelle (auch hier nach aufsteigenden Werten zu ordnen!):

Tab. 4-4: Tabelle mit klassierten Werten für Konzentrationsmessung

f_i	F_i	q_i	Q_i
0,4	0,4	0,1	0,1
0,2	0,6	0,1	0,2
0,3	0,9	0,3	0,5
0,1	1,0	0,5	1,0

Grafisch werden diese Werte in Form einer sogenannten **Lorenzkurve** dargestellt:

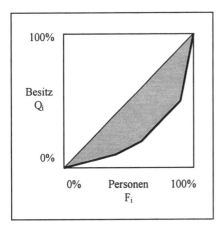

Abb. 4-3: Lorenzkurve

Die Lorenzkurve ist die dicke, durchhängende Linie unterhalb der Diagonalen. Das "Durchhängen" - genauer: die Größe der grauen Fläche zwischen Lorenzkurve und Diagonalen - ist ein Maß für die Konzentration. Keine Konzentration liegt vor, wenn sich alle Punkte auf der Diagonalen befinden. Das ist genau dann der Fall, wenn alle Personen exakt gleich große Anteile besitzen. Die maximale Konzentration ergibt sich, wenn der gesamte Besitz nur einer Person gehört.

Als rechnerisches Konzentrationsmaß wird der **Gini-Koeffizient G** verwendet. Er entspricht dem Verhältnis der Fläche zwischen der Lorenzkurve und der Diagonalen einerseits und der Fläche unterhalb der Diagonalen andererseits und wird z.T. auch "Lorenzsches Konzentrationsmaß" (LKM) oder "Disparitätsmaß nach Gini" genannt. Die Formel lautet bei n Einzelbeobachtungen:

$$G = \sum_{i=1}^{n} \frac{2i - n - 1}{n} q_i = \frac{1}{n} \sum_{i=1}^{n} (2i - n - 1) \cdot q_i$$

Bei klassierten Daten (m Klassen) werden folgende Definitionen verwendet:

$$G = 1 - \sum_{i=1}^{m} f_i \cdot (Q_i + Q_{i-1}) = \left[\sum_{i=1}^{m} q_i \cdot (F_i + F_{i-1}) \right] - 1$$

Dabei gilt $F_0 = 0$ und $Q_0 = 0$.

In der zweiten Formel kommen zwei Terme vor, die alternative Lösungswege darstellen. Beim Berechnen ist nur einer davon notwendig.

Selbst wenn ein einziger von n Merkmalsträgern die gesamte Merkmalssumme auf sich vereint, fällt die Lorenzkurve nicht mit den seitlichen Begrenzungen zusammen. Der Gini-Koeffizient kann deshalb nie den Wert 1 annehmen. Für seinen Wertebereich gilt:

$$0 \leq G \leq \frac{n-1}{n} = 1 - \frac{1}{n}$$

Da man bei Kennzahlen einen normierten Maximalwert anstrebt, wird auch der **normierte Gini-Koeffizient G_{norm}** angegeben, der zwischen 0 und 1 liegt:

$$G_{norm} = \frac{n}{n-1} \cdot G$$

Hier eine konkrete Berechnung anhand der oben genannten Beispielwerte sowohl für Einzelbeobachtungen als auch für klassierte Daten:

i	q_i	2i-n-1	(2i-n-1)q_i
1	0,025	-9	-0,225
2	0,025	-7	-0,175
3	0,025	-5	-0,125
4	0,025	-3	-0,075
5	0,05	-1	-0,05
6	0,05	1	0,05
7	0,1	3	0,3
8	0,1	5	0,5
9	0,1	7	0,7
10	0,5	9	4,5
Σ			5,4

$$G = \frac{5,4}{10} = 0,54$$

f_i	F_i	q_i	Q_i	$f_i(Q_i+Q_{i-1})$	$q_i(F_i+F_{i-1})$
0,4	0,4	0,1	0,1	0,04	0,04
0,2	0,6	0,1	0,2	0,06	0,1
0,3	0,9	0,3	0,5	0,21	0,45
0,1	1,0	0,5	1,0	0,15	0,95
Σ				0,46	1,54

$G = 1 - 0,46 = 0,54$ bzw. $G = 1,54 - 1 = 0,54$

Wie man sieht, führen alle Berechnungsmethoden zum selben Ergebnis. Der normierte Gini-Koeffizient ergibt sich zu:

$$G_{norm} = \frac{10}{10-1} \cdot 0,54 = 0,6$$

Es ist zu beachten, daß die hier vorgestellte Form der Konzentrationsmessung nicht die (absolute) Anzahl der Merkmalsträger berücksichtigt. Sicherlich besteht ein Unterschied, ob z.B. drei gleich große Unternehmen einen Markt unter sich aufteilen oder 100 gleich große Unternehmen vorhanden sind. In beiden Fällen ergibt sich jedoch weder nach der Lorenzkurve noch nach dem Gini-Koeffizienten irgendeine Konzentration. Selbst im Extremfall wirtschaftlicher Konzentration - dem Monopol - hat der Gini-Koeffizient den Wert 0.

Der Gini-Koeffizient stellt ein Maß für die **relative Konzentration** (Disparität) dar. Maße für absolute Konzentration (z.B. Herfindahl-Index) werden hier ebensowenig behandelt wie weitere Maße zur Messung der relativen Konzentration.

Klausurtips:

- Die Lorenzkurve muß immer nach unten durchhängen (Ausnahme: keinerlei Konzentration)!

- Die Werte müssen beim Berechnen aufsteigend sortiert werden! Werden sie in umgekehrter Reihenfolge angeordnet, ergibt sich (bei gleichem Betrag) ein negatives Vorzeichen für den Gini-Koeffizienten.

- Es ist zu prüfen, ob Einzelwerte oder klassierte Daten vorliegen!

4.4 Symmetrie und Schiefe

Die folgende Verteilung ist leicht als **symmetrisch** zu erkennen:

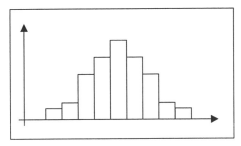

Abb. 4-4: Symmetrische Verteilung

Die Symmetrie ergibt sich dadurch, daß die Häufigkeiten rechts und links eines mittleren Punktes auf der X-Achse spiegelbildlich sind. Formal läßt sich dies so formulieren:

Die Häufigkeitsverteilung eines metrischen Merkmals X ist symmetrisch, wenn für alle reellen Werte c gilt: $h(\overline{x} - c) = h(\overline{x} + c)$.

Gelegentlich wird in der Definition anstelle des arithmetischen Mittels auch der Zentralwert verwendet. Beide Definitionen sind gleichwertig, da für symmetrische Verteilungen gelten muß:

$$\overline{x} = \overline{x}_Z$$

Der Umkehrschluß gilt jedoch nicht, da es durchaus auch unsymmetrische Verteilungen geben kann, bei denen arithmetisches Mittel und Zentralwert gleich sind.

Bei einer eingipfligen Verteilung wie der oben abgebildeten gilt zudem:

$$\bar{x} = \bar{x}_Z = \bar{x}_M$$

Die folgende Verteilung ist **linkssteil** (synonym: **rechtsschief**):

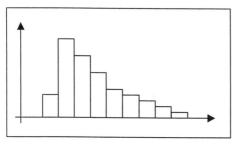

Abb. 4-5: Linkssteile (rechtsschiefe) Verteilung

Sie ist optisch dadurch gekennzeichnet, daß der häufigste Wert nach einem steilen Anstieg weit links liegt, während die Werte auf der rechten Seite flach abfallen und auch relativ weit entfernt vom häufigsten Wert liegen können.

Formal ist eine linkssteile Verteilung dadurch definiert, daß gilt:

$$\bar{x}_Z < \bar{x}$$

Solche Verteilungen haben erhebliche praktische Bedeutung, z.B. bei der Einkommens- oder Vermögensverteilung. Sie entsprechen einer Ungleichverteilung, wie sie bereits im Abschnitt über Konzentrationsmessung behandelt wurde. Hier wird auch deutlich, daß eine Aussage wie "die Gruppe der ... verdient im Schnitt x EUR" nicht gleichbedeutend ist mit der Aussage "jeder zweite ... verdient mehr als x EUR". Einige wenige Merkmalsträger am oberen Rand erhöhen den Mittelwert, während sich die Masse am unteren Rand konzentriert.

Die gegenteilige Schiefe wird **rechtssteil** (synonym: **linksschief**) genannt und sieht z.B. so aus:

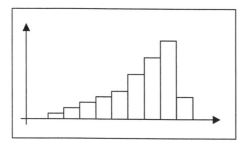

Abb. 4-6: Rechtssteile (linksschiefe) Verteilung

Hier gilt analog zum oben Gesagten:

$\overline{x} < \overline{x}_Z$

Es existieren Maßzahlen für die Messung der Schiefe, die auf sogenannten Momenten basieren und zum Teil in der Literatur auch dazu verwendet werden, Symmetrie und Schiefe zu definieren. Aufgrund ihrer relativ geringen praktischen Bedeutung wird hier nicht näher darauf eingegangen.

4.5 Übungsaufgaben

Aufgabe 4-1

Bestimmen Sie jeweils einen geeigneten Mittelwert:

a) Eine Bank gibt für ein Anlagepapier an, daß für das erste Drittel der Anlagezeit eine jährliche Verzinsung von 4%, für die restliche Laufzeit eine von 7% (jeweils mit Zinseszins) erfolgt. Welches ist die Durchschnittsverzinsung?

b) In einem Verein zahlen 120 Mitglieder einen Jahresbeitrag von 200 EUR, 30 einen von 150 EUR und 70 einen von 50 EUR. 10 Ehrenmitglieder sind beitragsfrei. Wie hoch ist der Durchschnittsbeitrag pro Mitglied?

c) In einer Fertigung werden drei Maschinen A, B und C betrieben. Maschine A hat bei einem Ausschußanteil von 3% im letzten Jahr 900 Ausschußteile produziert, B bei 4% 2000 Stück und C bei 6% 450 Stück. Wie groß ist die durchschnittliche Ausschußquote der Gesamtfertigung?

d) Die Zahl der Arbeitslosen betrage in den alten Bundesländern 2,8 Mio., was einer Arbeitslosenquote von 10,1% entspricht. In den neuen Bundesländern sind es 1,2 Mio. Arbeitslose, entsprechend 16,7%. Wie hoch ist die (durchschnittliche) Arbeitslosenquote für das gesamte Bundesgebiet?

Aufgabe 4-2

Gegeben ist folgende Häufigkeitstabelle:

Körpergröße	h_i
[150; 160)	5
[160; 170)	15
[170; 180)	25
[180; 190)	20
[190; 200)	5

Bestimmen Sie

a) das arithmetische Mittel.

b) den Zentralwert.

c) die Standardabweichung.

Aufgabe 4-3

Die Lebensdauer von Glühbirnen wird genau gemessen. Ist der Modus dabei ein sinnvolles Lagemaß (Begründung)?

Aufgabe 4-4

Nehmen Sie zu folgender Aussage Stellung:

Bei klassierten Daten ist die Klassenmitte, also das Mittel der beiden Klassengrenzen, die einzig sinnvolle Repräsentation der Daten innerhalb der Klasse. Dadurch ergibt sich beim Berechnen des Mittelwertes derselbe Wert wie für die unklassierten Originaldaten.

Aufgabe 4-5

Bei einer Gehaltsuntersuchung einer bestimmten Branche in Deutschland wurden der Durchschnittswert (arithmetisches Mittel in EUR), die Standardabweichung und der Variationskoeffizient ermittelt. Welche Änderungen dieser Werte ergeben sich, wenn sie für einen internationalen Vergleich (gemäß aktuellem Wechselkurs) in Dollar umgerechnet werden?

Aufgabe 4-6

In einer Stadt wurde der durchschnittliche Mietpreis mit 12 DM/m^2 bei einer Varianz von 1,21 DM^2/m^4 ermittelt. Rechnen Sie diese Angaben in Euro um (1 EUR = 1,95583 DM), und geben Sie das Ergebnis mit Einheiten an.

Aufgabe 4-7

In einem Markt besitzen fünf Unternehmen folgende Marktanteile: 5%, 10%, 15%, 20%, 50%.

a) Skizzieren Sie dazu die Lorenzkurve.

b) Berechnen Sie den Gini-Koeffizienten G.

c) Welchen Wert könnte der Gini-Koeffizient maximal annehmen, wenn bei der angegebenen Zahl von Unternehmen die Konzentration zunehmen würde?

d) Berechnen Sie den normierten Gini-Koeffizient G_{norm}.

5 Regressions- und Korrelationsanalyse

Mit der Regressionsanalyse wird versucht, die Art eines Zusammenhangs zwischen zwei (oder mehr) Merkmalen als Funktion zu ermitteln; in der Korrelationsanalyse wird die Stärke des Zusammenhangs in Form einer Kennzahl bestimmt.

5.1 Zusammenhang zwischen Merkmalen

In den Naturwissenschaften bestehen in vielen Fällen exakte Zusammenhänge zwischen zwei meßbaren Größen. Z.B. bestimmt sich der im freien Fall zurückgelegte Weg eines Körpers nach der Formel $s = \frac{1}{2} \cdot 9{,}81 \cdot t^2$. Die beiden Merkmale in diesem Beispiel sind die vergangene Zeit t und die zurückgelegte Strecke s.

Bei den meisten technischen Vorgängen findet sich ebenfalls ein Zusammenhang zwischen Merkmalen, er ist jedoch nicht so exakt. Zum Beispiel hängt der Benzinverbrauch (gemessen in Litern) eines Autos von der zurückgelegten Strecke ab. Zwischen den Merkmalen Verbrauch und Wegstrecke besteht ein direkter Zusammenhang; trotzdem werden mehrere Verbrauchsmessungen für gleiche Strecken immer etwas andere Ergebnisse liefern. Dies liegt daran, daß es weitere Einflußfaktoren gibt, z.B. Geschwindigkeit, Temperatur, Wind, Beladung des Fahrzeugs, Benzinqualität und Fahrstil. Dennoch beschränkt man sich in der Praxis oft auf die Abhängigkeit einer Größe von nur einer anderen. Diese Abhängigkeit ist jedoch dann nicht mehr mathematisch exakt, sondern mit einem Fehler behaftet, der als Summe aller anderen Einflußfaktoren gedeutet werden kann.

Der Zusammenhang zwischen Benzinverbrauch und Weg läßt sich so bestimmen, daß beide Merkmalsausprägungen zusammen gemessen werden. Werden viele solcher Messungen durchgeführt, kann man feststellen, daß eine längere Strecke im Schnitt mit einem höheren Verbrauch verbunden ist.

Das gleiche Verfahren läßt sich grundsätzlich für beliebige Merkmale durchführen. Z.B. besteht ein Zusammenhang zwischen der Körpergröße eines Menschen und seinem Gewicht. Trotzdem kann nicht unmittelbar gefolgert werden, daß größere Menschen immer schwerer sind. Der Zusammenhang beider Merkmale kann in Form eines Streudiagramms dargestellt werden (siehe Abb. 5-1).

Die Verteilung der Punktwolke macht deutlich, daß mit zunehmender Größe (X) im Schnitt ein höheres Gewicht (Y) gemessen wird. Dieses Beispiel zeigt aber bereits eine Problematik auf:

Anders als im Falle des Benzinverbrauchs, der durch das Fahren, also die zurückgelegte Wegstrecke, verursacht wird, kann man beim Körpergewicht nicht sagen, daß es von der Größe verursacht wird. So nehmen Personen meist im Laufe des Erwachsenenlebens zu, ohne daß sie weiter wachsen. Der Zusammenhang zwischen Größe und Gewicht ist plausibel und läßt sich statistisch nachweisen, es besteht jedoch kein unmittelbarer Wirkmechanismus.

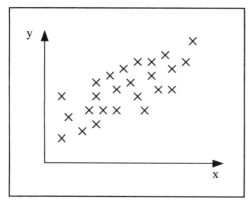

Abb. 5-1: Streudiagramm

Die Tatsache, daß ein Zusammenhang zwischen zwei Merkmalen A und B gemessen wird, sagt noch nichts über die Abhängigkeit zwischen ihnen aus. Im wesentlichen gibt es drei Möglichkeiten:

1. Ein Merkmal A hängt von einem anderen Merkmal B ab (oder umgekehrt), wird also in seiner Ausprägung direkt oder indirekt von ihm beeinflußt.

2. Es besteht ein Zusammenhang zwischen den Merkmalen A und B, da beide von einem dritten Merkmal C abhängen.

3. Die Merkmale A und B sind unabhängig voneinander; der statistisch festgestellte Zusammenhang zwischen ihnen ist rein zufällig.

Hierzu einige konkrete Beispiele:

- Eine höhere Außentemperatur führt sicherlich zu einem erhöhten Umsatz einer Eisdiele. Die Wirkrichtung ist hier eindeutig, da die Temperatur nicht durch den Eiskonsum beeinflußt wird, während der umgekehrte Zusammenhang über das normale Verbraucherverhalten plausibel geschlossen werden kann.

- Verheiratete Menschen haben eine höhere Lebenserwartung, sind also im Schnitt gesünder. Hieraus könnte man schließen, daß das Eheleben die Gesundheit positiv beeinflußt. Die alternative Deutung ist jedoch mindestens ebenso plausibel, nämlich daß Menschen mit gesundheitlichen Handikaps mehr Probleme haben dürften, einen Partner zu finden (oder ihn sogar dadurch verlieren, z.B. wegen Alkoholismus), und deshalb öfters unverheiratet sind. Die Wirkungsrichtung läßt sich hier kaum allgemein beweisen.

- Kritisch zu sehen sind die (werbeträchtigen) Erfolgsmeldungen von Kursen zur Raucherentwöhnung, Verbesserung der Ehe usw. Personen, die an solchen Kursen teilnehmen, haben offensichtlich ohnehin mehr als der Durchschnitt die Absicht, ihre Situation zu verbessern. Kursteilnahme und Erfolg dürften zu einem großen Teil von einem weiteren Faktor abhängen, nämlich dem Willen, sich zu ändern. Diese Kurse können zwar möglicherweise helfen, der Vergleich mit der Gesamtheit der Raucher usw. ist jedoch ohne wirkliche Aussagekraft. Sinnvoll sind hingegen Vergleiche von Personen, die an unterschiedlichen Maßnahmen mit dem gleichen Ziel teilgenommen haben.

• Kurios wirken viele der oft in der Boulevardpresse veröffentlichten statistischen "Erkenntnisse". Z.B. kann man eine erstaunliche Übereinstimmung zwischen dem Geburtenrückgang und der Zahl der in Deutschland lebenden Klapperstörche feststellen. Auch der "Zusammenhang" zwischen der Zahl der zugelassenen Hubschrauber und der jährlichen Autounfälle in Los Angeles bedarf wohl kaum einer näheren Untersuchung.

Da heute sehr viele Daten statistisch erfaßt werden, ist es leicht, solche zu finden, die scheinbar korrelieren (sogenannte **Scheinkorrelation**). Das ist schon deswegen kaum verwunderlich, da viele Größen einen relativ gleichmäßigen Anstieg über der Zeit aufweisen: Preise, Produktivität, Aktienkurse, Staatsschulden, Weltbevölkerung, Lebenserwartung und vieles mehr. Der gemeinsame Einflußfaktor all dieser Größen heißt - vereinfacht - Zeit.

5.2 Regressionsanalyse

Mit der Regressionsanalyse wird versucht, den Zusammenhang von quantitativen Merkmalen in Form einer mathematischen Funktion anzugeben. Bei der Analyse zweidimensionaler Merkmale sollten die Beobachtungswerte im ersten Schritt als Streudiagramm aufgetragen werden, um einen Eindruck darüber zu erhalten, ob überhaupt ein Zusammenhang vorliegt und - wenn ja - von welcher Art und Stärke er ist.

In den folgenden Abschnitten wird zunächst von einem linearen Zusammenhang zweier Merkmale ausgegangen. Anschließend wird gezeigt, wie die dort verwendeten Verfahren für Analyse des Zusammenhangs von mehr als zwei Merkmalen verallgemeinert werden können. Der letzte Unterabschnitt gibt einen Einblick in die Analyse nichtlinearer Zusammenhänge.

5.2.1 Lineare Einfachregression

Oft wird bei dem unterstellten Zusammenhang zwischen zwei Merkmalen (bivariater Fall) von einer linearen Beziehung ausgegangen. Dies ist zum einen dadurch begründet, daß lineare Zusammenhänge - zumindest näherungsweise in einem begrenzten (Definitions-) Bereich - häufig vorkommen. Zum anderen sind die notwendigen mathematischen Verfahren für den linearen Fall besonders einfach.

Bei der linearen Regression wird unterstellt, daß der Zusammenhang zwischen zwei Merkmalen X und Y durch eine Funktion des Typs

$$\hat{y} = a + b \cdot x$$

beschrieben werden kann. Diese Funktion beschreibt eine Gerade, die so durch die Punktwolke eines Streudiagramms gelegt werden soll, daß sie die Abhängigkeit möglichst gut wiedergibt. Dies ist in Abb. 5-2 zu erkennen.

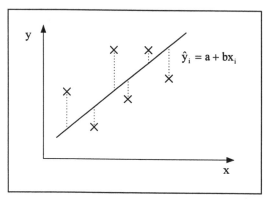

Abb. 5-2: Streudiagramm mit Regressionsgerade

Wie aus der Grafik hervorgeht, sind die Abstände zwischen der Geraden und den Beobachtungswerten definiert als:

$$u_i = y_i - \hat{y}_i$$

Dabei ist $\hat{y}_i$ der y-Wert der Regressionsgeraden für denselben x-Wert wie der Beobachtungswert y_i. Die beobachteten Ausprägungen y_i lassen sich auch so schreiben:

$$y_i = a + b \cdot x_i + u_i$$

Der beobachtete Wert setzt sich damit aus einer systematischen Komponente (gegeben durch die Regressionsgerade) und einer Störgröße u_i, das sogenannte **Residuum**, zusammen.

Ein erster Ansatz für eine optimale Gerade wäre es, die Summe der absoluten Abstände u_i zu minimieren. Man kann sich jedoch leicht veranschaulichen, daß es nach dieser Bedingung unendlich viele "optimale" Geraden geben würde. Da in der Abbildung gleich viele Punkte oberhalb wie unterhalb der Geraden liegen, würde eine Parallelverschiebung der Geraden an der Summe der Abstände nichts ändern, solange sie nicht über einen der Punkte hinweg bewegt wird. Als Kriterium wird statt dessen die Minimierung der Summe der Abstandsquadrate gewählt. Dies wird als **Methode der kleinsten Quadrate** (kurz: KQ) bezeichnet.

Für eine optimale Gerade $y^* = a + b \cdot x$ muß deshalb gelten:

$$S = \sum_{i=1}^{n} (y_i - y_i^*)^2 = \sum_{i=1}^{n} (y_i - a - b \cdot x_i)^2 \overset{!}{=} \min$$

Die Funktion S = f(a, b) ist für eine gegebene Menge von n Beobachtungswerten (x_i, y_i) zu minimieren. Dazu sind die partiellen Ableitungen $\delta S/\delta a$ und $\delta S/\delta b$ gleich Null zu setzen. Daraus ergeben sich folgende **Normalgleichungen**:

$$\sum_{i=1}^{n} y_i = n \cdot a + b \cdot \sum_{i=1}^{n} x_i$$

$$\sum_{i=1}^{n} y_i x_i = a \cdot \sum_{i=1}^{n} x_i + b \cdot \sum_{i=1}^{n} x_i^2$$

Durch Auflösen dieses Gleichungssystems ergeben sich folgende Formeln für a und b (die Indizes der Summenzeichen werden zur Vereinfachung weggelassen):

$$a = \frac{\sum x_i^2 \cdot \sum y_i - \sum x_i \cdot \sum x_i y_i}{n \cdot \sum x_i^2 - (\sum x_i)^2}$$

$$b = \frac{n \cdot \sum x_i y_i - \sum x_i \cdot \sum y_i}{n \cdot \sum x_i^2 - (\sum x_i)^2}$$

Alternativ sind auch folgende Formeln möglich (vgl. dazu auch Abschnitt 5.3.1):

$$b = \frac{s_{xy}}{s_x^2}$$

$$a = \overline{y} - b \cdot \overline{x}$$

Für die Berechnung der Koeffizienten werden folgende Größen einer Beobachtungsreihe benötigt: Σx_i, Σy_i, Σx_i^2, $\Sigma x_i y_i$, n.

Hierzu ein konkretes Beispiel:

Für 10 Personen wurden die Körpergröße (in cm) und das Gewicht (in kg) wie folgt ermittelt:

Größe x_i in cm	Gewicht y_i in kg	x_i^2	$x_i \cdot y_i$
150	54	22500	8100
154	60	23716	9240
161	69	25921	11109
165	71	27225	11715
170	67	28900	11390
174	74	30276	12876
176	85	30976	14960
183	78	33489	14274
185	87	34225	16095
190	85	36100	16150
1708	730	293328	125909

Unter der Annahme, daß ein linearer Zusammenhang zwischen den beiden Größen besteht, wird die Regressionsfunktion folgendermaßen berechnet:

$$a = \frac{293.328 \cdot 730 - 1.708 \cdot 125.909}{10 \cdot 293.328 - 1.708^2} = -57,638$$

$$b = \frac{10 \cdot 125.909 - 1.708 \cdot 730}{10 \cdot 293.328 - 1.708^2} = 0,7649$$

Die gesuchte Regressionsgerade lautet: $\hat{y} = 0,7649 \cdot x - 57,638$

Möchte man das zu erwartende Gewicht einer Person von 180 cm Größe ermitteln, wird dieser Wert in die Funktion eingesetzt:

$\hat{y} = 0,7649 \cdot 180 - 57,638 = 80,04 \text{ kg}$

Die nach der Methode der kleinsten Quadrate ermittelte Schätzfunktion besitzt unter anderem folgende Eigenschaften:

- Die Summe der Residuen, also der Abstände (inkl. Vorzeichen) zwischen Beobachtungswerten und Regressionsgeraden, ist 0.

- Die Summe der Abstandsquadrate zwischen Beobachtungswerten und Regressionsgeraden ist minimal.

- Die arithmetischen Mittel der beobachteten y_i-Werte und der entsprechenden Schätzwerte $\hat{y}_i$ stimmen überein.

- Die Regressionsgerade läuft durch den Schwerpunkt ($\bar{x}$; $\bar{y}$) der Punktwolke.

- X und Y dürfen nicht einfach vertauscht werden, da sich sonst eine andere Regressionsfunktion ergibt (diese ist i.d.R. nicht die Umkehrfunktion).

Anmerkung: Es handelt sich bei dem hier vorgestellten Vorgehen um ein rein deskriptives Verfahren. Beim stochastisch fundierten Regressionsmodell wird zwischen den echten (unbekannten) Parametern α und β der Grundgesamtheit und den dafür aus einer Stichprobe zu schätzenden Werten a und b unterschieden. Da die Berechnung prinzipiell gleich abläuft, wird im Rahmen dieser Einführung auf weitere Ausführungen hierzu verzichtet.

5.2.2 Lineare Mehrfachregression

Meist ist eine Größe nicht nur von einem, sondern von mehreren Einflußfaktoren abhängig. Um die Zusammenhänge in diesem sogenannten multivariaten Fall zu erfassen, wird eine Mehrfachregression (multiple Regression) angewandt. Die bisher für eine unabhängige Variable vorgestellten Methoden der Regressionsanalyse sind dann zu verallgemeinern. Anstelle der linearen Regressionsfunktion

$\hat{y} = a + b \cdot x$

ist im Falle von **k unabhängigen Variablen** die Form

$$\hat{y} = b_0 + b_1 \cdot x_1 + b_2 \cdot x_2 + \dots + b_k \cdot x_k$$

zu verwenden.

Bei einer Größe, die von zwei unabhängigen Variablen beeinflußt wird, entsprechen die Beobachtungswerte Punkten im dreidimensionalen Raum. Die Regressionsgerade wird dann zur Regressionsebene, die durch die Punktwolke gelegt wird.

Für die Regressionsfunktion ist - wie im Falle einer unabhängigen Variablen - die Summe der Abstandsquadrate für n Beobachtungswerte zu minimieren:

$$S = \sum_{i=1}^{n} (y_i - \hat{y}_i)^2 = \sum_{i=1}^{n} (y_i - b_0 - b_1 \cdot x_{1i} - \dots - b_k \cdot x_{ki})^2 \overset{!}{=} \min$$

Indem man die partiellen Ableitungen $\delta S / \delta b_j$ bildet und gleich Null setzt, erhält man k+1 Normalgleichungen (der Laufindex i = 1 ... n an den Summenzeichen wurde zur Vereinfachung weggelassen):

$$
\begin{array}{lllllll}
b_0 n & + b_1 \Sigma x_{1i} & + b_2 \Sigma x_{2i} & + & \dots & + b_k \Sigma x_{ki} & = \Sigma y_i \\
b_0 \Sigma x_{1i} & + b_1 \Sigma x^2_{1i} & + b_2 \Sigma x_{2i} x_{1i} & + & \dots & + b_k \Sigma x_{ki} x_{1i} & = \Sigma y_i x_{1i} \\
b_0 \Sigma x_{2i} & + b_1 \Sigma x_{1i} x_{2i} & + b_2 \Sigma x^2_{2i} & + & \dots & + b_k \Sigma x_{ki} x_{2i} & = \Sigma y_i x_{2i} \\
\dots & \dots & \dots & & \dots \quad \dots & & \dots \\
b_0 \Sigma x_{ki} & + b_1 \Sigma x_{1i} x_{ki} & + b_2 \Sigma x_{2i} x_{ki} & + & \dots & + b_k \Sigma x^2_{ki} & = \Sigma y_i x_{ki}
\end{array}
$$

Für den Spezialfall **zweier unabhängiger Variablen** X_1 und X_2 mit der Regressionsfunktion

$$\hat{y} = b_0 + b_1 \cdot x_1 + b_2 \cdot x_2$$

ergeben sich folgende Normalgleichungen:

$$
\begin{array}{llll}
b_0 n & + b_1 \Sigma x_{1i} & + b_2 \Sigma x_{2i} & = \Sigma y_i \\
b_0 \Sigma x_{1i} & + b_1 \Sigma x^2_{1i} & + b_2 \Sigma x_{2i} x_{1i} & = \Sigma y_i x_{1i} \\
b_0 \Sigma x_{2i} & + b_1 \Sigma x_{1i} x_{2i} & + b_2 \Sigma x^2_{2i} & = \Sigma y_i x_{2i}
\end{array}
$$

Das Ziel der Regressionsanalyse ist es, die Koeffizienten b_j (mit i = 0 ... k) zu bestimmen. Ausgehend von den Normalgleichungen werden dazu aus den Beobachtungswerten die benötigten Summen berechnet und in das Gleichungssystem eingesetzt. Dieses wird dann gemäß den bekannten Methoden der linearen Algebra (z.B. Gauß'scher Algorithmus) gelöst.

Hierzu ein sehr einfaches Beispiel:

Gegeben seien folgende Beobachtungswerte:

i	y	x_1	x_2
1	14	2	1
2	18	2	2
3	26	4	3
4	32	4	4
5	40	5	5

Bestimmt man die Summen und setzt sie in die Normalgleichungen ein, ergibt sich folgendes Gleichungssystem:

$$5 \cdot b_0 + 17 \cdot b_1 + 15 \cdot b_2 = 130$$

$$17 \cdot b_0 + 65 \cdot b_1 + 59 \cdot b_2 = 496$$

$$15 \cdot b_0 + 59 \cdot b_1 + 55 \cdot b_2 = 456$$

Nach den einzelnen b_j aufgelöst erhält man folgende Schätzwerte für die Koeffizienten:

$$b_0 = 4,7 \quad b_1 = 1,5 \quad b_2 = 5,4$$

Die Regressionsfunktion lautet damit:

$$\hat{y} = 4,7 + 1,5 \cdot x_1 + 5,4 \cdot x_2$$

Für eine größere Anzahl von Variablen und Beobachtungswerten ist dieses Vorgehen sehr aufwendig. Man verwendet deshalb eine Matrixschreibweise.

Für die Beobachtungswerte i = 1 ... n lassen sich n Gleichungen schreiben:

$$y_1 = b_0 + b_1 x_{11} + b_2 x_{21} + ... + b_k x_{k1} + u_1$$

$$y_2 = b_0 + b_1 x_{12} + b_2 x_{22} + ... + b_k x_{k2} + u_2$$

$$y_3 = b_0 + b_1 x_{13} + b_2 x_{23} + ... + b_k x_{k3} + u_3$$

$$...$$

$$y_n = b_0 + b_1 x_{1n} + b_2 x_{2n} + ... + b_k x_{kn} + u_n$$

Es werden nun folgende Matrizen (bei einspaltigen Matrizen oft auch als Spaltenvektor bezeichnet) definiert:

$$\mathbf{y} = \begin{pmatrix} y_1 \\ y_2 \\ y_3 \\ ... \\ y_n \end{pmatrix} \quad \mathbf{b} = \begin{pmatrix} b_1 \\ b_2 \\ b_3 \\ ... \\ b_k \end{pmatrix} \quad \mathbf{u} = \begin{pmatrix} u_1 \\ u_2 \\ u_3 \\ ... \\ u_n \end{pmatrix} \quad \mathbf{X} = \begin{pmatrix} 1 & x_{11} & x_{21} & ... & x_{k1} \\ 1 & x_{12} & x_{22} & ... & x_{k2} \\ 1 & x_{13} & x_{23} & ... & x_{k3} \\ ... & ... & ... & ... & ... \\ 1 & x_{1n} & x_{2n} & ... & x_{kn} \end{pmatrix}$$

Damit läßt sich das Gleichungssystem kurz so schreiben:

$$\mathbf{y} = \mathbf{Xb} + \mathbf{u}$$

Durch Multiplikation der Matrix $\mathbf{X}$ mit ihrer Transponierten $\mathbf{X}'$ (d.h. Matrix, bei der Zeilen und Spalten vertauscht sind) ergibt sich folgendes:

$$\mathbf{X}'\mathbf{X} = \begin{pmatrix} n & \Sigma x_{1i} & \Sigma x_{2i} & ... & \Sigma x_{ki} \\ \Sigma x_{1i} & \Sigma x_{1i}^2 & \Sigma x_{2i}x_{1i} & ... & \Sigma x_{ki}x_{1i} \\ \Sigma x_{2i} & \Sigma x_{1i}x_{2i} & \Sigma x_{2i}^2 & ... & \Sigma x_{ki}x_{2i} \\ ... & ... & ... & ... ... \\ \Sigma x_{ki} & \Sigma x_{1i}x_{ki} & \Sigma x_{2i}x_{ki} & ... & \Sigma x_{ki}^2 \end{pmatrix}$$

Weiter gilt:

$$\mathbf{X}'\mathbf{y} = \begin{pmatrix} \Sigma y_i \\ \Sigma y_i x_{1i} \\ \Sigma y_i x_{2i} \\ ... \\ \Sigma y_i x_{ki} \end{pmatrix}$$

Damit lassen sich die Normalgleichungen wie folgt schreiben:

$(\mathbf{X}'\mathbf{X})\mathbf{b} = \mathbf{X}'\mathbf{y}$

Durch Umformen erhält man:

$(\mathbf{X}'\mathbf{X})\mathbf{b} = \mathbf{X}'\mathbf{y} \Leftrightarrow (\mathbf{X}'\mathbf{X})^{-1}(\mathbf{X}'\mathbf{X})\mathbf{b} = (\mathbf{X}'\mathbf{X})^{-1}\mathbf{X}'\mathbf{y} \Leftrightarrow \mathbf{b} = (\mathbf{X}'\mathbf{X})^{-1}\mathbf{X}'\mathbf{y}$

Dabei ist $(\mathbf{X}'\mathbf{X})^{-1}$ die Inverse der Matrix $(\mathbf{X}'\mathbf{X})$. Die Multiplikation einer Matrix mit ihrer Inversen ergibt die Einheitsmatrix, die als neutrales Element der Multiplikation wegfallen kann. Die Bestimmungsgleichung für die gesuchten Koeffizienten lautet also:

$$\boxed{\mathbf{b} = (\mathbf{X}'\mathbf{X})^{-1}\mathbf{X}'\mathbf{y}}$$

Damit reduziert sich die Berechnung auf Standardoperationen der linearen Algebra und kann unabhängig von der Anzahl der Variablen und Beobachtungswerte immer in derselben Weise durchgeführt werden. In der Regel kommt dabei nur die Anwendung einer geeigneten Software in Frage. Für das einfache Beispiel, das oben bereits mit Hilfe der vorher explizit aufgestellten Normalgleichungen gelöst wurde, hier der alternative Rechenweg:

Die verwendeten Matrixen sind:

$$\mathbf{X} = \begin{pmatrix} 1 & 2 & 1 \\ 1 & 2 & 2 \\ 1 & 4 & 3 \\ 1 & 4 & 4 \\ 1 & 5 & 5 \end{pmatrix} \qquad \mathbf{y} = \begin{pmatrix} 14 \\ 18 \\ 26 \\ 32 \\ 40 \end{pmatrix}$$

Die Rechnung lautet:

$$\mathbf{X'X} = \begin{pmatrix} 1 & 1 & 1 & 1 & 1 \\ 2 & 2 & 4 & 4 & 5 \\ 1 & 2 & 3 & 4 & 5 \end{pmatrix} \begin{pmatrix} 1 & 2 & 1 \\ 1 & 2 & 2 \\ 1 & 4 & 3 \\ 1 & 4 & 4 \\ 1 & 5 & 5 \end{pmatrix} = \begin{pmatrix} 5 & 17 & 15 \\ 17 & 65 & 59 \\ 15 & 59 & 55 \end{pmatrix}$$

$$(\mathbf{X'X})^{-1} = \begin{pmatrix} 2,35 & -1,25 & 0,7 \\ -1,25 & 1,25 & -1 \\ 0,7 & -1 & 0,9 \end{pmatrix}$$

$$\mathbf{X'y} = \begin{pmatrix} 1 & 1 & 1 & 1 & 1 \\ 2 & 2 & 4 & 4 & 5 \\ 1 & 2 & 3 & 4 & 5 \end{pmatrix} \begin{pmatrix} 14 \\ 18 \\ 26 \\ 32 \\ 40 \end{pmatrix} = \begin{pmatrix} 130 \\ 496 \\ 456 \end{pmatrix}$$

$$\mathbf{b} = (\mathbf{X'X})^{-1}\mathbf{X'y} = \begin{pmatrix} 2,35 & -1,25 & 0,7 \\ -1,25 & 1,25 & -1 \\ 0,7 & -1 & 0,9 \end{pmatrix} \begin{pmatrix} 130 \\ 496 \\ 456 \end{pmatrix} = \begin{pmatrix} 4,7 \\ 1,5 \\ 5,4 \end{pmatrix}$$

Die so berechneten Koeffizienten entsprechen den oben ermittelten.

Noch einige Worte zur Interpretation der Ergebnisse einer multiplen Regression:

Der Koeffizient b_j gibt an, um wieviel sich y im Schnitt ändert, wenn x_j um eine Einheit erhöht wird und alle übrigen unabhängigen Variablen unverändert bleiben ("ceteris paribus").

Diese Interpretation gilt jedoch nur für die gewählte Regressionsfunktion. Insbesondere das Hinzufügen oder Entfernen einzelner Variablen aus der Regressionsfunktion führt normalerweise zu anderen Werten für die Koeffizienten. Dies zeigt sich, wenn man für das Beispiel anstelle einer Regressionsfunktion mit zwei Variablen zwei getrennte mit je einer Variablen schätzt:

$$\hat{y} = 0,5 + 7,5 \cdot x_1$$

$$\hat{y} = 6,2 + 6,6 \cdot x_2$$

Die so berechneten Koeffizienten weichen deutlich von denen mit dem Modell der Zweifachregression geschätzten ab.

5.2.3 Nichtlineare Einfachregression

Oft liegt ein nichtlinearer Zusammenhang zwischen Merkmalen vor. Dabei lassen sich folgende Fälle unterscheiden:

- Nichtlinearität in den Variablen, z.B. x^2, $1/x$, e^x, $x_1 x_2$, $\log(x)$.

- Nichtlinearität in den Regressionskoeffizienten, z.B. b^2, $1/b$.

- Nichtlinearität in den Variablen und Regressionskoeffizienten, z.B. bei der logistischen Funktion $y = k/(1+e^{a-bx})$.

In den beiden ersten Fällen kann eine nichtlineare Funktion oft durch eine Variablen- bzw. Koeffizientensubstitution oder eine Variablentransformation linearisiert werden.

In diesem Abschnitt werden Lösungen für einige besonders wichtige Funktionen mit einer unabhängigen Variablen beschrieben.

Angenommen, zwischen x und y besteht ein quadratischer Zusammenhang, der nicht durch eine Gerade, sondern nur durch eine **Parabel** angenähert werden kann. Die Regressionsgleichung besitzt dann folgende allgemeine Form:

$$\hat{y} = b_0 + b_1 \cdot x + b_2 \cdot x^2$$

Dies läßt sich mittels **Variablensubstitution** auf die im letzten Abschnitt beschriebene lineare Mehrfachregression zurückführen, indem man x durch x_1 und x^2 durch x_2 ersetzt. Die entsprechenden Normalgleichungen lauten bekanntlich:

$$b_0 n \quad + b_1 \Sigma x_{1i} \quad + b_2 \Sigma x_{2i} \quad = \Sigma y_i$$
$$b_0 \Sigma x_{1i} + b_1 \Sigma x^2_{1i} \quad + b_2 \Sigma x_{2i} x_{1i} = \Sigma y_i x_{1i}$$
$$b_0 \Sigma x_{2i} + b_1 \Sigma x_{1i} x_{2i} + b_2 \Sigma x^2_{2i} = \Sigma y_i x_{2i}$$

Durch erneute Substitution ergibt sich dann:

$$b_0 n \quad + b_1 \Sigma x_i \quad + b_2 \Sigma x_i^2 \quad = \Sigma y_i$$
$$b_0 \Sigma x_i \quad + b_1 \Sigma x_i^2 \quad + b_2 \Sigma x_i^3 \quad = \Sigma y_i x_i$$
$$b_0 \Sigma x_i^2 + b_1 \Sigma x_i^3 + b_2 \Sigma x_i^4 = \Sigma y_i x_i^2$$

Die Lösung läßt sich nach den im letzten Abschnitt beschriebenen Methoden ermitteln.

Analog dazu lassen sich auch Polynome höheren Grades durch Variablensubstitution schätzen. Gleiches gilt, wenn Werte wie $1/x$, $\log(x)$, e^x usw. innerhalb einer Funktion des Typs

$$\hat{y} = b_0 + b_1 \cdot x_1 + b_2 \cdot x_2 + \dots$$

anstelle von x_j auftreten. Es sind dann - nach einer entsprechenden Substitution - die Methoden der linearen Mehrfachregression anzuwenden.

Eine andere Vorgehensweise ist notwendig, wenn die Koeffizienten und Variablen nicht in der genannten Weise verknüpft sind. Das Vorgehen der **Variablentransformation** wird exemplarisch am Beispiel der **Potenzfunktion** beschrieben, die oft als Funktionstyp für Kosten- oder Nachfragefunktionen in der Ökonomie Verwendung findet. Sie besitzt die allgemeine Form:

$$\hat{y} = a \cdot x^b$$

Dies kann durch Logarithmieren auf den linearen Fall zurückgeführt werden:

$$\log(\hat{y}) = \log(a) + b \cdot \log(x)$$

Analog zu den in Abschnitt 5.2.1 hergeleiteten Gleichungen für die Regressionskoeffizienten ergibt sich daraus:

$$\log(a) = \frac{\sum (\log(x_i))^2 \cdot \sum \log(y_i) - \sum \log(x_i) \cdot \sum \log(x_i) \cdot \log(y_i)}{n \cdot \sum (\log(x_i))^2 - (\sum \log(x_i))^2}$$

$$b = \frac{n \cdot \sum \log(x_i) \cdot \log(y_i) - \sum \log(x_i) \cdot \sum \log(y_i)}{n \cdot \sum (\log(x_i))^2 - (\sum \log(x_i))^2}$$

Der einzige Unterschied zum Normalfall der linearen Einfachregression besteht darin, daß anstelle der x- und y-Werte deren Logarithmen aufsummiert und in der Formel verwendet werden. Vor dem Einsetzen in die Regressionsfunktion wird der Koeffizient a durch die Beziehung $a = 10^{\log(a)}$ bestimmt.

Hier ein konkretes Beispiel:

Der Zusammenhang zwischen dem Energieverbrauch Y (in KWh/Stück) und der Produktionsgeschwindigkeit X (in Stück/Stunde) bei einer Maschine soll untersucht werden. Dabei wird eine Potenzfunktion unterstellt, deren Koeffizienten anhand von fünf vorliegenden Messungen geschätzt werden sollen.

x_i	y_i	$\log(x_i)$	$\log(y_i)$	$\log(x_i)^2$	$\log(x_i) \cdot \log(y_i)$
100	135	2,000	2,130	4,000	4,261
120	174	2,079	2,241	4,323	4,659
130	193	2,114	2,286	4,469	4,832
150	247	2,176	2,393	4,735	5,207
160	297	2,204	2,473	4,858	5,450
		10,573	11,522	22,385	24,408

$$\log(a) = \frac{22{,}385 \cdot 11{,}522 - 10{,}573 \cdot 24{,}408}{5 \cdot 22{,}385 - 10{,}573^2} = -1{,}146 \Rightarrow a = 10^{-1{,}146} = 0{,}0714$$

$$b = \frac{5 \cdot 24{,}408 - 10{,}573 \cdot 11{,}522}{5 \cdot 22{,}385 - 10{,}573^2} = 1{,}6317$$

$$\hat{y} = 0,0714 \cdot x^{1,6317}$$

Mit der Methode der Variablentransformation läßt sich eine Reihe von Funktionstypen als Regressionsfunktion verwenden. In Tab. 5-1 sind einige besonders wichtige Fälle aufgeführt.

Tab. 5-1: Transformationen wichtiger nichtlinearer Regressionsfunktionen

Originalfunktion	transformierte Funktion
$\hat{y} = \sqrt{a + b \cdot x}$	$\hat{y}^2 = a + b \cdot x$
$\hat{y} = \dfrac{1}{a + b \cdot x}$	$\dfrac{1}{\hat{y}} = a + b \cdot x$
$\hat{y} = a \cdot x^b$	$\log(\hat{y}) = \log(a) + b \cdot \log(x)$
$\hat{y} = a \cdot b^x$	$\log(\hat{y}) = \log(a) + \log(b) \cdot x$
$\hat{y} = a \cdot e^{b \cdot x}$	$\ln(\hat{y}) = \ln(a) + b \cdot x$

Bei komplizierteren Funktionen läßt sich weder durch Variablensubstitution noch durch Variablentransformation eine exakte Lösung erreichen. In solchen Fällen muß man in der Regel auf numerische Näherungsverfahren zurückgreifen.

Die in Abschnitt 5.2.1 eingeführte Methode der kleinsten Quadrate setzt voraus, daß die Störvariable U additiv verknüpft ist. Anders als bei der anfangs beschriebenen Variablensubstitution führt die Variablentransformation jedoch dazu, daß dieser Zusammenhang nach der Transformation nicht mehr besteht. Im Falle des Logarithmierens liefert das Verfahren nur für eine multiplikativ verknüpfte Störvariable exakte Ergebnisse. Bei einer additiven Störgröße stellt die durch Rücktransformation gewonnene Regressionsfunktion nur eine Näherung dar.

5.3 Korrelationsanalyse

Im letzten Abschnitt wurde für quantitative Merkmale die Form des Zusammenhangs als Funktion ermittelt. In diesem Abschnitt geht es darum, die Stärke des Zusammenhangs zu berechnen. Für quantitative Merkmale drückt dies z.B. aus, wie weit die Beobachtungswerte von der Regressionsgeraden entfernt sind. Zusätzlich wird auch die Stärke des Zusammenhangs zwischen qualitativen Merkmalen bestimmt.

5.3.1 Pearson'scher Korrelationskoeffizient

Wie die Streudiagramme in Abb. 5-3 zeigen, gibt es sehr unterschiedliche Arten des Zusammenhangs zweier Merkmale.

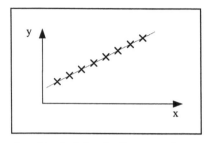

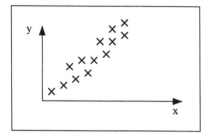

a) exakter funktionaler Zusammenhang   b) starker positiver Zusammenhang

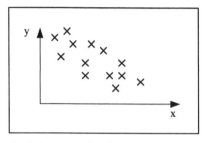

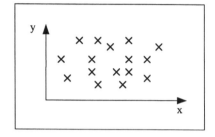

c) mittlerer negativer Zusammenhang   d) kein Zusammenhang

Abb. 5-3 (a-d): Unterschiedliche Arten des Zusammenhangs zweier Merkmale

Es ist wünschenswert, vage Aussagen wie "starker Zusammenhang" in Form einer statistischen Kennzahl genauer auszudrücken.

Dazu wird zunächst die **Kovarianz** s_{xy} als Maß der gemeinsamen Streuung zweier Variablen definiert. Für n Einzelbeobachtungen gilt:

$$s_{xy} = \frac{1}{n} \sum_{i=1}^{n} (x_i - \overline{x}) \cdot (y_i - \overline{y})$$

Diese Formel läßt sich so umformen, daß sie meist einfacher handhabbar ist:

$$s_{xy} = \frac{1}{n} \sum_{i=1}^{n} (x_i \cdot y_i) - \overline{x} \cdot \overline{y}$$

Wie aus der ersten Form ersichtlich ist, wird für jeden Beobachtungspunkt der Abstand der x- und der y-Komponenten von den jeweiligen Mittelwerten $\overline{x}$ bzw. $\overline{y}$ bestimmt und der Mittelwert des Produktes daraus berechnet.

Dazu wird die folgende Grafik betrachtet:

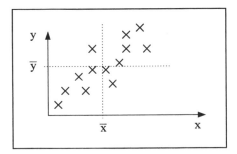

Abb. 5-4: Streudiagramm zum Abschätzen der Kovarianz

Es ist leicht zu erkennen, daß in der Formel Punkte links unterhalb und rechts oberhalb des Schnittpunktes der gestrichelten Linien (der Mittelwerte $\overline{x}$ und $\overline{y}$) ein positives Produkt liefern, während sich in den beiden anderen Quadranten ein negativer Wert ergibt. Die Kovarianz ist demnach im allgemeinen positiv, wenn die Beobachtungswerte überwiegend links unten und rechts oben liegen, die Punktwolke also eine steigende Form aufweist. Entsprechend liefern fallende Punktwolken einen negativen Wert der Kovarianz.

Der Nachteil der Kovarianz als Maßzahl besteht darin, daß sie nach oben und unten unbeschränkt ist und der Wert nicht nur von der Stärke des Zusammenhangs, sondern auch von den absoluten Werten abhängt. Deshalb wird dadurch eine Normierung vorgenommen, daß die Kovarianz ins Verhältnis zum Produkt der Standardabweichungen für x und y gesetzt wird. Es ergibt sich dadurch der **Pearson'sche Korrelationskoeffizient r** (auch: Bravais-Pearson-Korrelationskoeffizient):

$$r = \frac{s_{xy}}{s_x \cdot s_y}$$

Durch die Normierung ist r auf den Wertebereich -1 bis +1 beschränkt. Bei einem Wert von 1 liegen alle Beobachtungspunkte exakt auf einer steigenden Geraden. Bei Werten etwas darunter verteilt sich die Punktwolke noch relativ gut um eine steigende Gerade; die Merkmalswerte für x und y korrelieren also stark positiv. Ein Wert nahe 0 besagt, daß keinerlei linearer (!) Zusammenhang zwischen beiden Merkmalen besteht. Bei negativen Werten streuen die Punkte mehr oder weniger stark um eine fallende Gerade.

Der Pearson'sche Korrelationskoeffizient r ist auch ein Maß für die Linearität des Zusammenhangs zweier Merkmale. Für nichtlineare Zusammenhänge ist er deshalb ungeeignet.

Hier eine konkrete Rechnung für das Beispiel aus Abschnitt 5.2.1:

Größe x_i in cm	Gewicht y_i in kg	x_i^2	y_i^2	$x_i \cdot y_i$
150	54	22500	2916	8100
154	60	23716	3600	9240
161	69	25921	4761	11109
165	71	27225	5041	11715
170	67	28900	4489	11390
174	74	30276	5476	12876
176	85	30976	7225	14960
183	78	33489	6084	14274
185	87	34225	7569	16095
190	85	36100	7225	16150
1708	730	293328	54386	125909

$$\overline{x} = \frac{1}{n} \sum_{i=1}^{n} x_i = \frac{1708\,\text{cm}}{10} = 170{,}8\,\text{cm}$$

$$s_x^2 = \frac{1}{n} \sum_{i=1}^{n} (x_i^2) - \overline{x}^2 = \frac{293328\,\text{cm}^2}{10} - (170{,}8\,\text{cm})^2 = 160{,}16\,\text{cm}^2$$

$$\overline{y} = \frac{1}{n} \sum_{i=1}^{n} y_i = \frac{730\,\text{kg}}{10} = 73{,}0\,\text{kg}$$

$$s_y^2 = \frac{1}{n} \sum_{i=1}^{n} (y_i^2) - \overline{y}^2 = \frac{54386\,\text{kg}^2}{10} - (73{,}0\,\text{kg})^2 = 109{,}6\,\text{kg}^2$$

$$s_{xy} = \frac{1}{n} \sum_{i=1}^{n} (x_i \cdot y_i) - \overline{x} \cdot \overline{y} = \frac{125909\,\text{kg} \cdot \text{cm}}{10} - 170{,}8\,\text{cm} \cdot 73{,}0\,\text{kg}$$

$$= 122{,}5\,\text{kg} \cdot \text{cm}$$

$$r = \frac{s_{xy}}{s_x \cdot s_y} = \frac{122{,}5\,\text{kg} \cdot \text{cm}}{\sqrt{160{,}16\,\text{cm}^2} \cdot \sqrt{109{,}6\,\text{kg}^2}} = 0{,}92$$

Es besteht also ein sehr deutlicher Zusammenhang zwischen der Körpergröße und dem Körpergewicht.

5.3.2 Bestimmtheitsmaß

Der Pearson'sche Korrelationskoeffizient r läßt sich noch auf andere Art interpretieren. Dazu wird die Gleichung

$$r = \frac{s_{xy}}{s_x \cdot s_y}$$

quadriert und in geeigneter Weise umgeformt. Es ergibt sich dann:

$$r^2 = \frac{s_{\hat{y}}^2}{s_y^2}$$

Es wird von Beobachtungswerten y_i und den Werten $\hat{y}_i$ der Regressionsgeraden für dieselben x-Werte ausgegangen. Im Nenner des Bruches steht die Varianz der Beobachtungswerte und im Zähler die der entsprechenden Werte der Regressionsgeraden. Dann gibt r^2 das Verhältnis der durch die Regressionsgerade erklärten Varianz zur Gesamtvarianz an.

Zur Veranschaulichung werden zwei Extremfälle betrachtet:

- Angenommen, alle Beobachtungswerte liegen genau auf der Regressionsgeraden. In diesem Fall sind die Varianzen der Beobachtungswerte und der Regressionsgeraden identisch, r^2 ergibt also 1. Alle Abweichungen der Beobachtungswerte vom Mittelwert $\bar{y}$ werden durch den Zusammenhang der Regressionsgeraden erklärt, also die gesamte Varianz.

- Falls überhaupt kein Zusammenhang zwischen beiden Merkmalen besteht, ergibt sich eine Regressionsgerade, die parallel zur x-Achse verläuft. Ihre Varianz ist damit 0, so daß sich ein r^2 von 0 ergibt.

Der Wertebereich von r^2 kann ebenfalls aus zwei Blickwinkeln gleich bestimmt werden. Da r im Bereich -1 bis +1 liegt, muß r^2 zischen 0 und +1 liegen. Ebenso kann der Anteil der Varianz, der durch die Regressionsgerade erklärt wird, nur zwischen 0 und 100% (= 1) liegen.

Die Varianz eines abhängigen Merkmals Y kann in zwei Komponenten zerlegt werden, nämlich die Varianz der Regressionsgeraden und die Varianz der Residuen. Die Residuen sind die Abweichungen u_i zwischen den Beobachtungswerten y_i und den entsprechenden Werten der Regressionsgeraden $\hat{y}_i$. Der Zusammenhang läßt sich in folgender Form angeben:

$$s_y^2 = s_{\hat{y}}^2 + s_u^2$$

Diese Zerlegung der Streuung läßt sich nicht nur für lineare, sondern auch für nichtlineare Regressionsfunktionen vornehmen. Man definiert dann das **Bestimmtheitsmaß B** wie folgt:

$$B = \frac{s_{\hat{y}}^2}{s_y^2}$$

Diese Formel stimmt mit der oben angegebenen überein. Für lineare Regressionsfunktionen gilt daher:

$$\boxed{B = r^2}$$

Das Bestimmtheitsmaß B besitzt in der gesamten empirischen Wirtschafts- und Sozialforschung eine besondere Bedeutung. Z.B. wird versucht, den Erfolg eines Unternehmens (z.B. die Eigenkapitalrendite) durch Größen wie Marktanteil, Forschungsetat, Werbeaufwand usw. zu erklären. Dies geschieht dadurch, daß man bestimmt, welcher Anteil der Varianz der Zielgröße durch die einzelnen (vermuteten) Einflußfaktoren erklärt wird.

5.3.3 Spearman'scher Rangkorrelationskoeffizient

Der Pearson'sche Korrelationskoeffizient r wurde oben für quantitative Merkmale definiert. Es stellt sich die Frage, inwieweit dieses Maß auf ordinale Merkmale übertragbar ist. Hierzu ein Beispiel:

Bei einem Ski-Wettbewerb wurden die beiden Disziplinen Abfahrt und Slalom ausgetragen. Dabei ergaben sich folgende Plazierungen:

Teilnehmer	Platz Abfahrt (X)	Platz Slalom (Y)
A	2	2
B	1	3
C	3	1
D	4	5
E	5	4
F	6	6

Werden die Ausprägungen für X und Y als quantitative Merkmale behandelt, ergibt sich:

$$r = \frac{s_{xy}}{s_x \cdot s_y} = \frac{2,083}{1,708 \cdot 1,708} = 0,7143$$

Offensichtlich besteht ein relativ hoher Zusammenhang zwischen beiden Plazierungen. Anstelle von echten quantitativen Merkmalen wurden hier jedoch Rangziffern verwendet. Dazu ordnet man die Beobachtungswerte jedes Merkmals für sich und vergibt entsprechend der Reihenfolge eine Rangziffer. Im Falle von Plazierungen ist diese bereits direkt gegeben, bei anderen ordinalen Merkmalen sind sie durch Zahlen von 1 bis n (Anzahl der Beobachtungswerte) zu bilden.

Es ergeben sich mehrere Vereinfachungen gegenüber dem Pearson'sche Korrelationskoeffizienten, da sowohl für X als auch für Y jede Zahl von 1 bis n genau einmal vorkommt:

$$\overline{x} = \overline{y} \qquad\qquad\qquad s_x^2 = s_y^2$$

$$\sum_{i=1}^{n} x_i = \sum_{i=1}^{n} y_i = \frac{1}{2} n \cdot (n+1) \qquad\qquad \sum_{i=1}^{n} x_i^2 = \sum_{i=1}^{n} y_i^2 = \frac{1}{6} n \cdot (n+1) \cdot (2n+1)$$

Durch Einsetzen in die Formel für r und geeignetes Umformen ergibt sich folgende Formel für den **Spearman'schen Rangkorrelationskoeffizienten** r_{sp}:

$$r_{sp} = 1 - \frac{6 \sum_{i=1}^{n} (x_i - y_i)^2}{n \cdot (n^2 - 1)}$$

Er ist - wie der Pearson'sche Korrelationskoeffizient - ein Maß für den Zusammenhang zweier Merkmale und auf den Bereich zwischen -1 und +1 normiert. Er wird dann angewendet, wenn es sich um ordinal skalierte Merkmale handelt.

Für das Beispiel oben ergibt sich folgende Berechnung:

$$r_{sp} = 1 - \frac{6 \cdot (0 + 4 + 4 + 1 + 1 + 0)}{6 \cdot (36 - 1)} = 1 - \frac{10}{35} = \frac{5}{7} = 0,7143$$

Der Wert ist identisch mit r.

Stimmen mehrere Merkmalswerte überein (z.B. geteilter 2. - 3. Platz in einer der beiden Disziplinen), wird diesen jeweils das arithmetische Mittel der Rangziffern zugeordnet (z.B. 2,5). In diesem Fall liegen sogenannte Bindungen vor, die dazu führen, dass die oben gemachten Vereinfachungen nicht mehr stimmen. Die hier vorgestellte Formel für den Spearman'schen Rangkorrelationskoeffizienten liefert dann nicht mehr das exakte Ergebnis, sondern nur noch eine - in der Regel aber ausreichend gute - Näherung.

Klausurtip:

- Liegen (zumindest für eine der beiden Größen) metrische Werte anstelle von Rangziffern vor, so müssen diese vor der Anwendung der Formel in Rangstufen von 1 bis n umgewandelt werden. Die Rechnung mit den ursprünglichen Werten liefert unsinnige Ergebnisse.

5.3.4 Kontingenzkoeffizient

Liegen nominale Merkmale vor, können der Pearson'sche Korrelationskoeffizient und der Spearman'schen Rangkorrelationskoeffizient nicht angewandt werden, so daß eine neue Maßzahl zu definieren ist. Dazu wird von einer Kontingenztabelle ausgegangen, die allgemein (für absolute Häufigkeiten) wie in Tab. 5-2 aussieht.

Sind die beiden Merkmale X und Y unabhängig voneinander, ist als (absolute) Häufigkeit für eine Merkmalsausprägung folgender Wert zu erwarten:

$$h^e(x_j; y_k) = \frac{h(x_j) \cdot h(y_k)}{n}$$

Tab. 5-2: Kontingenztabelle zum Berechnen des Kontingenzkoeffizienten

	y_1	y_2	...	y_r	Randvertei-lung X
x_1	$h(x_1;y_1)$	$h(x_1;y_2)$	...	$h(x_1;y_r)$	$h(x_1) =$ $\sum\limits_{k=1}^{r} h(x_1;y_k)$
x_2	$h(x_2;y_1)$	$h(x_2;y_2)$	...	$h(x_2;y_r)$	$h(x_2) =$ $\sum\limits_{k=1}^{r} h(x_2;y_k)$
...	...	...	...	...	...
x_m	$h(x_m;y_1)$	$h(x_m;y_2)$	...	$h(x_m;y_r)$	$h(x_m) =$ $\sum\limits_{k=1}^{r} h(x_m;y_k)$
Randver-teilung Y	$h(y_1) =$ $\sum\limits_{j=1}^{m} h(x_j;y_1)$	$h(y_2) =$ $\sum\limits_{j=1}^{m} h(x_j;y_2)$	...	$h(y_r) =$ $\sum\limits_{j=1}^{m} h(x_j;y_r)$	n

Zur Berechnung eines Zusammenhangsmaßes wird zunächst die Hilfsgröße χ^2 (Chi-Quadrat) gebildet, die ein Maß für die relativen quadratischen Abweichungen zwischen beobachteten und erwarteten Häufigkeiten darstellt:

$$\chi^2 = \sum_{j=1}^{m}\sum_{k=1}^{r} \frac{\left(h(x_j;y_k)-h^e(x_j;y_k)\right)^2}{h^e(x_j;y_k)} = \sum_{j=1}^{m}\sum_{k=1}^{r} \frac{\left(h(x_j;y_k)-\dfrac{h(x_j)\cdot h(y_k)}{n}\right)^2}{\dfrac{h(x_j)\cdot h(y_k)}{n}}$$

Damit wird der (Pearson'sche) **Kontingenzkoeffizient C** gebildet:

$$C = \sqrt{\frac{\chi^2}{n+\chi^2}} \qquad \text{wobei gilt: } 0 \le C \le \sqrt{\frac{C^*-1}{C^*}}$$

Dabei ist C^* der kleinere Wert von Zeilen- und Spaltenzahl. Um ein Maß zu haben, das zwischen 0 und 1 normiert ist, wird oft der **korrigierte Kontingenz-koeffizient C_{korr}** gebildet:

$$C_{korr} = C \cdot \sqrt{\frac{C^*}{C^*-1}}$$

Nachfolgend ein konkretes Beispiel. Dazu ist es hilfreich, neben den tatsächlichen Werten auch die erwarteten (mit einem Strich getrennt) in dasselbe Feld einzutragen. Dann kann die übersichtlichere erste Form der Formel für χ^2 gewählt werden.

Es soll überprüft werden, ob zwischen dem Geschlecht und der Wahl der Studienrichtung ein Zusammenhang besteht. Dazu werden die Einschreibezahlen für die zwei Studiengänge BWL und Wirtschaftsingenieurwesen (WI) betrachtet. Hier die Kontingenztabelle dieses Beispiels in der für die Berechnung erweiterten Form:

	männlich	weiblich	Σ
BWL	30 \ 36	30 \ 24	60
WI	30 \ 24	10 \ 16	40
Σ	60	40	100

Es ergibt sich:

$$\chi^2 = \frac{(30-36)^2}{36} + \frac{(30-24)^2}{24} + \frac{(30-24)^2}{24} + \frac{(10-16)^2}{16} = 6,25$$

$$C = \sqrt{\frac{6,25}{100+6,25}} = \sqrt{0,0588} = 0,2425$$

$$C_{korr} = 0,2425 \cdot \sqrt{\frac{2}{2-1}} = 0,343$$

Es besteht also ein (jedoch eher geringer) Zusammenhang zwischen dem Geschlecht und der Wahl des Studienfachs.

5.4 Übungsaufgaben

Aufgabe 5-1

Ein Konzertveranstalter hat in fünf Großstädten Veranstaltungen durchgeführt:

Stadt	Einwohnerzahl	Besucherzahl
A	100000	2000
B	150000	2500
C	400000	3500
D	250000	3000
E	300000	3200

Er vermutet, daß ein Zusammenhang zwischen der Einwohnerzahl der Stadt und der Besucherzahl des Konzerts besteht. (Tip: mit 1000 als Einheit rechnen)

a) Bestimmen Sie die Stärke dieses Zusammenhangs in Form des Pearson'schen Korrelationskoeffizienten.

b) Angenommen, es besteht ein linearer Zusammenhang zwischen beiden Größen. Mit welcher Zuschauerzahl könnte der Veranstalter in einer Stadt mit 500000 Einwohnern rechnen?

Aufgabe 5-2

Es soll der Zusammenhang zwischen dem Körpergewicht (höchstes Gewicht entspricht Rang 1) und der Plazierung beim Gewichtheben bestimmt werden. Es werden fünf Personen betrachtet:

Name	Körpergewicht [kg]	Platz
A	140	2
B	130	1
C	125	5
D	110	3
E	115	4

a) Berechnen Sie den Spearman'schen Rangkorrelationskoeffizienten.

b) Was bedeutet das gefundene Ergebnis verbal?

c) Welche Plazierungen würden einem Spearman'schen Rangkorrelationskoeffizienten von -1 entsprechen?

Aufgabe 5-3

Bestimmen Sie aus folgender Tabelle den unkorrigierten und den korrigierten Kontingenzkoeffizienten:

| | | Hochschulabschluß ||
		ja	nein
	Arbeiter	0	40
Berufsstatus	Angestellter	15	35
	Selbständiger	5	5

Aufgabe 5-4

a) Kann aus einem r nahe 0 immer auf einen fehlenden Zusammenhang zwischen den betrachteten Merkmalen geschlossen werden?

b) Für zwei metrische Merkmale wurde ein Pearson'scher Korrelationskoeffizient von deutlich kleiner als 0 ermittelt. Kann daraus geschlossen werden, daß zwischen beiden Merkmalen keinerlei linearer Zusammenhang besteht?

6 Verhältniszahlen

Verhältniszahlen sind allgemein definiert als Quotient zweier absoluter Zahlen:

$$\text{Verhältniszahl} = \frac{\text{Berichtsgröße}}{\text{Basisgröße}}$$

Es gibt verschiedene Arten von Verhältniszahlen, die in den folgenden Abschnitten näher beschrieben werden:

- Vergleiche von Massen (Querschnittsdaten ohne Zeitbezug)
  * Gliederungszahlen (Quoten)
  * Beziehungszahlen
    - Verursachungszahlen
    - Entsprechungszahlen
- Zeitreihen
  * Meßzahlen und Indexzahlen (feste Basis)
  * Wachstumsraten und -faktoren (variable Basis)

6.1 Gliederungszahlen

Mit Gliederungszahlen wird der Anteil einer bestimmten Teilmasse an einer Gesamtmasse angegeben, also eine Quote. Die Gesamtmasse wird dazu nach einem meist nominal skalierten, nicht häufbaren Merkmal in m disjunkte Teilmassen zerlegt. Der Umfang der i-ten Teilmenge ist h_i, der Umfang der Grundgesamtheit $n = \Sigma h_i$. Zum Teil werden anstelle des Umfangs (der Anzahl der Objekte der Mengen) auch Merkmalssummen (z.B. Summe der Einkommen) verwendet, wobei dann die Formelzeichen S_i bzw. $S = \Sigma S_i$ lauten. Die Gliederungszahl ergibt sich zu:

$$\boxed{G_i = \frac{h_i}{n}} \quad \text{bzw.} \quad \boxed{G_i = \frac{S_i}{S}}$$

Da die G_i zu disjunkten Teilmengen gehören, gilt zusätzlich:

$$\boxed{\sum_{i=1}^{m} G_i = 1}$$

Aus der Definition ergibt sich unmittelbar, daß Gliederungszahlen nur im Bereich von 0 bis 1 (gleich 100%) möglich sind. Eine ...-Quote von über 100% ist deshalb unsinnig. Zugleich sind Quoten immer dimensionslos.

Typische Beispiele für Gliederungszahlen, die meist als Prozentwerte angegeben werden:

- Anteil der weiblichen Studierenden an einer bestimmten Universität

- Marktanteil eines Automobilproduzenten oder eines Möbelhändlers

- Arbeitslosenquote

Rechentechnisch sind Gliederungszahlen sehr einfach; problematisch ist jedoch oft die Wahl der Bezugsgröße, also die Frage, welches die Grundgesamtheit ist.

Im ersten Beispiel sind es eindeutig alle (immatrikulierten) Studierenden der Universität (zu einem bestimmten Zeitpunkt).

Im zweiten Beispiel ergeben sich bereits mehrere Schwierigkeiten:

- Zunächst stellt sich die Frage, ob die Anzahl der verkauften Exemplare oder der Umsatz betrachtet werden soll. Im Falle von Kfz wird man sicherlich eher die Anzahl wählen, bei sehr inhomogenen Gütern - wie z.B. Möbeln - wird man jedoch kaum einen Klappstuhl für 10 EUR mit einer Einbauküche für 15000 EUR vergleichen können. Und - um beim Beispiel der Einbauküche zu bleiben - es ist nicht eindeutig abzugrenzen, ob jeder einzelne Unter- und Oberschrank als ein getrenntes Teil gelten soll (sie können auch einzeln geordert werden) oder z.B. eine Küchenzeile als Einheit zu betrachten ist.

- Selbst wenn eine eindeutige Abgrenzung möglich ist (z.B. Kfz in Stück), ergeben sich Probleme der Abgrenzung. Sollen Pkw und Lkw getrennt erfaßt werden? Wo ist die Abgrenzung? Z.B. kann ein Transporter mit Glasscheiben im hinteren Bereich als Pkw gelten, das identische Modell mit Blech statt Glas jedoch als Lkw. Und bei der bekannten Zulassungsstatistik können Stufenheck-, Schrägheck- und Kombi-Modelle, die oft sogar unterschiedliche Modellnamen tragen, getrennt oder zusammengefaßt aufgeführt werden.

- Eine weitere Schwierigkeit ist die internationale Zuordnung. Bei einem Exportanteil von z.T. über 50% bei einzelnen Automobilproduzenten müssen Produktionszahlen und Absatzzahlen (auf einem bestimmten Markt) sehr genau unterschieden werden. Zudem werden im Ausland gefertigte Fahrzeuge deutscher Anbieter meist wie deutsche Fahrzeuge behandelt, wodurch eine Abgrenzung zwischen Import und Inlandsproduktion schwierig ist.

Das Beispiel der Arbeitslosenquote ist national wie international sogar ein Politikum ersten Ranges und zeigt eine Vielzahl von Problemen und Manipulationsmöglichkeiten, die hier nur angerissen werden können:

- Zunächst ist festzustellen, daß die Arbeitslosenquote den Anteil der Arbeitslosen an den Erwerbspersonen beschreibt. Zu den Erwerbspersonen gehören neben den Erwerbstätigen auch die Arbeitslosen. Anderenfalls könnte die Arbeitslosenquote mehr als 100% betragen.

- Personen, die sich in einer Umschulung oder einer Arbeitsbeschaffungsmaßnahme befinden, werden nicht als Arbeitslose, aber als Erwerbspersonen geführt. Diese Gruppe taucht also im Nenner der Arbeitslosenquote, nicht aber im Zähler auf.

- Bestimmte Personen werden überhaupt nicht als arbeitslos geführt, z.B. Hausfrauen, die zwar grundsätzlich eine (Neben-) Beschäftigung suchen, aber sich nicht beim Arbeitsamt haben registrieren lassen. Je nach politischer Motivation werden von einzelnen Gruppen entsprechende Zahlen mit "echten" Arbeitslosenquoten präsentiert.

- Ein seriöser internationaler Vergleich von Arbeitslosenquoten ist kaum möglich, da die Definition von Land zu Land erheblich schwanken kann. Z.B. werden in einigen Ländern Arbeitslose nach zwei Jahren einfach nicht mehr mitgezählt. Damit fallen alle Langzeitarbeitslosen aus der Statistik heraus. Auf diese Art erklären sich vermeintlich gute Zahlen von als strukturschwach bekannten Ländern.

Die Ausführungen machen deutlich, daß selbst eine scheinbar einfache Größe wie eine Quote in der praktischen Anwendung erhebliche Schwierigkeiten bereiten kann. Einerseits gibt es nicht immer eine eindeutige Lösung für die entstehenden Abgrenzungsprobleme, so daß selbst bei gewissenhaftem Vorgehen Probleme auftreten können. Für jede Angabe ist deshalb immer zu hinterfragen, was genau in Beziehung zueinander gesetzt wurde. Andererseits sollte man sich immer bewußt sein, daß selbst formal korrekte Daten durch entsprechende Manipulation entstellt und mißbraucht werden können.

Klausurtips:

- Wird als Ergebnis eine Quote verlangt, muß es dimensionslos sein! Ein Ergebnis, das in Stück, Personen o.ä. angegeben wird, ist dann unsinnig.

- Eine Quote muß immer zwischen 0 und 1 (bzw. 0% und 100%) liegen!

6.2 Beziehungszahlen

Bei Beziehungszahlen werden - anders als bei Quoten - zwei verschiedenartige Kenngrößen zueinander in Beziehung gesetzt. Die entstehende Beziehungszahl ist deshalb meist nicht dimensionslos. Typische Beispiele sind:

- Zigarettenkonsum in Stück pro Kopf und Jahr

- Bevölkerungsdichte (Einwohner je Quadratkilometer)

- Produktivität (produzierte Menge pro geleisteter Arbeitsstunde)

Beziehungszahlen sind stets Mittelwerte. Anstelle jedoch z.B. den Zigarettenverbrauch jeder einzelnen Person zu erfragen und von diesen Einzelbeobachtungen den Mittelwert zu bilden, werden hier zwei getrennt aggregierte Größen (z.B. der gesamte Zigarettenkonsum und die Gesamteinwohnerzahl) in Beziehung zueinander gesetzt. Problematisch kann dies werden, wenn im Beispiel des Zigarettenverbrauchs die Gesamtbevölkerung inkl. Kleinkinder als Nenner verwendet wird. Damit wird der Durchschnittskonsum der Raucher, die nur ca. ein Viertel der Gesamtbevölkerung ausmachen dürften, viel zu niedrig angegeben.

Ein anderes typisches Beispiel für die Problematik von Beziehungszahlen ist die Beschreibung der Verkehrssicherheit. Z.B. kann man die Anzahl der Verkehrsunfälle mit Pkw (pro Jahr) teilen durch

- die Einwohnerzahl eines Landes.

- den Pkw-Bestand.

- die jährliche Gesamtfahrleistung.

- die Personenkilometer (gefahrene km mal beförderte Personen).

Beziehungszahlen sind grundsätzlich umkehrbar. Während in Deutschland der Benzinverbrauch eines Autos immer in "Liter pro 100 km" angegeben wird, ist in den USA die (umgekehrte) Angabe "Miles per Gallon" üblich.

Innerhalb der Beziehungszahlen werden zwei Untervarianten unterschieden: **Verursachungszahlen** und **Entsprechungszahlen**. Von Verursachungszahlen spricht man, wenn die Zählermasse von der Nennermasse "verursacht" worden ist, anderenfalls von Entsprechungszahlen. Verursachungszahlen sind meist Quotienten aus der Größe einer Ereignismasse geteilt durch die der dazugehörigen Bestandsmasse.

Typische Beispiele:

- Geburtenrate (Geburten / Wohnbevölkerung)

- Rentabilität (Gewinn / Kapital)

- Produktivität (Output / Input)

6.3 Meßzahlen

Bei Meßzahlen werden zwei gleichartige Größen (mindestens gleiche Dimension) in Beziehung zueinander gesetzt. In den meisten Fällen wird eine bestimmte Größe in ihrer zeitlichen Entwicklung untersucht, so daß im Nenner der Wert für eine Basiszeit 0 und im Zähler der Wert für die Berichtszeit t steht:

$$m_{0,t} = \frac{y_t}{y_0}$$

Meist wird dieser dimensionslose Wert noch mit 100 multipliziert. In den Grafiken wird dann eine (im Prinzip unsinnige) Angabe wie "1980 = 100" gemacht, womit das Jahr 1980 als Basiszeit 0 angegeben wird.

Die Wahl der Basisperiode ist das wichtigste methodische Problem. Es sollte ein "Normaljahr" verwendet werden, in dem es keine wesentlichen Besonderheiten (z.B. kurzfristige Tiefs oder Hochs) gab. Gerade beim Vergleich zweier Werte bietet dieser Punkt aber zugleich die Möglichkeit der Manipulation, wie folgendes Beispiel zeigt, dessen Rohdaten in Tab. 6-1 und Abb. 6-1 dargestellt sind

Tab. 6-1: Beispieldaten zweier Zeitreihen

Jahr	Reihe 1	Reihe 2
1980	200	100
1981	210	100
1982	220	80
1983	230	102
1984	240	110
1985	250	110
1986	260	115
1987	270	120
1988	280	122
1989	290	124
1990	300	125

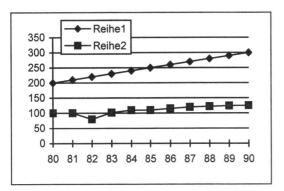

Abb. 6-1: Grafische Darstellung der absoluten Werte der zwei Zeitreihen aus Tab. 6-1

Nicht nur das absolute Niveau von Reihe 1 liegt deutlich über dem von Reihe 2, auch die Steigerungen sind - absolut und relativ - erkennbar höher.

Tab. 6-2: Zeitreihenwerte zur Basis "1982 = 100"

Jahr	Reihe 1	Reihe 2
1980	200*100/220 = 90,9	100*100/80 = 125,0
1981	210*100/220 = 95,4	100*100/80 = 125,0
1982	220*100/220 = **100,0**	80*100/80 = **100,0**
1983	230*100/220 = 104,5	102*100/80 = 127,5
1984	240*100/220 = 109,1	110*100/80 = 137,5
1985	250*100/220 = 113,6	110*100/80 = 137,5
1986	260*100/220 = 118,2	115*100/80 = 143,8
1987	270*100/220 = 122,7	120*100/80 = 150,0
1988	280*100/220 = 127,3	122*100/80 = 152,5
1989	290*100/220 = 131,8	124*100/80 = 155,0
1990	300*100/220 = 136,4	125*100/80 = 156,3

Wird das Jahr 1982 als Basisjahr verwendet, ergibt sich Tabelle 6-2. Jetzt scheint
Reihe 2 die zu jedem Zeitpunkt bessere zu sein:

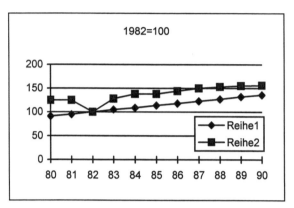

Abb. 6-2: Grafische Darstellung der normierten Zeitreihen

Nur bei Wahl des Basisjahres 1982, in dem Reihe 2 einen Einbruch hatte, ist es in
diesem Beispiel möglich, daß Reihe 2 (abgesehen vom Basisjahr natürlich) immer
oberhalb von Reihe 1 liegt. Um die Manipulation noch zu verstärken und den
Einbruch zu verdecken, kann 1982 als Anfangsjahr verwendet werden:

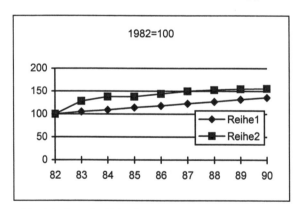

Abb. 6-3: Start der Zeitreihen ab Bezugsperiode 1982

In Abb. 6-3 ist kaum noch erkennbar, daß fast der gesamte "Vorsprung" von Reihe
2 nur auf der Steigerung in 1983 basiert und die Rückkehr zum normalen Niveau
nach einem deutlichen Einbruch darstellt. Aber auch diese Information kann man
dadurch vertuschen, daß lediglich eine Maßzahl angegeben wird:

> Reihe 2 hat seit 1982 um stolze 56% zugelegt, während Reihe 1 nur auf
> magere 36% kommt.

Mit solchen Zahlen werden nicht nur bestimmte Anlageformen (z.B. Aktien,
Wertpapiere) schön gerechnet, es wird auch massiv Politik betrieben. So kann auf

diese Weise - je nach politischem Standpunkt - der Zuwachs von Unternehmerge-
winnen und Arbeitslöhnen oder Sozialausgaben zu Bruttosozialprodukt verglichen
werden.

Neben zeitlichen Vergleichen werden Meßzahlen manchmal auch eingesetzt, um
einen Querschnittsvergleich anzustellen. Z.B. könnte ein Land (meist das eigene)
als Basis verwendet werden; die betrachteten Werte (z.b. Pro-Kopf-Einkommen,
Lebenserwartung o.ä.) anderer Länder werden dann im Verhältnis zum entsprechenden Wert des Bezugslandes angegeben.

6.4 Indexzahlen

Indexzahlen unterscheiden sich von Meßzahlen dadurch, daß nicht nur ein einzel-
nes Merkmal, sondern vielmehr ein ganzes Bündel von Merkmalen - meist über
den Zeitverlauf - betrachtet wird. Bekannte Beispiele sind der Deutsche Aktienindex DAX und der Preisindex für die Lebenshaltung als Maß der allgemeinen
Teuerung. Bei letzterem sind noch getrennte Indizes für verschiedene Haushaltstypen zu unterscheiden.

Im Falle des Preisindex für die Lebenshaltung wird die Preisentwicklung anhand
eines Warenkorbs bestimmt. In diesem Warenkorb befinden sich ca. 750 einzelne
Waren und Dienstleistungen, die jeweils eine ganze (Unter-) Gruppe von Waren
repräsentieren. Z.B. steht ein kg Bananen für die gesamte Kategorie Frischobst.
Die Preise werden in bundesweit 190 Städten und Gemeinden (118 im Westen, 72
im Osten) erhoben. Der Preisindex basiert letztlich auf gewichteten Mittelwerten,
wobei die Gewichte den durchschnittlichen Verbrauchsmengen der einzelnen
Kategorien entsprechen. Insgesamt werden etwa 350.000 Preisreihen ermittelt.

Die Tabelle 6-3 zeigt eine Übersicht über den "Preisindex für die Lebenshaltung
aller privaten Haushalte in Deutschland".

Man muß sich darüber im klaren sein, daß der Preisindex auf der fiktiven Ausga-
benstruktur eines durchschnittlichen Haushalts einer bestimmten Zusammensetzung basiert. Um differenziertere Aussagen machen zu können, werden drei
Haushaltstypen unterschieden:

Typ 1:   2-Personen-Haushalt von Renten- und Sozialhilfeempfängern mit ge-
         ringem Einkommen (Ehepaar ohne Kinder)

Typ 2:   4-Personen-Haushalt von Arbeitern und Angestellten mit mittlerem
         Einkommen (Ehepaar mit 2 Kindern)

Typ 3:   4-Personen-Haushalt von Beamten und Angestellten mit höherem Ein-
         kommen (Ehepaar mit 2 Kindern)

Tab. 6-3: Zusammensetzung des Preisindex der Lebenshaltungskosten

Hauptgruppe	Gewichtung	Indexstand Juli 99 (1995 = 100)
Nahrungsmittel und alkoholfreie Getränke	13,126%	101,7
alkoholische Getränke, Tabakwaren	4,167%	105,5
Bekleidung, Schuhe	6,876%	101,6
Wohnung, Wasser, Strom, Gas und andere Brennstoffe	27,477%	107,8
Einrichtungsgegenstände (Möbel), Apparate, Geräte und Ausrüstungen für den Haushalt sowie deren Instandhaltung	7,056%	102,2
Gesundheitspflege	3,439%	110,6
Verkehr	13,882%	108,2
Nachrichtenübertragung	2,266%	87,6
Freizeit, Unterhaltung und Kultur	10,357%	105,5
Bildungswesen	0,651%	117,4
Beherbergungs- und Gaststättendienstleistungen	4,608%	107,2
andere Waren und Dienstleistungen	6,095%	104,5
gesamt	100,000%	105,4

Der Unterschied zwischen den Haushaltstypen kann bei einzelnen Positionen beträchtlich sein. So geben z.b. Haushalte des Typs 3 ca. 13% ihres Budgets für Kultur und Freizeit aus, Haushalte des Typs 1 dagegen nur ca. 6%. Neben Angaben für diese drei Typen wird zusätzlich noch ein Durchschnittswert für alle Haushalte berechnet. Diese Daten werden zur Zeit noch getrennt für Ost- und West-Deutschland (mit unterschiedlichen Gewichtungsfaktoren) erhoben.

Die tatsächliche Preisentwicklung für einen echten Haushalt hängt von dessen individuellen Konsumgewohnheiten ab. Bei extremen Vielfahrern schlagen sich die Kraftstoffpreise z.b. wesentlich stärker in den Gesamtkosten nieder, als dies beim Preisindex der Fall ist. Und Mieterhöhungen, die insbesondere Anfang der 90er Jahre die Hauptpreistreiber waren, spielen für Personen, die im eigenen Haus wohnen, keine Rolle. Besonders deutlich wird dieser Unterschied zwischen Durchschnitt und persönlich relevanter Entwicklung beim Aktienindex DAX. Selbst wenn der DAX in einem Zeitraum gestiegen ist, können einzelne Anleger, deren Depot nicht der Zusammensetzung des DAX entsprach, erhebliche Verluste erlitten haben.

Am Preisindex des Statistischen Bundesamtes wird zudem kritisiert (unter anderem vom US-Notenbankchef Greenspan), daß er die Teuerung deutlich (bis zu einem Prozentpunkt) überzeichnen würde. Der Grund liegt darin, daß Verbraucher die Steigerung ihrer Lebenshaltungskosten dadurch abschwächen, daß sie auf Produkte umsteigen, deren Preise weniger stark steigen, oder ihre Verbrauchsgewohnheiten den veränderten Preisen anpassen, d.h., weniger von bestimmten Produkten konsumieren. Der amtliche Preisindex stellt somit für Durchschnittshaushalte eher eine Obergrenze dar, die nur bei gleichbleibenden Kaufgewohnheiten erreicht wird; der "reale Durchschnittshaushalt" liegt mit der Steigerung seiner Konsumausgaben meist mehr oder weniger deutlich darunter. Das Statistische Bundesamt wehrte sich in einer Pressemitteilung vom 17.11.97 gegen diesen Vorwurf, bestätigte ihn aber zugleich im Kern:

> "Wenn es die Hauptaufgabe des Preisindex für die Lebenshaltung wäre, die Veränderung der Lebenshaltungs*kosten* zu messen, so wäre die Kritik berechtigt. Da der Preisindex jedoch die durchschnittliche Veränderung der *Preise* der Waren und Dienstleistungen messen soll, geht diese Kritik am deutschen Preisindex vorbei ..."

Wäre der Preisindex nur eine statistische Größe ohne weitere praktische Bedeutung, könnte man diese Differenzierung als reinen Expertenstreit abtun. In der Praxis wird er jedoch - entgegen seiner Bestimmung und Eignung! - unter anderem als Maßstab für Lohnforderungen u.ä. in Feld geführt ("mindestens Ausgleich der Teuerungsrate").

Im folgenden wird das Berechnungsprinzip der gebräuchlichen Preisindizes hergeleitet:

Würde nur ein einziger Preis betrachtet (bei Meßzahlen der Fall), sähe die Formel für den Preisindex so aus:

$$P_{0,t} = \frac{p_t}{p_0} \cdot 100\%$$

$P_{0,t}$ bezeichnet allgemein einen Preisindex für die Betrachtungsperiode t und der Bezugsperiode 0. Dabei steht p_0 für den Preis in der Basisperiode, p_t für den im Betrachtungszeitraum.

Werden n Güter betrachtet, könnte ein erster Ansatz so aussehen:

$$P_{0,t} = \frac{\sum_{i=1}^{n} p_{i,t}}{\sum_{i=1}^{n} p_{i,0}} \cdot 100\%$$

Dabei ist $p_{i,t}$ der Preis des i-ten Gutes in der Periode t.

Der Nachteil dieses Ansatzes besteht darin, daß alle Güter gleichgewichtet vorkommen. Da normale Haushalte jedoch wesentlich mehr Geld für Benzin oder Miete als z.B. für Salz ausgeben, sind die Preise mit den Mengen zu gewichten, die üblicherweise konsumiert werden. Diese Mengen können die in der Basisperiode oder in der Betrachtungsperiode konsumierten sein. Je nachdem, welche Periode zugrunde gelegt wird, lassen sich zwei Preisindizes unterscheiden:

Preisindex nach Laspeyres: $\quad P_{0,t}^{L} = \dfrac{\displaystyle\sum_{i=1}^{n}(p_{i,t} \cdot q_{i,0})}{\displaystyle\sum_{i=1}^{n}(p_{i,0} \cdot q_{i,0})} \cdot 100\%$

Preisindex nach Paasche: $\quad P_{0,t}^{P} = \dfrac{\displaystyle\sum_{i=1}^{n}(p_{i,t} \cdot q_{i,t})}{\displaystyle\sum_{i=1}^{n}(p_{i,0} \cdot q_{i,t})} \cdot 100\%$

Das Zeichen q steht für die Menge ("quantity"), das hochgestellte L bzw. P am Index bezeichnet Laspeyres bzw. Paasche.

Beim Preisindex nach Laspeyres vergleicht man die Ausgaben in der Basisperiode mit den Ausgaben, die man in der Betrachtungsperiode hätte, wenn man die gleiche Menge an Waren wie in der Basisperiode kaufen würde. Beim Preisindex nach Paasche hingegen vergleicht man die Ausgaben in der Betrachtungsperiode mit den Ausgaben, die man in der Basisperiode gehabt hätte, wenn man die gleiche Menge an Waren wie in der Betrachtungsperiode gekauft hätte.

Der Index nach Laspeyres ist leichter über mehrere Perioden zu handhaben, da die Mengen nur einmal - für die Basisperiode - ermittelt werden müssen. Diese Formel wird für den amtlichen Preisindex verwendet. Der Preisindex nach Paasche drückt hingegen besser das aktuelle Verbraucherverhalten aus. Wird ein Gut deutlich teurer, werden die Verbraucher oft den Konsum verringern oder auf ein vergleichbares Produkt umsteigen (z.B. Margarine statt Butter). Das Beibehalten der Mengen, die vor Jahren repräsentativ waren, erscheint demgegenüber nicht sehr realitätsnah.

Anstelle die Änderung des Preises in einem Index auszudrücken, ist dies auch für die Entwicklung der (konsumierten) Mengen möglich. Es ergibt sich dann ein Mengenindex:

Mengenindex nach Laspeyres: $\quad Q_{0,t}^{L} = \dfrac{\displaystyle\sum_{i=1}^{n}(p_{i,0} \cdot q_{i,t})}{\displaystyle\sum_{i=1}^{n}(p_{i,0} \cdot q_{i,0})} \cdot 100\%$

Mengenindex nach Paasche: $\quad Q_{0,t}^{P} = \dfrac{\displaystyle\sum_{i=1}^{n}(p_{i,t} \cdot q_{i,t})}{\displaystyle\sum_{i=1}^{n}(p_{i,t} \cdot q_{i,0})} \cdot 100\%$

Der Mengenindex nach Laspeyres läßt sich so interpretieren, daß die Änderung der Ausgaben erfaßt werden, wenn man stabile Preise unterstellt. Er gibt die mengenmäßigen Änderungen in aggregierter (über die Preise gewichteter) Form wieder, also die Veränderung des Konsumverhaltens.

Für die beschriebenen Preis- und Mengenindizes hier ein konkretes Beispiel:

Periode	Produkt A		Produkt B	
	Preis	Menge	Preis	Menge
0	10 EUR	8	20 EUR	7
1	12 EUR	6	22 EUR	9

$$P_{0,t}^L = \frac{\sum_{i=1}^{n}(p_{i,t} \cdot q_{i,0})}{\sum_{i=1}^{n}(p_{i,0} \cdot q_{i,0})} \cdot 100\% = \frac{12\,\text{EUR} \cdot 8 + 22\,\text{EUR} \cdot 7}{10\,\text{EUR} \cdot 8 + 20\,\text{EUR} \cdot 7} \cdot 100\%$$

$$= 1{,}1364 \cdot 100\% = 113{,}64\%$$

$$P_{0,t}^P = \frac{\sum_{i=1}^{n}(p_{i,t} \cdot q_{i,t})}{\sum_{i=1}^{n}(p_{i,0} \cdot q_{i,t})} \cdot 100\% = \frac{12\,\text{EUR} \cdot 6 + 22\,\text{EUR} \cdot 9}{10\,\text{EUR} \cdot 6 + 20\,\text{EUR} \cdot 9} \cdot 100\%$$

$$= 1{,}125 \cdot 100\% = 112{,}5\%$$

$$Q_{0,t}^L = \frac{\sum_{i=1}^{n}(p_{i,0} \cdot q_{i,t})}{\sum_{i=1}^{n}(p_{i,0} \cdot q_{i,0})} \cdot 100\% = \frac{10\,\text{EUR} \cdot 6 + 20\,\text{EUR} \cdot 9}{10\,\text{EUR} \cdot 8 + 20\,\text{EUR} \cdot 7} \cdot 100\%$$

$$= 1{,}0909 \cdot 100\% = 109{,}09\%$$

$$Q_{0,t}^P = \frac{\sum_{i=1}^{n}(p_{i,t} \cdot q_{i,t})}{\sum_{i=1}^{n}(p_{i,t} \cdot q_{i,0})} \cdot 100\% = \frac{12\,\text{EUR} \cdot 6 + 22\,\text{EUR} \cdot 9}{12\,\text{EUR} \cdot 8 + 22\,\text{EUR} \cdot 7} \cdot 100\%$$

$$= 1{,}08 \cdot 100\% = 108{,}0\%$$

Klausurtip:

- Ein Index ist ein (gewichteter) Mittelwert und muß daher zwischen der minimalen und maximalen (Preis- bzw. Mengen-) Änderung aller Güter liegen.

Damit Indizes die Realität widerspiegeln, muß ihre Zusammensetzung die aktuelle Struktur des untersuchten Gegenstandes in möglichst repräsentativer Weise enthalten. Ein Warenkorb aus den 70er Jahren konnte z.B. weder Videorecorder noch CDs oder Computer enthalten, während die damaligen Schallplatten heute nahezu verschwunden sind. Es ist deshalb notwendig, die Zusammensetzung des Index nach Art und Menge in regelmäßigen Abständen anzupassen. Dies geschieht in Falle des Preisindex etwa alle fünf bis sieben Jahre. Die bisherigen Basisjahre waren 1950, 1958, 1962, 1970, 1976, 1980, 1985, 1991 und 1995. Seit 1980 wird das Indexjahr jeweils zu den mit 0 bzw. 5 endenden Jahren angepaßt; die Wiedervereinigung hat lediglich 1990 eine Verschiebung um ein Jahr bewirkt. Die Umstellung wird normalerweise etwa 4 Jahre später wirksam, so daß z.B. das Indexjahr 1995 erstmals für den Preisindex im Januar 1999 angegeben wurde. Der Index wird dann jeweils bis zum Indexjahr zurück neu berechnet, so daß die Vergleichbarkeit über mehrere Jahre gewährleistet ist. Die nächste Umstellung auf das Indexjahr 2000 ist bereits für 2003 angekündigt. Dann werden auch die getrennten Indizes für Ost und West entfallen.

Ebenso werden die im DAX enthaltenen Aktien nach der Bedeutung der Unternehmen verändert. Z.B. wurde Ende 1996 die Aktie der Deutschen Telekom in den DAX aufgenommen, während im Gegenzug eine andere Aktie entfernt wurde.

Ändert sich die Zusammensetzung des Index (z.B. der Warenkorb), entsteht ein neuer Index, der nicht mehr direkt mit dem alten vergleichbar ist. Wird die Zusammensetzung im Abstand einiger Perioden geändert, ergibt sich jedesmal ein neuer Index. Hierzu ein Beispiel:

Tab. 6-4: Übergang zwischen mehreren Indizes

Jahr	Index A	Index B	Index C
1987	100		
1988	105		
1989	110		
1990	118	100	
1991		106	
1992		111	
1993		114	
1994		118	
1995		122	100
1996			105
1997			108

Die fettgedruckten Werte in 1990 und 1995 markieren den Übergang von einem Index zum nächsten. Um Vergleiche über diese Grenzen hinaus durchführen zu können, müssen die Indizes fortgeführt bzw. zurückgerechnet werden. Als Beispiel soll der Index A von 1991 bis 1997 fortgeschrieben werden. Dazu wird das Verhältnis beider Indizes zum Übergangszeitpunkt festgeschrieben. Zwischen Index A und Index B besteht also ein Umrechnungsfaktor von 118/100 = 1,18.

Entsprechend gilt für Index B gegenüber C ein solcher von 1,22. Zwischen A und C ergibt sich 1,18·1,22 = 1,4396. Damit kann Index A wie in Tab. 6-5 dargestellt fortgeführt werden. Da hier mehrere Indexreihen zu einer verbunden werden, spricht man auch von einer **Verkettung von Indexwerten**.

Tab. 6-5: Verkettung von Indexwerten

Jahr	Index A*	
1991	106·1,18	= 125,1
1992	111·1,18	= 131,0
1993	114·1,18	= 134,5
1994	118·1,18	= 139,2
1995	122·1,18	= 144,0
1996	105·1,4396	= 151,2
1997	108·1,4396	= 155,5

6.5 Wachstumsraten und -faktoren

Mit Wachstumsraten und -faktoren wird die Veränderung einer Größe über die Zeit angegeben. In diesem Abschnitt wird - zur Vereinfachung - davon ausgegangen, daß es sich um diskrete Zeitschritte (z.B. ein Monat, ein Jahr) handelt, die über eine diskrete Zeitvariable t = 0, 1, 2, ..., T beschrieben werden. Die interessierende Größe sei y_t, so daß die Werte der Zeitreihe y_0, y_1, usw. sind. Dann sind die Begriffe Wachstumsrate und Wachstumsfaktor wie folgt definiert:

Wachstumsrate: $$r_t = \frac{y_t - y_{t-1}}{y_{t-1}}$$

Wachstumsfaktor: $$w_t = \frac{y_t}{y_{t-1}}$$

Zwischen beiden Größen besteht folgender Zusammenhang:

$$w_t = r_t + 1$$

Beispiel:

Ein Wertpapier wird zum Zeitpunkt t=0 für 200 EUR gekauft. Zum Zeitpunkt t=1 (z.B. nach einem Jahr) hat es einen Wert von 210 EUR. Daraus ergibt sich:

$$r_1 = \frac{210\,\text{EUR} - 200\,\text{EUR}}{200\,\text{EUR}} = 0,05 = 5\%$$

$$w_1 = \frac{210\,\text{EUR}}{200\,\text{EUR}} = 1,05$$

Die Wachstumsrate kann sowohl positiv (bei steigenden Werten) als auch negativ (bei fallenden Werten) sein. Geht man davon aus, daß die betrachtete Größe nur positive Werte annehmen kann (z.B. Umsätze, Preise), ist die Wachstumsrate nach unten auf -1 (= -100%) beschränkt. Man kann also bei Preisen nicht mehr als 100% sparen, denn dann müßte man - zur geschenkten Ware - noch Geld heraus bekommen. Demgegenüber sind beim Wachstumsfaktor (bei ausschließlich positiven Größen) nur positive Werte (sowie Null) möglich. Nach oben sind beide Kenngrößen grundsätzlich unbeschränkt.

Für ein Wachstum mit konstanter Rate (z.B. Verzinsung eines Kapitals mit konstantem Zinssatz) gilt folgendes:

$$y_t = y_0 \cdot (1+r)^t$$

Wird die Wachstumsrate als Prozentwert angegeben (statt r wird bei Geldbeträgen dann meist p als Formelzeichen verwendet), ergibt sich diese Form:

$$y_t = y_0 \cdot (1+\frac{p}{100})^t$$

Bei variablen Wachstumsraten wird eine verallgemeinerte Formel verwendet:

$$y_T = y_0 \cdot (1+r_1) \cdot (1+r_2) \cdot ... \cdot (1+r_T) = y_0 \prod_{t=1}^{T} (1+r_t) = y_0 \prod_{t=1}^{T} w_t$$

Die mittlere Wachstumsrate wird nicht durch das arithmetische Mittel der einzelnen Wachstumsraten, sondern durch das geometrische Mittel der Wachstums**faktoren** bestimmt:

$$r = \sqrt[T]{\prod_{t=1}^{T} (1+r_t)} - 1$$

Sind Anfangs- und Endwert bekannt, kann die mittlere Wachstumsrate auch so berechnet werden:

$$r = \sqrt[T]{\frac{y_T}{y_0}} - 1$$

Klausurtip:

- Bei einer Liste mit n Einträgen ist $T = n - 1$.

Im Zusammenhang mit Wachstumsraten werden zwei sehr unterschiedliche Begriffe immer wieder verwechselt. Wird z.B. der Mehrwertsteuersatz von 16% auf 17% erhöht, steigt er um einen **Prozentpunkt**. Die Mehrwertsteuer erhöht sich damit aber um 1/16, also um immerhin 6,25 **Prozent**. Daß dieser Unterschied zum

Teil gerne verwischt wird, um das wirkliche Ausmaß einer Erhöhung (gegenüber Personen ohne Statistikkenntnissen) zu verschleiern, zeigt folgendes Beispiel:

> Eine Nachrichtenmeldung könnte sich so anhören: "Die gesetzlichen Krankenkassen erhöhen ihre Beitragssätze von durchschnittlich 13,0% auf 14,0%. Parallel dazu erhöhen die privaten Kassen ihre Beiträge um durchschnittlich 5%."

Dies legt beim unkundigen Hörer nahe, daß die gesetzlichen Krankenkassen ihre Beiträge nur um ein Prozent erhöhen (z.T. lauten sogar die Nachrichtenmeldungen so!), während die privaten eine fünfmal so hohe Steigerung aufweisen. Die Beitragssätze der gesetzlichen Krankenkassen beziehen sich jedoch auf das Bruttogehalt, während die Beiträge der privaten Kassen als individuell unterschiedliche, feste Beträge festgelegt sind. In Wirklichkeit steigt damit der Beitrag der gesetzlichen Kassen (also das, was man bezahlen muß) für einen Normalverdiener um 1/13 (1%/13%), also um 7,7%. Zusätzlich muß die Auswirkung einer Lohnerhöhung als beitragssteigernd berücksichtigt werden. Bei einer Gehaltserhöhung von 1,8% ergibt sich in Summe eine Beitragssteigerung von ca. 9,5%. Bei Personen, die über der Beitragsbemessungsgrenze liegen, wirkt sich statt dessen die jährliche Erhöhung dieser Grenze (um z.B. 2,4% zum 1.1.98) aus, so daß dieser Personenkreis über 10% mehr an Kassenbeiträgen bezahlen muß. Von einer Steigerung um 1% kann also nicht die Rede sein!

Häufig entstehen Probleme, wenn Wachstumsraten auf unterschiedliche Periodenlängen bezogen werden sollen. Wird z.B. die monatliche Wachstumsrate mit 0,5% angegeben, beträgt die jährliche Wachstumsrate nicht $12 \cdot 0,5\% = 6\%$, da der Zinseszins-Effekt zu berücksichtigen ist. Das korrekte Ergebnis lautet in diesem Fall $1,005^{12} - 1 = 6,17\%$. Je größer die Wachstumsraten werden, desto größer wird die eben gezeigte Differenz, wenn der Zinseszins-Effekt vernachlässigt wird. Bei 5% monatlicher Rate ergibt sich z.B. schon 79,59% statt 60% als Jahresrate.

Eine andere Fehlerquelle sind von Wachstumsraten abgeleitete Größen. Ein konkretes Beispiel sind die Auswirkungen einer Erhöhung des Mehrwertsteuersatzes von 16% auf 17%:

> Ein weitverbreiteter Irrtum ist zunächst die spontane Annahme, daß damit die Preise um 1% steigen. Der Fehler liegt in der falschen Bezugsbasis. Hat eine Ware z.B. einen Warenwert (ohne Mehrwertsteuer) von 100 EUR, steigt der Preis für den Endverbraucher (inkl. Mehrwertsteuer) von 116 EUR auf 117 EUR, also um 1/116 = 0,86%.

> Ein zweiter Fehler ist es, den prozentualen Anstieg der Preise mit einem prozentualen Kaufkraftverlust gleichzusetzen. Daß dies falsch ist, wird sofort deutlich, wenn man von einem Preisanstieg von 100% ausgeht. Die Kaufkraft ist nicht 0 geworden, sondern hat sich lediglich halbiert. Für die Abhängigkeit der Wachstumsfaktoren von Preis und Kaufkraft gilt:

$$w_k = 1 / w_p$$

Und entsprechend für die Wachstumsraten:

$r_k = 1/(1+r_p) - 1$

Im Beispiel gilt also $w_k = 1/(117/116) = 0,9915$, d.h., die Kaufkraft sinkt um $1/117 = 0,85\%$.

Die Abweichung der (absoluten) Prozentwerte von Preisanstieg und Kaufkraftverlust sind - wie das Beispiel des 100%-igen Preisanstiegs zeigt - um so größer, je größer die jeweiligen Wachstumsraten sind.

6.6 Übungsaufgaben

Aufgabe 6-1

Für zwei Güter liegen folgende Werte vor:

Jahr	Gut A		Gut B	
	Menge	**Preis**	**Menge**	**Preis**
1997	600	2,10	80	18,00
1998	700	2,20	100	20,00

Berechnen Sie die Preis- und Mengenindizes nach Laspeyres und Paasche.

Aufgabe 6-2

Können die Lebenshaltungskosten gleich bleiben, wenn alle Preise um 5% steigen?

Aufgabe 6-3

Nehmen Sie zu folgender Aussage Stellung:

Anhand des veröffentlichten Preisindex kann der einzelne Haushalt berechnen, wieviel mehr er (bei gleichbleibenden Einkaufsmengen) ausgeben muß.

Aufgabe 6-4

In zwei aufeinanderfolgenden Jahren gibt es mehrere Ereignisse, die Einfluß auf die Höhe der Endverbraucherpreise haben:

- Im ersten Jahr (t = 1) erhöhen sich die Nettopreise (ohne MWSt) um 2%.

- Im ersten Jahr wird zudem die Mehrwertsteuer von 16% auf 17% erhöht.

- Im zweiten Jahr steigen die Nettopreise um 2,5%.

Geben Sie die durchschnittliche Wachstumsrate (in Prozent pro Jahr) der Endverbraucherpreise (also inkl. MWSt) über die zwei Jahre hinweg an.

7 Zeitreihenanalyse

Sehr viele Daten liegen in den Wirtschaftswissenschaften in Form von Zeitreihen vor. Z.B. werden volkswirtschaftliche Daten wie Arbeitslosenzahlen und Teuerungsraten monatlich veröffentlicht, und auch im betrieblichen Bereich sind Monats-, Quartals- und Jahresdaten üblich.

7.1 Bestandteile einer Zeitreihe

Die folgende Abbildung zeigt eine Zeitreihe, bei der ein Merkmal über mehrere Jahre hinweg beobachtet wurde:

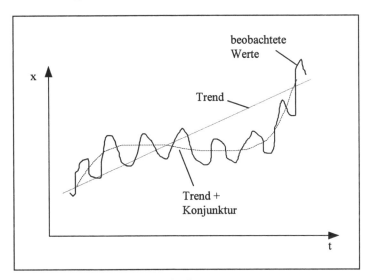

Abb. 7-1: Komponenten einer Zeitreihe

Die dargestellte Kurve kann man sich als Überlagerung verschiedener Komponenten vorstellen:

Trend: Der Trend ist eine langfristige Grundrichtung, hier z.B. eine Steigerung einer bestimmten Größe.

Konjunktur: Insbesondere die volkswirtschaftliche Entwicklung besitzt zyklische Schwankungen mit einer Periodenlänge von mehr als einem Jahr (oft ca. 5 - 9 Jahre).

Saison: Hierbei handelt es sich um eine zyklische Schwankung, deren Periodendauer meist ein Jahr beträgt. Für eine Vielzahl von Gütern ist der Absatz mehr oder weniger stark von saisonalen Einflüssen abhängig (z.B. Weihnachtsschmuck, Gartenmöbel, Speise-

eis usw.). Auch die Arbeitslosenquote besitzt eine ausgeprägte saisonale Komponente. Es wird deshalb meist die saisonbereinigte
Änderung der Arbeitslosenquote veröffentlicht.

Neben diesen systematischen Komponenten gibt es noch verschiedene unsyste-
matische Anteile einer Zeitreihe:

- **Kalenderunregelmäßigkeiten** entstehen dadurch, daß die Zahl der Tage, der
  Werktage, der Wochenenden oder der Feiertage von Monat zu Monat mehr
  oder weniger stark schwanken kann. Bereits der Unterschied zwischen Monaten mit 30 bzw. 31 Tagen bedeutet für viele Größen eine Schwankung von ca.
  3%. Für Geschäfte, die sehr stark auf das Wochenende konzentriert sind (z.B.
  Kino oder andere Freizeitvergnügen), kann der Unterschied zwischen vier oder
  fünf Wochenenden in einem Monat bis über 20% Differenz bewirken. Gleiches gilt für die theoretische oder tatsächliche Zahl von Arbeitstagen im Dezember gegenüber einem durchschnittlichen Monat.

- Zusätzlich wirken auch einmalige Ereignisse auf die Zeitreihe. Diese können -
  je nach betrachteter Periodendauer und Art des Ereignisses - zu einem kurzen
  Ausreißer (z.B. Verbraucherreaktion nach einem Medienbericht) oder einer
  länger anhaltenden Änderungen begrenzter Dauer (z.B. Golfkrieg) führen.
  Bewirken solche Ereignisse eine dauerhafte Veränderung (z.B. deutsche Wiedervereinigung), so werden sie als **Strukturbruch** bezeichnet.

- Die nach Herausrechnen der genannten Anteile einer Zeitreihe verbleibende
  unregelmäßige Restschwankung stellt die **Zufallskomponente** dar.

7.2 Trendbestimmung

Bei der Analyse einer Zeitreihe ist man bestrebt, die einzelnen Komponenten zu
erkennen und getrennt zu bestimmen. Insbesondere der Trend ist in diesem Zusammenhang von besonderem Interesse. Hierzu werden zwei Verfahren vorgestellt.

7.2.1 Gleitende Durchschnitte

Bei der Bestimmung der gleitenden Durchschnitte wird für k aufeinanderfolgende
Beobachtungswerte das arithmetische Mittel gebildet. Dieser Wert wird der mittle-
ren der k Perioden zugeordnet. Dabei wird k als die Ordnung des gleitenden
Durchschnitts bezeichnet. Das Prinzip wird in Abb. 7-2 deutlich.

Man erkennt, daß der Verlauf des gleitenden Durchschnitts 3. Ordnung die
Schwankungen weitgehend ausgleicht und dem Trend folgt. Eine Voraussetzung
dafür ist jedoch, daß bei Vorliegen periodischer Schwankungen die Ordnung der
gleitenden Durchschnitte mit der Periodendauer der Schwankungen übereinstimmt
oder ein Vielfaches davon beträgt. Werden Daten mit einer Periodizität unterhalb
eines Jahres erhoben (z.B. Quartalswerte) und liegt eine Saisonkomponente vor,

sollte jeweils genau ein Jahr zur Mittelwertbildung herangezogen wird (bei Quartalswerten sollte die Ordnung also 4 betragen).

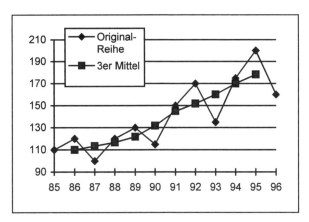

Abb. 7-2: Gleitende Durchschnitte 3. Ordnung

Bei der Berechnung müssen Durchschnitte gerader und ungerader Ordnung unterschieden werden:

Bei einem **Durchschnitt ungerader Ordnung** k = 2p+1 gilt für die geglätteten Werte:

$$\overline{x}k_t = \frac{x_{t-p} + x_{t-p+1} + ... + x_t + ... + x_{t+p-1} + x_{t+p}}{k}$$

Die Werte, die bei der Berechnung mit einbezogen werden, verteilen sich symmetrisch um den jeweiligen Zeitpunkt t und besitzen alle gleiches Gewicht.

Das Einführen der Hilfsvariablen p dient dazu, die Formel leichter lesbar zu gestalten. Hier eine alternative Formel ohne p, die zur oben genannten äquivalent ist:

$$\overline{x}k_t = \frac{x_{t-\frac{k-1}{2}} + x_{t-\frac{k-3}{2}} + ... + x_t + ... + x_{t+\frac{k-3}{2}} + x_{t+\frac{k-1}{2}}}{k}$$

Bei einem **Durchschnitt gerader Ordnung** k = 2p würde der Mittelwert nach der obigen Formel einem Zeitpunkt zugewiesen, der zwischen zwei Perioden liegt. Um dennoch ein symmetrisches Mittel zu erhalten, das genau einer Periode zugeordnet ist, kann entweder das Mittel aus zwei benachbarten Mittelwerten gebildet werden oder es werden k+1 Beobachtungswerte in die Berechnung mit einbezogen, wobei die beiden äußeren nur mit halbem Gewicht versehen werden. Beide Wege führen zum selben Ergebnis. Die nachfolgende Formel entspricht der zweiten genannten Vorgehensweise:

$$\overline{x}k_t = \frac{\frac{1}{2}x_{t-p} + x_{t-p+1} + ... + x_t + ... + x_{t+p-1} + \frac{1}{2}x_{t+p}}{k}$$

Auch hier eine alternative Formulierung ohne p:

$$\overline{xk}_t = \frac{\frac{1}{2}x_{t-\frac{k}{2}} + x_{t-\frac{k}{2}+1} + \dots + x_t + \dots + x_{t+\frac{k}{2}-1} + \frac{1}{2}x_{t+\frac{k}{2}}}{k}$$

Tab. 7-1 zeigt ein konkretes Beispiel für gleitende Durchschnitte 3. und 4. Ordnung. Wie man sieht, können Durchschnitte nahe der Ränder nicht berechnet werden, da hierzu Werte außerhalb des verfügbaren Bereichs notwendig wären. Auf Verfahren, auch solche Randwerte zu berechnen, wird hier nicht eingegangen.

Tab. 7-1: Beispiel für gleitende Durchschnitte 3. und 4. Ordnung

		Gleitende Durchschnitte	
t	x_t	3. Ordnung	4. Ordnung
1	11		
2	9	$\overline{x}3_2 = \dfrac{11+9+15}{3} = 11,7$	
3	15	$\overline{x}3_3 = \dfrac{9+15+12}{3} = 12$	$\overline{x}4_3 = \dfrac{\frac{1}{2}\cdot 11+9+15+12+\frac{1}{2}\cdot 11}{4} = 11,75$
4	12	$\overline{x}3_4 = \dfrac{15+12+11}{3} = 12,7$	$\overline{x}4_4 = \dfrac{\frac{1}{2}\cdot 9+15+12+11+\frac{1}{2}\cdot 13}{4} = 12,25$
5	11	$\overline{x}3_5 = \dfrac{12+11+13}{3} = 12$	$\overline{x}4_5 = \dfrac{\frac{1}{2}\cdot 15+12+11+13+\frac{1}{2}\cdot 16}{4} = 12,875$
6	13	$\overline{x}3_6 = \dfrac{11+13+16}{3} = 13,3$	$\overline{x}4_6 = \dfrac{\frac{1}{2}\cdot 12+11+13+16+\frac{1}{2}\cdot 14}{4} = 13,25$
7	16	$\overline{x}3_7 = \dfrac{13+16+14}{3} = 14,3$	
8	14		

Noch eine Anmerkung zur Position der Werte, die nach der Methode der gleitenden Durchschnitte berechnet wurden:

In den Lehrbüchern der Statistik wird die Berechnung und Anordnung des gleitenden Durchschnitts in der Mitte der einbezogenen Werte (zentrierter gleitender Durchschnitt) einheitlich gehandhabt. Demgegenüber werden die Mittelwerte im Tabellenkalkulationsprogramm Excel sowie einigen Büchern zum Thema Marktforschung dem Ende der Reihe zugeordnet, d.h., das Mittel berechnet sich aus dem aktuellen Wert sowie ausschließlich vorangegangenen Werten.

Diese Vorgehensweise erscheint wenig sachgerecht, da z.B. ein Trend beim gleitenden Durchschnitt k-ter Ordnung um k/2 Perioden verzögert dargestellt wird. Im Extremfall können sämtliche Werte der gleitenden Durchschnitte unterhalb bzw. oberhalb der Originalzeitreihe liegen, was sicherlich nicht dem Begriff "Durchschnitt" entspricht.

7.2.2 Methode der kleinsten Quadrate

Auch die Werte eines gleitenden Durchschnitts unterliegen noch gewissen Schwankungen. Soll hingegen der Trend als funktionaler Zusammenhang einer Größe mit der Zeit beschrieben werden, bietet sich die Methode an, die bei der Ermittlung der Regressionsgeraden für zwei Merkmale angewandt wurde. Im Falle einer Zeitreihe ist eines der beiden Merkmale die Zeit.

Bei einer linearen Steigung über die Zeit wird folgende Trendfunktion angenommen:

$$\hat{x} = a + b \cdot t$$

Analog zu den Herleitungen in Abschnitt 5.2.1 ergibt sich dann:

$$
\begin{aligned}
a &= \frac{\sum x_i \cdot \sum t_i^2 - \sum t_i \cdot \sum t_i x_i}{n \cdot \sum t_i^2 - \left(\sum t_i\right)^2} \\
b &= \frac{n \cdot \sum t_i x_i - \sum x_i \cdot \sum t_i}{n \cdot \sum t_i^2 - \left(\sum t_i\right)^2}
\end{aligned}
$$

Gerade bei Zeitreihen sind oft Wachstumsfunktionen zu beobachten, die sich durch die Trendfunktion

$$\hat{x} = a \cdot b^t$$

beschreiben lassen. Es ist dann wie in Abschnitt 5.2.3 bei der Ermittlung einer exponentiellen Regressionsfunktion vorzugehen.

7.3 Prognoseverfahren

In vielen Fällen ist es wünschenswert, den weiteren Verlauf einer Zeitreihe vorherzusagen. Ganz offensichtlich wird dies bei Börsenkursen, da von solchen Prognosen Kauf- und Verkaufentscheidungen abhängig gemacht werden müssen.

Es steht eine ganze Reihe unterschiedlicher Verfahren zur Verfügung, von denen hier einige einfache vorgestellt werden.

7.3.1 Einfache Methoden

Im einfachsten Fall wird angenommen, daß der letzte Wert auch in der nächsten Periode eintreten wird:

$$x_{t+1}^* = x_t$$

Der Stern kennzeichnet dabei einen Prognosewert.

Ein zweiter Ansatz basiert darauf, die absolute Änderung von vorletzter zu letzter Periode fortzuschreiben:

$$x_{t+1}^* = x_t + (x_t - x_{t-1})$$

Alternativ kann anstelle der absoluten auch die relative Änderung fortgeschrieben werden:

$$x_{t+1}^* = x_t \cdot \frac{x_t}{x_{t-1}}$$

Im allgemeinen sind diese Techniken zu simpel, um eine geeignete Prognose sicherzustellen.

7.3.2 Trendextrapolation

Bei der Trendextrapolation wird eine zuvor ermittelte Trendfunktion (siehe dazu Abschnitt 7.2.2) in die Zukunft fortgeführt.

Ein Nachteil dieses Verfahrens ist darin zu sehen, daß eine vorhandene konjunkturelle oder saisonale Komponente nicht berücksichtigt wird, obwohl sie möglicherweise für den Prognosezeitraum zu einer mehr oder weniger deutlichen Abweichung vom (durchschnittlichen) Trend führt.

7.3.3 Exponentielle Glättung

Eine Prognosemethode, die vor allem für kurzfristige Vorhersagen häufig eingesetzt wird, ist die exponentielle Glättung. Bei ihr wird der Prognosewert für die Periode t+1 als gewogenes arithmetisches Mittel aus dem Beobachtungswert x_t und dem Prognosewert x_t^* berechnet, der für die aktuelle Periode bestimmt worden war.

Den exponentiell **geglätteten Wert** $\hat{x}_t$ einer Zeitreihe erhält man nach der Formel:

$$\hat{x}_t = \alpha \cdot x_t + (1-\alpha) \cdot \hat{x}_{t-1} \quad \text{mit } 0 \leq \alpha \leq 1$$

Es gilt $\alpha + (1-\alpha) = 1$, so daß sich die Gewichte bei der Berechnung des Mittels zu 1 addieren. Der Parameter α ist vom Anwender festzulegen. Welche Werte für α sinnvoll sind, wird weiter unten noch behandelt.

Der geglättete Wert für Periode t kann dann als **Prognosewert** x_{t+1}^* für die Periode t+1 verwendet werden:

$$x_{t+1}^* = \hat{x}_t = \alpha \cdot x_t + (1-\alpha) \cdot \hat{x}_{t-1} = \alpha \cdot x_t + (1-\alpha) \cdot x_t^* \quad \text{mit } 0 \leq \alpha \leq 1$$

Klausurtips:

- Vor der Anwendung einer Formel ist genau zu prüfen, ob Glättung oder Prognose gefordert ist!

- Es ist genau zu prüfen, aus welcher Periode (t oder t-1) die Werte entnommen werden müssen! Dies muß für x und $\hat{x}$ bzw. x^* nicht dieselbe sein!

Die Wirkung der exponentiellen Glättung kann gut anhand des (Extrem-) Beispiels einer sprunghaften Niveau-Änderung gezeigt werden. Der alte Prognosewert entspräche zunächst dem Wert des aktuellen Niveaus.

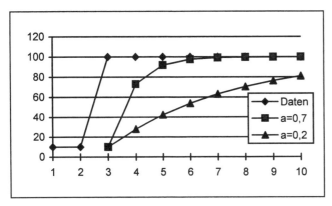

Abb. 7-3: Prognosewerte nach exponentieller Glättung bei einer sprunghaften Änderung

Wie man insbesondere an der Kurve für α=0,7 sieht, erfolgt die Anpassung an die Niveau-Änderung in Form einer Exponentialfunktion. Dies ergibt sich daraus, daß in den Prognosewerten x_t^* immer noch alle Vergangenheitswerte enthalten sind; die Gewichte werden jedoch mit zeitlichem Abstand geringer.

Dies läßt sich auch direkt aus der Formel herleiten :

$$x_{t+1}^* = \alpha \cdot x_t + (1-\alpha) \cdot x_t^*$$
$$= \alpha \cdot x_t + (1-\alpha) \cdot (\alpha \cdot x_{t-1} + (1-\alpha) \cdot x_{t-1}^*)$$
$$= \alpha \cdot x_t + (1-\alpha) \cdot (\alpha \cdot x_{t-1} + (1-\alpha) \cdot (\alpha \cdot x_{t-2} + (1-\alpha) \cdot x_{t-2}^*))$$
$$= \alpha \cdot x_t + (1-\alpha) \cdot \alpha \cdot x_{t-1} + (1-\alpha) \cdot (1-\alpha) \cdot (\alpha \cdot x_{t-2} + (1-\alpha) \cdot x_{t-2}^*)$$
$$= \alpha \cdot x_t + (1-\alpha) \cdot \alpha \cdot x_{t-1} + (1-\alpha)^2 \cdot \alpha \cdot x_{t-2} + (1-\alpha)^3 \cdot x_{t-2}^*$$
$$\dots$$
$$= \sum_{i=0}^{\infty} \alpha \cdot (1-\alpha)^i \cdot x_{t-i}$$

Wie schon aus der Grafik sichtbar ist, wirken Vergangenheitswerte um so stärker nach, je kleiner α ist, während ein großes α dazu führt, daß die Prognosen den tatsächlichen Werten relativ "dicht" folgen und damit ebenfalls starke Schwankungen aufweisen.

Hier ein konkretes Beispiel für die Anwendung in einer Zeitreihe (die Werte "7" für t = 0 sind aus der Aufgabenstellung gegeben):

Tab. 7-2: Geglättete Werte und Prognosewerte gemäß exponentieller Glättung

t	x_t	geglättete Werte $\hat{x}_t$		Prognosewerte x^*_t	
		α=0,7	α=0,2	α=0,7	α=0,2
0		7	7		7
1	6	0,7 · 6 + 0,3 · 7 = 6,30	6,80	7	7
2	9	0,7 · 9 + 0,3 · 6,30 = 8,19	7,24	0,7 · 6 + 0,3 · 7 = 6,30	6,80
3	10	0,7 ·10 + 0,3 · 8,19 = 9,46	7,79	0,7 · 9 + 0,3 · 6,30 = 8,19	7,24
4	5	0,7 · 5 + 0,3 · 9,46 = 6,34	7,23	0,7 ·10 + 0,3 · 8,19 = 9,46	7,79
5	11	0,7 ·11 + 0,3 · 6,34 = 9,60	7,99	0,7 · 5 + 0,3 · 9,46 = 6,34	7,23
6	14	0,7 ·14 + 0,3 · 9,60 =12,68	9,19	0,7 ·11 + 0,3 · 6,34 = 9,60	7,99
7	7	0,7 · 7 + 0,3 ·12,68 = 8,70	8,75	0,7 ·14 + 0,3 · 9,60 =12,68	9,19
8	12	0,7 ·12 + 0,3 · 8,70 =11,01	9,40	0,7 · 7 + 0,3 ·12,68 = 8,70	8,75

Grafisch sieht die Glättung ($\hat{x}_t$) so aus:

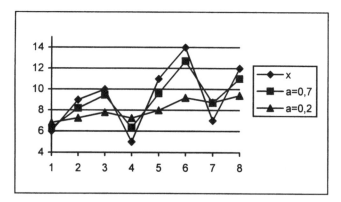

Abb. 7-4: Exponentiell geglättete Werte für α = 0,2 und 0,7

Wie man erkennen kann, folgen die geglätteten Werte dem Trend erst mit einer zeitlichen Verzögerung. Dies führt bei steigendem Trend dazu, daß die Entwicklung der Zeitreihe systematisch unterschätzt wird.

Dem versucht man mit einer verfeinerten Methode zu begegnen, dem **exponentiellen Glätten 2. Ordnung**. Dabei wird auf die bereits geglätteten Werte nochmals dasselbe Glättungsverfahren angewandt, so daß sich folgende Formel ergibt:

$$\hat{\hat{x}}_t = \alpha \cdot \hat{x}_t + (1 - \alpha) \cdot \hat{\hat{x}}_{t-1}$$

Auf Einzelheiten dazu wird hier nicht eingegangen.

7.4 Übungsaufgaben

Aufgabe 7-1

Ergänzen Sie in der folgenden Tabelle die <u>Prognosewerte</u> für die exponentielle Glättung mit $\alpha = 0{,}2$ und $\alpha = 0{,}7$ sowie die gleitenden Durchschnitte 2. Ordnung:

Jahr	70	71	72	73	74	75	76	77
x_t	8,3	8,0	7,9	9,3	10,4	8,5	7,8	6,2
exp. Glättung, $\alpha = 0{,}2$	8,3							
exp. Glättung, $\alpha = 0{,}7$	8,3							
gleitender Durchschnitt 2. Ordnung								

Aufgabe 7-2

Gegeben ist folgende Tabelle mit Zeitreihendaten:

Jahr	0	1	2	3
beobachtete Werte	4,7	5,2	5,1	6,0
exp. Glättung ($\alpha = 0{,}3$) (nicht Prognose!)	4,5			
Methode der kleinsten Quadrate				

Tragen Sie die fehlenden Werte ohne Rundung in die Tabelle ein.

Aufgabe 7-3

Warum eignet sich der gleitende Durchschnitt 3. Ordnung nicht für Quartalswerte einer Größe, die eine Saisonkomponente besitzt?

Aufgabe 7-4

Angenommen, eine Zeitreihe weist in ihrer Mitte einen deutlichen, dauerhaften Strukturbruch auf. Inwieweit ist dann eine Trendextrapolation nach der Methode der kleinsten Quadrate für eine Prognose geeignet?

8 Bestandsanalyse

8.1 Grundbegriffe

Eine statistische Masse, deren Einheiten eine gewisse Lebensdauer über die Zeit aufweisen, heißt **Bestandsmasse**. Der Umfang der Bestandsmasse (die Anzahl der Einheiten) zu einem bestimmten **Zeitpunkt** t_j wird als **Bestand** B_j bezeichnet. Die Einheit des Bestandes ist z.B. Stück, Personen, Litern, EUR usw.

Nachfolgend wird zur Vereinfachung meist von dem in der Praxis besonders wichtigen Fall **diskreter, äquidistanter Zeitpunkte** t_j mit $j = 0, 1, 2, ..., m$ ausgegangen. Als Periodendauer ergibt sich dann $\Delta = (t_m - t_0)/m$. Häufig verwendete Werte für Δ sind 1 Stunde, 1 Tag und 1 Monat.

Demgegenüber stellen die Änderungen der Bestände **Ereignisse** dar, die keine Lebensdauer aufweisen, sondern zu einem Zeitpunkt stattfinden. Die Gesamtheit dieser Ereignisse innerhalb eines bestimmten **Zeitraums** wird als **Ereignismasse** oder auch als **Bewegungsmasse** bezeichnet.

Die Menge aller Ereignisse, die zu einem Zugang zum Bestand (also zu einer Erhöhung) führen, ist die **Zugangsmasse**. Mit z_j werden die **Zugänge** im Zeitintervall $(t_{j-1}; t_j]$ bezeichnet. Für die gesamten Zugänge im Zeitintervall $(t_0; t_j]$ wird kurz $Z_{0,j}$ geschrieben.

Analog dazu gibt a_j die **Abgänge** innerhalb des Zeitintervalls $(t_{j-1}; t_j]$ an und $A_{0,j}$ die Abgänge im Intervall $(t_0; t_j]$. Die Menge der entsprechenden Ereignisse heißt **Abgangsmasse**.

Theoretisch kann für jede einzelne Einheit i einer Bestandsmasse der Zeitpunkt des Zugangs und des Abgangs angegeben werden. Die Länge des Zeitraums dazwischen heißt **Verweildauer** d_i.

Man spricht von einer **geschlossenen Bestandsmasse** bezüglich eines Zeitintervalls $[t_0, t_m]$, wenn die Bestände zu Beginn und am Ende Null sind ($B_0 = B_m = 0$). Ist die Masse nicht beidseitig geschlossen, heißt sie **offene Bestandsmasse**. Bei geschlossenen Bestandsmassen muß außerdem gelten: $Z_{0,m} = A_{0,m} = n$, wobei n die Anzahl aller Elemente ist, die jemals (im betrachteten Zeitraum) in der Bestandsmasse enthalten waren.

8.2 Bestandsermittlung

Die Bestandsermittlung besitzt in der Wirtschaft - vor allem in Industrie und Handel - eine große Bedeutung. Das ergibt sich unter anderem aus der Notwendigkeit, jederzeit über die verfügbaren Mengen informiert zu sein. Nur so kann festgestellt werden, ob z.B. eine Lieferung aus dem aktuellen Bestand möglich ist. Zudem kann auf diese Art rechtzeitig erkannt werden, daß eine Nachbestellung oder Fertigung notwendig ist, um die zu gering gewordenen Bestände aufzufüllen. Der zweite Grund ist die gesetzlich vorgeschriebene Bestandsermittlung im Rahmen einer Inventur, die für das Erstellen der Bilanz notwendig ist.

Die jeweiligen Bestände können auf verschiedene Art ermittelt werden:

Die methodisch einfachste Vorgehensweise ist die **Inventur**, bei der die Bestände durch Zählen oder Messen ermittelt werden. Bei größeren Objekten wird die Zahl der einzelnen Exemplare durch direktes Abzählen ermittelt. Bei Flüssigkeiten oder Schüttgut (z.B. Getreide, Sand), die nicht in Form von Verpackungseinheiten vorliegen, muß das Volumen oder Gewicht gemessen werden. Ebenso wird oft bei geringwertigen Kleinteilen (z.B. Schrauben o.ä.) verfahren.

Ein anderes Verfahren, das wohl nur bei wenigen hochwertigen Gütern vorkommen dürfte, ist die **individualisierte Erhebung aller Verläufe**. Dabei werden für jede einzelne Einheit die Zugangs- und Abgangszeit bestimmt. Dies wird auch - im Gegensatz zur Querschnittsanalyse bei der Inventur - als Längsschnittsanalyse bezeichnet. Sinnvoll erscheint ein solches Vorgehen z.B. im Kunst- und Antiquitätenhandel. Auch der Bestand eines Fuhrparks wird zwangsläufig als Summe der individuellen Daten der - durch Kennzeichen und Fahrgestell-Nr. eindeutig unterscheidbaren - Einheiten ermittelt.

8.3 Bestandsfortschreibung

Offensichtlich ist die Methode der Inventur nicht geeignet, den Bestand im laufenden Betrieb festzustellen. Hierzu wird eine **Bestandsfortschreibung** verwendet. Dazu bedient man sich des einfachen Zusammenhangs:

$$B_j = B_{j-1} + z_j - a_j$$

Damit können die Bestände von einem Zeitpunkt zum nächsten fortgeschrieben werden. Eine Variante davon ist die Ermittlung ohne die Zwischenstände B_j:

$$B_j = B_0 + Z_{0,j} - A_{0,j}$$

Mit diesen Verfahren werden die Bestände zwischen zwei Inventuren bestimmt. Bei der Inventur wird ermittelt, ob bzw. wie weit der tatsächliche Bestand vom Buchwert abweicht.

Bisher wurden z_j und a_j als Summe der Zu- bzw. Abgänge in einer Periode betrachtet, ohne den genauen Zeitpunkt der einzelnen Bestandsänderungen zu betrachten. Um die Ermittlung der im nächsten Abschnitt beschriebenen Kennzahlen zu ermöglichen, wird meist von zwei alternativen Annahmen zur Vereinfachung der Realität ausgegangen:

- Die Zu- und Abgänge erfolgen gleichverteilt während der gesamten Periode.

- Die Zu- und Abgänge erfolgen exakt zum Ende der jeweiligen Periode.

Um dies zu verdeutlichen, hier ein konkretes Beispiel:

Es wird von einer geschlossenen Bestandsmasse ausgegangen, für die über fünf Perioden folgende Zu- und Abgänge vorliegen:

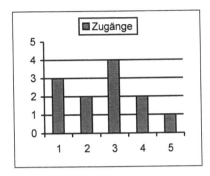 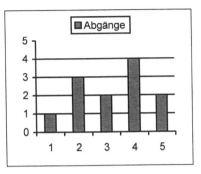

Unterstellt man gleichverteilte Zu- und Abgänge über die Perioden, so wird der Bestand zwischen zwei Punkten B_i durch eine Strecke (also mit konstanter Änderung über die Zeit) beschrieben:

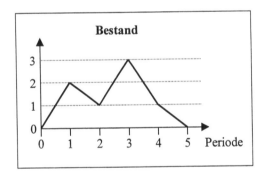

Demgegenüber wird bei Bestandsänderungen ausschließlich zum Ende der jeweiligen Periode von konstanten Beständen während der Periode und sprunghaften Änderungen an den Enden ausgegangen:

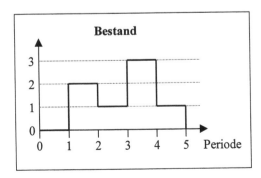

Die Höhe der Linien gibt den aktuellen Bestand zu einem bestimmten Zeitpunkt an. Die Fläche darunter ist für die Berechnung des Durchschnittsbestandes und davon abgeleiteter Größen entscheidend und wird als **Zeitmengenfläche** bezeichnet. Sie besitzt eine Einheit, die sich aus Mengen- und Zeitdimension zusammensetzt, z.B. Personenstunden oder Stücktage. Allgemein ist sie wie folgt definiert:

$$F_{0,m} = \int_{t_0}^{t_m} B(t) \cdot dt$$

Für die hier behandelten Fälle äquidistanter Zeitabstände vereinfacht sich die Rechnung. Finden alle **Bestandsänderungen nur am Periodenende** statt, so gilt:

$$F_{0,m} = \frac{t_m - t_0}{m} \cdot \sum_{j=0}^{m-1} B_j = \Delta \cdot \sum_{j=0}^{m-1} B_j$$

Für den Fall kontinuierlicher Bestandsänderungen kann eine vergleichbare Kurve mit identischer Fläche konstruiert werden (gestrichelte Linie):

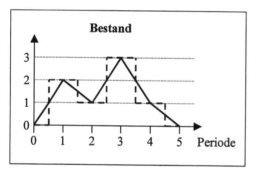

Abb. 8-1: Berechnung der Zeitmengenfläche bei kontinuierlichen Bestandsänderungen

Wie man erkennen kann, haben die waagrechten Linien am Anfangs- und Endpunkt nur die halbe Breite der Linien, die den Bestandspunkten dazwischen zugeordnet sind. Diese Gewichtung findet sich in der Formel für die Zeitmengenfläche bei **gleichverteilten Bestandsänderungen während der Periode** wieder:

$$F_{0,m} = \frac{t_m - t_0}{m} \cdot \left(\frac{1}{2} \cdot B_0 + \sum_{j=1}^{m-1} B_j + \frac{1}{2} \cdot B_m \right) = \Delta \cdot \left(\frac{1}{2} \cdot B_0 + \sum_{j=1}^{m-1} B_j + \frac{1}{2} \cdot B_m \right)$$

Liegen **geschlossene Bestandsmassen** vor, so sind - wegen $B_0 = B_m = 0$ - beide Formeln verwendbar und führen zum selben Ergebnis. Verkürzt läßt sich auch schreiben:

$$F_{0,m} = \frac{t_m - t_0}{m} \cdot \sum_{j=1}^{m-1} B_j = \Delta \cdot \sum_{j=1}^{m-1} B_j$$

Sind die **individuellen Zugangsdaten aller Elemente** bekannt, so kann die Zeitmengenfläche nach folgender Formel bestimmt werden:

$$F_{0,m} = \sum_{i=1}^{n} d_i$$

Während bei den bisherigen Formeln jeweils nebeneinanderliegende Säulen mit
der Höhe des jeweiligen Bestandes und der Breite einer Zeiteinheit addiert wurden, werden hier waagrechte Streifen der Breite d_i und der Höhe 1 addiert. Um auf
die korrekte Dimension Menge mal Zeit zu kommen, muß die rechte Seite der
Formel mit der Mengeneinheit (z.B. ein Stück) multipliziert werden. Liegen die
individuellen Zugangsdaten aller Elemente vor, so handelt es sich prinzipiell um
eine geschlossene Bestandsmasse, da kein Element vorhanden ist, dessen Eintritts-
oder Austrittszeitpunkt außerhalb des betrachteten Zeitraums liegt.

8.4 Kennziffern

Die Geschwindigkeit, mit der Elemente der Masse zugehen, wird als **Zugangsrate**
(auch: Zugangsgeschwindigkeit) $\bar{z}$ bezeichnet und z.B. in "Stück / Monat" angegeben.

$$\bar{z} = \frac{1}{t_m - t_0} \cdot \sum_{j=1}^{m} z_j$$

Analog ergibt sich die **Abgangsrate** (auch: Abgangsgeschwindigkeit) $\bar{a}$:

$$\bar{a} = \frac{1}{t_m - t_0} \cdot \sum_{j=1}^{m} a_j$$

Die übrigen Kennziffern, die hier behandelt werden, basieren auf den im letzten
Abschnitt definierten Zeitmengenflächen, die für unterschiedliche Gegebenheiten
jeweils anders berechnet werden. Die dort getroffenen Fallunterscheidungen sind
deshalb auch für die nachfolgenden Berechnungen von Bedeutung.

Der **Durchschnittsbestand** $\bar{B}$ im Zeitintervall $(t_0; t_m]$ ist allgemein definiert als:

$$\bar{B} = \frac{F_{0,m}}{t_m - t_0}$$

Setzt man die Formeln für die Zeitmengenfläche ein, so ergeben sich folgende
Spezialfälle:

Für offene Bestandsmassen gilt:

$$\overline{B} = \frac{1}{m} \cdot \left(\frac{1}{2} \cdot B_0 + \sum_{j=1}^{m-1} B_j + \frac{1}{2} \cdot B_m \right)$$ bei gleichverteilten Änderungen

$$\overline{B} = \frac{1}{m} \cdot \sum_{j=0}^{m-1} B_j$$ bei Änderungen am Periodenende

Da bei geschlossenen Bestandsmassen $B_0 = B_m = 0$ gilt, führen dort beide Formeln zum selben Ergebnis. Vereinfacht läßt sich auch schreiben:

$$\overline{B} = \frac{1}{m} \cdot \sum_{j=1}^{m-1} B_j$$

Für Individualdaten wird folgende Formel verwendet:

$$\overline{B} = \frac{1}{t_m - t_0} \cdot \sum_{i=1}^{n} d_i$$

Der Durchschnittsbestand ist betriebswirtschaftlich von Bedeutung, da jeder Lagerbestand Lagerkosten und Kapitalkosten verursacht. Bei einer Verringerung des durchschnittlichen Lagerbestandes können somit Kosten eingespart werden.

Die **mittlere Verweildauer** $\overline{d}$ gibt an, wie lange eine Einheit durchschnittlich der Bestandsmasse angehört. Die allgemeine Formel lautet:

$$\overline{d} = \frac{F_{0,m}}{n} = \frac{\overline{B} \cdot (t_m - t_0)}{n}$$

Da n für Individualdaten sowie geschlossene Bestandsmassen direkt bekannt ist, ergibt sich durch Einsetzen:

$$\overline{d} = \frac{\Delta}{n} \cdot \sum_{j=1}^{m-1} B_j$$ bei geschlossenen Bestandsmassen

$$\overline{d} = \frac{1}{n} \cdot \sum_{i=1}^{n} d_i$$ bei Individualdaten

Bei offenen Bestandsmassen besteht das Problem, daß sich Elemente innerhalb des betrachteten Zeitraums in der Bestandsmasse befunden haben (bzw. zum Ende immer noch befinden), bei denen die Zugangszeit, die Abgangszeit oder sogar beide Daten fehlen. Entsprechend kann die mittlere Verweildauer dieser Elemente nicht berechnet, sondern nur geschätzt werden. Dabei geht man meist von folgenden Annahmen aus:

1. Die zu Beginn und am Ende enthaltenen Elemente haben im Schnitt die Hälfte ihrer Verweildauer hinter bzw. vor sich.

2. Die mittlere Verweildauer bei diesen Elementen stimmt mit der von den Elementen überein, die innerhalb des betrachteten Zeitraums zu- und wieder abgegangen sind.

Basierend auf diesen Voraussetzungen wird für offene Bestandsmassen anstelle von n die Größe $(Z_{0,m}+A_{0,m})/2$ verwendet. Es gilt dann:

$$\overline{d} = \frac{2 \cdot \Delta}{Z_{0,m} + A_{0,m}} \cdot \left(\frac{1}{2} \cdot B_0 + \sum_{j=1}^{m-1} B_j + \frac{1}{2} \cdot B_m \right) \quad \text{bei gleichverteilten Änderungen}$$

$$\overline{d} = \frac{2 \cdot \Delta}{Z_{0,m} + A_{0,m}} \cdot \sum_{j=0}^{m-1} B_j \quad \text{bei Änderungen am Periodenende}$$

Als letzte Größe wird die **Umschlagshäufigkeit U** betrachtet. Sie ist eine dimensionslose Größe und gibt an, wie oft der Bestand im betrachteten Zeitraum umgeschlagen wurde:

$$U = \frac{n}{\overline{B}} = \frac{t_m - t_0}{\overline{d}}$$

Beträgt beispielsweise die Länge des betrachteten Zeitraums ein Jahr und die mittlere Verweildauer ein halbes Jahr, wird der gesamte Bestand (im Schnitt) zweimal in dieser Zeit umgeschlagen, also $U = 2$.

Auch hier lassen sich wieder die bekannten Spezialfälle unterscheiden:

$$U = \frac{n \cdot m}{\sum_{j=1}^{m-1} B_j} \quad \text{bei geschlossenen Bestandsmassen}$$

$$U = \frac{n \cdot (t_m - t_0)}{\sum_{i=1}^{n} d_i} \quad \text{bei Individualdaten}$$

$$U = \frac{(Z_{0,m} + A_{0,m}) \cdot m}{2 \cdot \left(\frac{1}{2} \cdot B_0 + \sum_{j=1}^{m-1} B_j + \frac{1}{2} \cdot B_m \right)} \quad \text{bei gleichverteilten Änderungen}$$

$$U = \frac{(Z_{0,m} + A_{0,m}) \cdot m}{2 \cdot \sum_{j=0}^{m-1} B_j}$$

bei Änderungen am Periodenende

Auch diese Größe spielt bei der betriebswirtschaftlichen Betrachtung im Bereich der Lagerwirtschaft eine wichtige Rolle. Wurden oben aus dem Durchschnittsbestand $\overline{B}$ die Kosten für die Kapitalbindung abgeleitet, so läßt sich aus der Umschlagshäufigkeit U ersehen, wie dies im Verhältnis zur Anzahl der Bewegungen, entsprechend dem Umsatz, liegt. Um die Kosten klein zu halten, sollte die Umschlagshäufigkeit möglichst groß sein.

8.5 Übungsaufgaben

Aufgabe 8-1

Ein Sportgeschäft untersucht den Bestand an Surfbrettern über ein ganzes Jahr (Januar bis Dezember) hinweg. In den einzelnen Monaten ergaben sich folgende Zu- und Abgänge (in Stück jeweils gleichverteilt während eines Monats):

Monat	2	3	4	5	6	7	8	9	11
Zugang	0	4	0	10	10	5	5	2	0
Abgang	1	1	2	4	8	12	6	2	1

Der Bestand am Anfang des Jahres betrug 5 Stück.

Bestimmen Sie:

a) die Zugangs- und Abgangsrate

b) den Durchschnittsbestand

c) die mittlere Verweildauer

d) die Umschlagshäufigkeit

Aufgabe 8-2

Für eine Bestandsmasse materieller Güter werden die diskreten, äquidistanten Zeitpunkte t_j mit $j = 0, 1, ..., m$ betrachtet. Muß immer gelten: $Z_j \geq A_j$, für alle $j = 1, ..., m$? Unterscheiden Sie zwischen offenen und geschlossenen Bestandsmassen.

9 Wahrscheinlichkeiten

9.1 Grundbegriffe

Zufallsexperiment: Ein Zufallsexperiment ist ein beliebig oft wiederholbarer, nach einer ganz bestimmten Vorschrift auszuführender Vorgang mit mindestens zwei möglichen Ergebnissen, wobei im voraus nicht bestimmbar ist, welches Ergebnis eintreten wird.

Beispiele: Ziehung der Lottozahlen

Wurf eines Würfels oder einer Münze

Jeder mögliche Ausgang eines Zufallsexperiments heißt **Ereignis**.

Beispiele: "Wappen" und "Zahl" beim Werfen einer Münze

"1", "2", "3", "4", "5" und "6" beim Werfen eines Würfels

"gerade Augenzahl" und "ungerade Augenzahl" beim Werfen eines Würfels

Die letzten beiden Möglichkeiten von Ereignissen beim Werfen eines Würfels zeigen, daß es zwei Arten von Ereignissen gibt: solche, die aus anderen zusammengesetzt sind ("gerade Augenzahl" aus "2", "4" und "6"), und solche, bei denen dies nicht der Fall ist.

Die möglichen Ausgänge eines Zufallsexperiments, die sich gegenseitig ausschließen und nicht weiter zerlegen lassen, werden als **Elementarereignisse** oder **Ergebnisse** bezeichnet. Sie werden mit ω_1, ω_2, ..., ω_m (Klein-Omega) bezeichnet (analog zu den Merkmalsausprägungen x_1, x_2, ..., x_m in der deskriptiven Statistik).

Die Menge aller Elementarereignisse wird als **Ereignisraum** oder **Ergebnisraum** bezeichnet und als $\Omega = \{\omega_1, \omega_2, ..., \omega_m\}$ (Groß-Omega) definiert.

Grafisch kann dies mit den aus der Mengenlehre bekannten Venn-Diagrammen veranschaulicht werden:

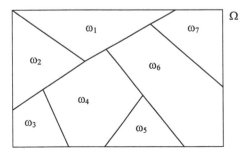

Abb. 9-1: Venn-Diagramm des Ereignisraums

Oft interessiert man sich für Ereignisse, die sich aus mehreren Elementarereignissen zusammensetzen. Das Ereignis "Augenzahl kleiner 3" beim Werfen eines Würfels setzt sich aus den Elementarereignissen "1" und "2" zusammen. Man bezeichnet dies als **zusammengesetztes Ereignis** und schreibt formal:

$$A = \omega_1 \cup \omega_2$$

Bei mehreren Elementarereignissen schreibt man:

$$A = \bigcup_{i=1}^{n} \omega_i$$

Im folgenden werden auch zusammengesetzte Ereignisse kurz als Ereignisse bezeichnet und mit großen Buchstaben (meist A und B) bezeichnet.

Die eben definierte **Vereinigung** $A \cup B$ von Ereignissen kann nicht nur für Elementarereignisse, sondern für beliebige Ereignisse definiert werden:

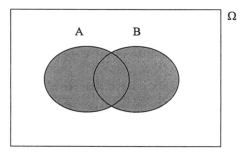

Abb. 9-2: Vereinigung zweier Ereignisse

Dieses Ereignis tritt dann ein, wenn entweder A oder B oder beide eintreten.

Beispiel: "Zahl gerade" <u>oder</u> "Zahl größer 4" beim Werfen eines Würfels

         $A = \{"2", "4", "6"\}$, $B = \{"5", "6"\}$, $A \cup B = \{"2", "4", "5", "6"\}$

Ebenso kann der **Durchschnitt** zweier Ereignisse $A \cap B$ definiert werden. Dieses Ereignis tritt dann ein, wenn sowohl A als auch B eintritt.

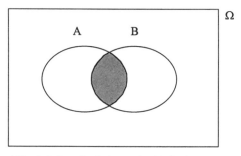

Abb. 9-3: Durchschnitt zweier Ereignisse

Beispiel: "Zahl gerade" <u>und</u> "Zahl größer 4" beim Werfen eines Würfels

A = {"2", "4", "6"}, B = {"5", "6"}, A ∩ B = {"6"}

Oft interessiert man sich für das Ereignis, das eintritt, wenn ein Ereignis A nicht eintritt. Dies wird als **komplementäres Ereignis** $\overline{A}$ bezeichnet.

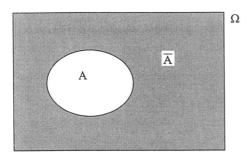

Abb. 9-4: Komplementäres Ereignis

Beispiel: "Zahl nicht gerade" beim Werfen eines Würfels

A = {"2", "4", "6"}, $\overline{A}$ = {"1", "3", "5"}

Ein Ereignis, das immer eintritt, wird als **sicheres Ereignis** bezeichnet. Es entspricht der Vereinigung aller Elementarereignisse und wird deshalb, wie der Ereignisraum, mit Ω symbolisiert.

Beispiel: "Zahl größer gleich 1" beim Werfen eines Würfels

Ein Ereignis, das nie eintreten kann, wird als **unmögliches Ereignis** bezeichnet und mit ∅ symbolisiert.

Beispiel: "Zahl gerade und kleiner 2" beim Werfen eines Würfels

Können zwei Ereignisse nie gleichzeitig auftreten, so spricht man von **sich gegenseitig ausschließenden Ereignissen**. Es gilt dann:

A ∩ B = ∅

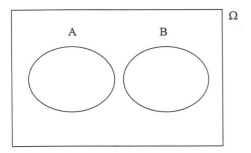

Abb. 9-5: Sich gegenseitig ausschließende Ereignisse

9.2 Wahrscheinlichkeitsbegriff

Der Begriff "Wahrscheinlichkeit" ist nicht exakt zu definieren und kann von verschiedenen Gesichtspunkten aus betrachtet werden. Die wichtigsten Ansätze werden in den nachfolgenden Abschnitten getrennt vorgestellt.

9.2.1 Klassische Definition nach Laplace

Die klassische Definition der Wahrscheinlichkeit für ein Ereignis A lautet nach Laplace:

$$P(A) = \frac{\text{Anzahl der für das Eintreten von A günstigen Fälle}}{\text{Anzahl der möglichen Fälle}} = \frac{g}{m}$$

Diese Definition, die insbesondere bei Glücksspielen u.ä. Anwendung findet, kann jedoch zu unsinnigen Ergebnissen führen. So gibt es z.B. bei einem Flug zwei mögliche Fälle: "Absturz" und "kein Absturz". Trotzdem ist die Wahrscheinlichkeit für einen Absturz deutlich kleiner als 50%. Der Fehler besteht darin, daß die beiden betrachteten Ereignisse nicht gleich wahrscheinlich sind. Deshalb wird folgende modifizierte Definition verwendet:

$$\boxed{P(A) = \frac{\text{Anzahl der für das Eintreten von A günstigen Fälle}}{\text{Anzahl der gleich möglichen Fälle}} = \frac{g}{m}}$$

Beispiel:

> Es ist die Wahrscheinlichkeit für das Werfen einer geraden Zahl mit einem Würfel zu ermitteln. Die gleich möglichen Ereignisse sind die Zahlen "1" bis "6", die günstigen Fälle davon sind "2", "4" und "6". Damit gilt:

$$P(A) = \frac{g}{m} = \frac{3}{6} = 0,5 = 50\%$$

Das Problem besteht häufig darin, daß sowohl die Anzahl der günstigen also auch die der möglichen Fälle nicht direkt bekannt ist. In den meisten Fällen, bei denen die Laplace-Definition verwendet werden kann, sind hierzu Rechnungen aus der Kombinatorik notwendig, die im nächsten Abschnitt behandelt werden. Die Definition nach Laplace versagt jedoch immer dann, wenn die Ereignisse nicht gleich wahrscheinlich sind oder wenn (zumindest theoretisch) unendlich viele verschiedene Ereignisse möglich sind.

9.2.2 Exkurs: Kombinatorik

Die Kombinatorik behandelt die Berechnung der verschiedenen Möglichkeiten, die Elemente einer Menge anzuordnen oder zusammenzustellen. Da sie für die Berechnung von Wahrscheinlichkeiten nach Laplace unentbehrlich ist, werden hier die wichtigsten Grundbegriffe kurz erläutert.

Die **Fakultät** ist definiert als:

$$n! = 1 \cdot 2 \cdot \ldots \cdot n$$

Es gilt ferner:

$$0! = 1$$

Der **Binomialkoeffizient** (gelesen als n über k) ist definiert als:

$$\binom{n}{k} = \frac{n!}{(n-k)! \cdot k!}$$

Zur Erleichterung beim Rechnen einige Regeln:

$$\binom{n}{k} = \binom{n}{n-k} \qquad \binom{n}{0} = \binom{n}{n} = 1 \qquad \binom{n}{1} = \binom{n}{n-1} = n$$

Für die Wahrscheinlichkeitsrechnung ist insbesondere die Frage von Interesse, wie viele Möglichkeiten es bei der Zusammenstellung von k Elementen aus einer Menge von n Elementen gibt.

Beispiel: Bei der Lottoziehung 6 aus 49 ist k = 6 und n = 49.

Je nach dem, ob die Anordnung der ausgewählten Elemente von Bedeutung ist oder nicht, wird unterschieden zwischen:

Variation: Reihenfolge der ausgewählten Elemente spielt eine Rolle

Kombination: Reihenfolge der ausgewählten Elemente spielt keine Rolle

Ferner ist bei der Auswahl der Elemente zu unterscheiden zwischen:

ohne Wiederholung: ein Element kann nur einmal vorkommen

mit Wiederholung: ein Element kann mehrmals vorkommen

Ein häufig verwendetes Beispiel ist das Ziehen von (farbigen) Kugeln aus einer Urne. Wird mehrmals nacheinander je eine Kugel gezogen und vor der nächsten Ziehung wieder in die Urne zurückgelegt, so liegt der Fall "mit Wiederholung" vor (auch als "mit Zurücklegen" bezeichnet). Werden die gezogenen Kugeln nicht wieder zurückgelegt, so liegt der Fall "ohne Wiederholung" vor. Gleiches gilt auch, wenn alle Kugeln gleichzeitig (mit einem Griff) gezogen werden. Weitere typische Zufallsexperimente sind das Werfen eines Würfels oder einer Münze. Da jede Zahl (bzw. Seite) natürlich bei nachfolgenden Würfen weiter vorhanden ist, liegt hier immer der Fall "mit Wiederholung" vor.

Wird ein einzelner Würfel mehrfach hintereinander geworfen oder werden die Kugeln aus einer Urne einzeln gezogen, so kann - je nach dem, ob nur das Gesamtergebnis oder auch die Reihenfolge interessiert - Variation oder Kombination vorliegen. Werden jedoch mehrere nicht unterscheidbare Würfel gleichzeitig geworfen oder alle Kugeln gleichzeitig gezogen, so liegt immer Kombination vor.

Die Anzahl der Möglichkeiten, k Elemente aus einer Gesamtheit von n Elementen anzuordnen, ist folgender Tabelle zu entnehmen:

Tab. 9-1: Anzahl der möglichen Fälle für das Ziehen von k aus n Elementen

	Variation (Reihenfolge von Bedeutung)	**Kombination (Reihenfolge nicht von Bedeutung)**
mit Wiederholung (mit Zurücklegen)	n^k	$\binom{n+k-1}{k}$
ohne Wiederholung (ohne Zurücklegen)	$\dfrac{n!}{(n-k)!} = \binom{n}{k} \cdot k!$	$\binom{n}{k}$

9.2.3 Geometrische Definition der Wahrscheinlichkeit

In manchen Fällen kann die Wahrscheinlichkeit besonders anschaulich aus geometrischen Zusammenhängen heraus entwickelt werden. Hierzu ein Beispiel:

> Eine Person fährt regelmäßig eine Strecke von 130 km (einfache Strecke). Sie besitzt ein Handy, das sie während der Fahrt mitführt. Auf der Strecke gibt es einen Teilabschnitt von 18 km und einen von 8 km, auf denen Senden und Empfangen nicht möglich ist ("Funkloch"). Angenommen, das Auto bleibt mit einem Defekt auf der Strecke liegen, wobei alle Streckenabschnitte gleich wahrscheinlich sind. Wie groß ist die Wahrscheinlichkeit dafür, daß sich das Auto gerade in einem Funkloch befindet?

Die Grundüberlegung der geometrischen Definition der Wahrscheinlichkeit besteht darin, daß der gesamte Ereignisraum als Strecke oder Fläche aufgefaßt wird. Für jede Teilstrecke bzw. Teilfläche sei die Wahrscheinlichkeit für einen Ereigniseintritt gleich groß (Gleichverteilung). Dann entspricht die gesuchte Wahrscheinlichkeit dem Verhältnis der Summe der relevanten Teilstrecken bzw. Teilflächen zur Gesamtstrecke bzw. -fläche. Mathematisch entspricht dies einem einfachen Dreisatz.

Für das Beispiel ergibt sich somit folgende Lösung:

> Die Gesamtstrecke beträgt 130 km. Da vorausgesetzt wurde, daß das Fahrzeug irgendwo auf dieser Strecke liegen bleibt, ist die Wahrscheinlichkeit dafür 1. Die gesuchte Wahrscheinlichkeit P dafür, daß das Fahrzeug innerhalb eines Funklochs liegenbleibt, entspricht dem Verhältnis der Länge der entsprechenden Teilstrecken zur Länge der Gesamtstrecke:

$$\frac{8\,\text{km} + 18\,\text{km}}{130\,\text{km}} = \frac{P}{1} \quad \Rightarrow \quad P = \frac{26}{130} = 0,2$$

Diese Definition dient vor allem der Veranschaulichung und kann auch auf andere Sachverhalte als Strecken und Flächen erweitert werden. So können z.B. die Zeit als Strecke und einzelne Zeitintervalle als Teilstrecken interpretiert werden.

Auffällig ist die deutliche Ähnlichkeit zur Definition nach Laplace. In beiden Fällen wird davon ausgegangen, daß alle möglichen Teilereignisse gleich wahrscheinlich sind. Anstelle von endlich vielen gibt es hier jedoch unendlich viele Teilereignisse, da Größen wie Länge, Fläche und Zeit stetig sind.

9.2.4 Statistische Wahrscheinlichkeit nach Mises

Wird eine Münze einmal geworfen, so ist der Ausgang dieses Zufallsexperimentes ("Wappen" oder "Zahl") völlig offen. Wird die Münze jedoch wiederholt geworfen, so wird sich schon nach einigen Würfen annähernd eine Verteilung von 50:50 für beide Möglichkeiten einstellen. Trägt man auf der X-Achse die einzelnen Würfe und auf der Y-Achse den Anteil von Würfen mit dem Ergebnis "Zahl" auf, so kann sich z.B. folgendes ergeben:

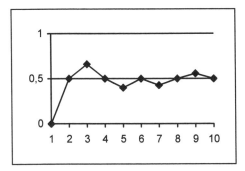

Abb. 9-6: Stochastische Konvergenz der relativen Häufigkeit

Je mehr Würfe durchgeführt werden, um so enger schwankt das Ergebnis um den Wert 0,5. Dies ähnelt der Konvergenz einer Folge gegen einen Grenzwert.

Nach der statistische Definition ist die Wahrscheinlichkeit für das Eintreten eines Ereignisses gleich dem Grenzwert der relativen Häufigkeiten, der sich nach unendlich vielen Wiederholungen des Zufallsexperimentes ergeben würde:

$$P(A) = \lim_{n \to \infty} f_n(A)$$

Obwohl natürlich nicht unendlich viele Versuche möglich sind, ergibt sich in der Praxis meist schon nach relativ wenigen Wiederholungen eine deutliche Konvergenz gegen einen Grenzwert. Da das Ergebnis aus Beobachtungen ermittelt wurde, spricht man z.T. auch von **empirischer Wahrscheinlichkeit**.

An dieser Stelle eine Warnung vor einer Fehlinterpretation dieser Definition, die in vielen Köpfen fast unauslöschlich verankert scheint:

Die Tatsache, daß die relative Häufigkeit gegen einen bestimmten Wert konvergiert, besagt <u>nicht</u>, daß z.B. ein Rückstand gegenüber dem Erwartungswert aufgeholt wird! So ist die Wahrscheinlichkeit für "Zahl oben" immer noch 50%, auch wenn zuvor zehnmal hintereinander Wappen oben lag. Der absolute Abstand einer realen Versuchsreihe vom erwarteten Wert nimmt mit der Zahl der Einzelversuche sogar zu. Das ist plausibel, wenn man bedenkt, daß eine Abweichung von 100 bei 1000 Münzwürfen relativ viel wäre, bei 1000000 hingegen fast zu vernachlässigen ist. Was abnimmt ist der relative Abstand, d.h. die Differenz zwischen relativer Häufigkeit $f_n(A)$ und der Wahrscheinlichkeit $P(A)$.

9.2.5 Subjektive Wahrscheinlichkeiten

In vielen Fällen lassen sich Wahrscheinlichkeiten nicht nach den bisher beschriebenen Methoden quantifizieren. Trotzdem werden sehr häufig Aussagen gemacht wie: "Wahrscheinlich regnet es morgen." oder "Wahrscheinlich gewinnt der Verein A das Spiel gegen B."

Auch wenn mit so angegebenen Wahrscheinlichkeiten nicht unmittelbar gerechnet werden kann, besitzen sie doch unbestritten einen enormen Einfluß auf nahezu jedes praktische Handeln - gerade auch im Wirtschaftsleben. So wird man von riskanten Geschäften, also solchen mit einer relativ hohen Verlustwahrscheinlichkeit, Abstand nehmen. Und ob sich eine bestimmte Versicherung lohnt, wird - meist intuitiv - anhand der möglichen Fälle (zu versichernde Risiken) und ihrer subjektiv erwarteten Eintrittswahrscheinlichkeiten abgeschätzt.

Eine gewisse Objektivierung und Quantifizierung erfahren solche Wahrscheinlichkeiten dann, wenn sie einerseits auf umfangreichen Vergangenheitserfahrungen beruhen und andererseits durch das Urteil vieler Personen zustande kommen. Das zeigt sich z.B. bei Wettquoten, wie sie bei Sportereignissen vorkommen, oder iterativen Befragung von Experten nach der sogenannten Delphi-Methode.

9.2.6 Axiomatischer Wahrscheinlichkeitsbegriff nach Kolmogoroff

Die heutige Wahrscheinlichkeitsrechnung basiert auf einer axiomatischen Definition, die auf Kolmogoroff zurückgeht.

Gegeben sei ein Ereignisraum und eine (Teil-) Menge von Ereignissen. Es muß dann gelten:

- Das unmögliche Ereignis $\emptyset$ ist in der Ereignismenge enthalten.

- Das sichere Ereignis Ω ist in der Ereignismenge enthalten.

- Zu je zwei Ereignissen sind auch die Vereinigung und der Durchschnitt beider Ereignisse in der Ereignismenge enthalten.

- Zu jedem Ereignis ist auch das komplementäre Ereignis in der Ereignismenge enthalten.

Auf diesem System, das man auch als Booleschen Mengenring bezeichnet, wird eine reellwertige Funktion P definiert, die jedem Ereignis A eine reelle Zahl P(A) zuordnet. Diese Funktion heißt Wahrscheinlichkeit und muß folgende Eigenschaften besitzen:

1. P ist nichtnegativ: $P(A) \geq 0$

2. P ist additiv: $P(A \cup B) = P(A) + P(B)$, wenn gilt: $A \cap B = \emptyset$

3. P ist normiert: $P(\Omega) = 1$

Aus der Kombination von 1. und 3. ergibt sich zudem:

$$0 \leq P(A) \leq 1$$

Die Definition nach Kolmogoroff verleiht der Wahrscheinlichkeitsrechnung ein mathematisches Fundament; sie macht jedoch keinerlei Aussagen darüber, wie die Wahrscheinlichkeiten konkret zu ermitteln sind. Die in den vorangegangenen Abschnitten behandelten Definitionen stehen deshalb nicht im Widerspruch zu der axiomatischen Definition, sondern stellen vielmehr eine Möglichkeit dar, konkrete Wahrscheinlichkeiten zu ermitteln.

9.3 Rechnen mit Wahrscheinlichkeiten

Häufig müssen zwei oder mehr Ereignisse miteinander verknüpft werden. Um die resultierende Gesamtwahrscheinlichkeit zu ermitteln, sind - je nach Art der Verknüpfung und Abhängigkeit der Ereignisse - verschiedene Rechenregeln anzuwenden. Die Rechnung selbst ist dabei mathematisch sehr einfach; das Problem besteht meist darin, die richtigen Regeln auszuwählen und gegebenenfalls zu kombinieren. Es ist deshalb unbedingt notwendig, die Formeln dieses Abschnitts genau zu verstehen.

9.3.1 Additionsgesetze

Die Wahrscheinlichkeit für die **Vereinigung zweier sich gegenseitig ausschließender Ereignisse** A und B ergibt sich unmittelbar aus der Definition nach Kolmogoroff:

$$\boxed{P(A \cup B) = P(A) + P(B), \text{ falls } A \cap B = \emptyset}$$

Beispiel: Die Wahrscheinlichkeit, eine "2" oder eine "3" zu würfeln, beträgt $\frac{1}{6} + \frac{1}{6} = \frac{1}{3}$.

Für die **Vereinigung mehrerer sich gegenseitig ausschließender Ereignisse** gilt:

$$\boxed{P\left(\bigcup_{i=1}^{n} A_i\right) = \sum_{i=1}^{n} P(A_i), \text{ falls } A_i \cap A_j = \emptyset \text{ für alle } i \neq j}$$

Für den Fall, daß sich die Ereignisse nicht gegenseitig ausschließen, gelten die genannten Formeln nicht, wie man leicht an folgendem Beispiel sieht:

Es soll die Wahrscheinlichkeit dafür ermittelt werden, daß die gewürfelte Zahl gerade (A) oder größer 2 (B) ist. Für die Einzelwahrscheinlichkeiten gilt:

$$A = \{"2", "4", "6"\} \qquad\qquad P(A) = \frac{3}{6} = \frac{1}{2}$$

$$B = \{"3", "4", "5", "6"\} \qquad\qquad P(B) = \frac{4}{6} = \frac{2}{3}$$

Für das zusammengesetzte Ereignis gilt:

$$A \cup B = \{"2", "3", "4", "5", "6"\} \qquad P(A \cup B) = \frac{5}{6}$$

Dies ist eindeutig kleiner als $P(A) + P(B)$, was zudem eine unzulässige Wahrscheinlichkeit größer 1 ergeben würde.

Das Problem bei der Anwendung der bisherigen Formeln auf sich nicht gegenseitig ausschließende Ereignisse besteht darin, daß der Überlappungsbereich $A \cap B$ zweimal eingerechnet wird. Im Beispiel oben waren dies die Zahlen "4" und "6". Entsprechend ist diese Wahrscheinlichkeit einmal abzuziehen. Es ergibt sich dann folgende **Additionsformel für zwei beliebige Ereignisse**:

$$\boxed{P(A \cup B) = P(A) + P(B) - P(A \cap B)}$$

Für das Beispiel ergibt sich dann korrekt:

$$A \cap B = \{"4", "6"\} \qquad P(A \cap B) = \frac{2}{6} = \frac{1}{3}$$

$$P(A \cup B) = P(A) + P(B) - P(A \cap B) = \frac{3}{6} + \frac{4}{6} - \frac{2}{6} = \frac{5}{6}$$

9.3.2 Komplementäres Ereignis

Zu jedem Ereignis A existiert auch das komplementäre Ereignis $\overline{A}$. Aus seiner Definition ergibt sich unmittelbar:

$$A \cup \overline{A} = \Omega$$

A und $\overline{A}$ schließen sich gegenseitig aus. Da zusätzlich $P(\Omega) = 1$ ist, gilt:

$$\boxed{P(A) = 1 - P(\overline{A})}$$

Diese Formel ist dann hilfreich, wenn die Wahrscheinlichkeit des Gegenereignisses deutlich einfacher zu errechnen ist, als die des Ereignisses selbst. Beispiel:

Gesucht ist die Wahrscheinlichkeit dafür, mit zwei Würfeln eine Augensumme von mindestens 3 zu würfeln. Das Gegenereignis dazu ist "Augensumme = 2", für die es nur ein Elementarereignis von 36 möglichen gibt. Die Wahrscheinlichkeit wird so berechnet: $P(A) = 1 - P(\overline{A}) = 1 - \frac{1}{36} = \frac{35}{36}$.

9.3.3 Bedingte Wahrscheinlichkeit

In vielen Fällen hängen Ereignisse voneinander ab. Beispiel:

> In einer Urne befinden sich 5 rote und 5 blaue Kugeln. Es werden nacheinander zwei Kugeln ohne Zurücklegen gezogen. Ereignis A sei definiert als "im ersten Zug wird eine rote Kugel gezogen", Ereignis B als "im zweiten Zug wird eine blaue Kugel gezogen".
>
> Die Wahrscheinlichkeit für B hängt davon ab, ob A eingetreten ist oder nicht. Im ersten Fall sind nach der ersten Ziehung noch 4 rote und 5 blaue Kugeln in der Urne; also $P(B) = \frac{5}{9}$. Ist A jedoch nicht eingetreten, verbleiben 5 rote und 4 blaue Kugeln, so daß gilt: $P(B) = \frac{4}{9}$.

Die Wahrscheinlichkeit für das Eintreten von B hängt also davon ab, ob zuvor A eingetreten ist oder nicht. Hierfür wird definiert:

Die **bedingte Wahrscheinlichkeit P(B|A)** (Wahrscheinlichkeit für B unter der Bedingung A) ist die Wahrscheinlichkeit für das Eintreten des Ereignisses B unter der Voraussetzung, daß das Ereignis A bereits eingetreten ist. Sie wird folgendermaßen berechnet:

$$P(B \mid A) = \frac{P(A \cap B)}{P(A)}; \quad P(A) > 0$$

Diese Formel wird im nachfolgenden Beispiel verdeutlicht:

> Im wirtschaftswissenschaftlichen Fachbereich einer Universität gibt es die Studiengänge BWL und VWL. 12% der Studierenden des Fachbereichs sind (weibliche) VWL-Studentinnen. Insgesamt beträgt der Anteil der VWL-Studierenden am Fachbereich 20%. Das Ereignis A sei definiert als "studiert VWL", das Ereignis B als "ist weiblich". Die Wahrscheinlichkeit, daß ein zufällig ausgewählter VWL-Student weiblich ist, ergibt sich zu:

$$P(B \mid A) = \frac{P(A \cap B)}{P(A)} = \frac{0,12}{0,2} = 0,6$$

9.3.4 Unabhängige Ereignisse

Im Urnenbeispiel des letzten Abschnitts hing die Wahrscheinlichkeit für B (also Ziehen einer blauen Kugel im zweiten Zug) vom Eintreten (bzw. Nichteintreten) des Ereignisses A ab, also davon, welche Farbe die Kugel beim ersten Ziehen hatte. Legt man die Kugel nach dem (ersten) Ziehen jedoch zurück, so ist die

Wahrscheinlichkeit für B nicht mehr von A abhängig, sondern beträgt in diesem Beispiel immer 0,5.

Es wird deshalb definiert, daß zwei Ereignisse A und B genau dann (**stochastisch**) **unabhängig** sind, wenn gilt:

$$\boxed{P(B \mid A) = P(B \mid \overline{A}) = P(B)}$$

Gilt diese Gleichung nicht, so sind die Ereignisse (**stochastisch**) **abhängig**.

Zusammen mit der Formel für die bedingte Wahrscheinlichkeit kann aufgrund dieser Definition geprüft werden, ob zwei Ereignisse unabhängig sind. Beispiel:

Die Wahrscheinlichkeit für das Bestehen der Mathematikklausur betrage $P(M) = 0,9$. Die Statistikklausur werde mit $P(S) = 0,85$ bestanden. Die Wahrscheinlichkeit dafür, beide Klausuren zu bestehen, betrage 0,8. Es ergibt sich aus den Angaben:

$$P(S \mid M) = \frac{P(M \cap S)}{P(M)} = \frac{0,8}{0,9} = 0,89 \neq P(S) = 0,85$$

Die beiden Ereignisse (Bestehen der Mathematik- bzw. Statistikklausur) sind also voneinander abhängig.

Eine alternative Prüfung führt über den Vergleich der bedingten Wahrscheinlichkeiten. Für die praktische Prüfung bietet sich dazu die Darstellung als Kontingenztabelle an, die in dieser Form auch als **Vierfeldertafel** bezeichnet wird. Für das Beispiel ergibt sich dann:

	S	$\overline{S}$	Σ
M	**0,80**	0,10	**0,90**
$\overline{M}$	0,05	0,05	0,10
Σ	**0,85**	0,15	1,00

Die Werte 0,8, 0,85 und 0,9 (in der Tabelle fett dargestellt) wurden aus dem letzten Beispiel übernommen; die übrigen Werte lassen sich aufgrund der Abhängigkeiten innerhalb einer Kontingenztabelle direkt daraus ableiten. Zur Überprüfung auf Unabhängigkeit werden die bedingten Wahrscheinlichkeiten für S unter den Bedingungen M und $\overline{M}$ verglichen:

$$P(S \mid M) = \frac{P(M \cap S)}{P(M)} = \frac{0,8}{0,9} = 0,89$$

$$P(S \mid \overline{M}) = \frac{P(\overline{M} \cap S)}{P(\overline{M})} = \frac{0,05}{0,1} = 0,5$$

Da sich die bedingten Wahrscheinlichkeiten unterscheiden, sind beide Ereignisse stochastisch abhängig voneinander.

9.3.5 Multiplikationssätze

Durch Umformen der Definition der bedingten Wahrscheinlichkeit erhält man direkt den **Multiplikationssatz für beliebige Ereignisse**:

Die Wahrscheinlichkeit dafür, daß sowohl das Ereignis A als auch das Ereignis B eintritt (also der Durchschnitt), ist gegeben durch:

$$P(A \cap B) = P(A) \cdot P(B \mid A) = P(B) \cdot P(A \mid B)$$

Beispiel:

> In einer Urne befinden sich 5 rote und 5 blaue Kugeln. Wie groß ist die Wahrscheinlichkeit dafür, sowohl im ersten Zug (A) als auch im zweiten Zug (B) eine rote Kugel zu ziehen?
>
> $$P(A \cap B) = P(A) \cdot P(B \mid A) = \frac{5}{10} \cdot \frac{4}{9} = \frac{20}{90} = \frac{2}{9}$$

Dies läßt sich auch gut in einem sogenannten **Baumdiagramm** (Abb. 9-7) darstellen. Dort werden die möglichen Fälle für beide Ziehungen mit ihren jeweiligen Wahrscheinlichkeiten dargestellt. Die Gesamtwahrscheinlichkeit für ein bestimmtes Ergebnis ergibt sich durch Multiplikation der Wahrscheinlichkeiten an den durchlaufenen Zweigen. Die Summe der Wahrscheinlichkeiten aller Endergebnisse muß natürlich 1 betragen.

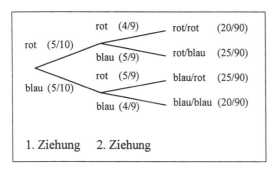

Abb. 9-7: Baumdiagramm

Sind beide Ereignisse unabhängig voneinander, vereinfacht sich die Berechnung. Es gilt dann P(B|A) = P(B), so daß der **Multiplikationssatz für unabhängige Ereignisse** lautet:

$$P(A \cap B) = P(A) \cdot P(B)$$

Beispiel:

> Wie im letzten Beispiel, nur daß die Kugel der ersten Ziehung vor der zweiten Ziehung zurückgelegt wird:
>
> $$P(A \cap B) = P(A) \cdot P(B) = \frac{5}{10} \cdot \frac{5}{10} = \frac{25}{100} = \frac{1}{4}$$

9.3.6 Satz von der totalen Wahrscheinlichkeit

Gegeben sei folgendes Problem:

> Drei Maschinen A, B und C produzieren 60%, 30% bzw. 10% der gesamten Produktion eines Betriebes. Die Ausschußanteile der Maschinen betragen 2%, 4% bzw. 6%. Wie groß ist die Wahrscheinlichkeit dafür, daß ein zufällig (aus der gesamten Produktion) ausgewähltes Teil defekt ist?

Dies läßt sich so verallgemeinern:

Gegeben seien n sich gegenseitig ausschließende Ereignisse A_1, A_2, ..., A_n (im Beispiel: Teil auf Maschine A, B oder C produziert). Die Vereinigung dieser Ereignisse entspricht dem Ereignisraum Ω, besitzt also die Wahrscheinlichkeit 1:

$$\bigcup_{i=1}^{n} A_i = \Omega; \quad \text{mit } A_i \cap A_j = \varnothing \quad \text{für alle } i \neq j$$

Es sei nun B ein Ereignis innerhalb von Ω (im Beispiel: Teil defekt). Dann gilt:

$$P(B) = P(A_1 \cap B) + P(A_2 \cap B) + P(A_3 \cap B) + ... + P(A_n \cap B)$$

Zusätzlich gilt:

$$P(A_i \cap B) = P(A_i) \cdot P(B|A_i)$$

Dies kann grafisch so veranschaulicht werden:

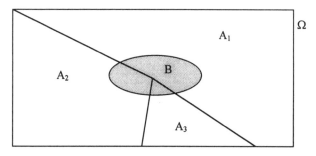

Abb. 9-8: Venn-Diagramm zum Satz von der totalen Wahrscheinlichkeit

Das Rechteck entspricht dem Ereignisraum Ω, der durch die Ereignisse A_1 bis A_3 überlappungsfrei überdeckt wird. Das Ereignis B, das hier als graue Ellipse dargestellt ist. überschneidet sich mit einigen oder allen A_i. Die Gesamtfläche von B, die der gesuchten Wahrscheinlichkeit entspricht, ergibt sich durch die Vereinigung (Addition) der einzelnen Schnittmengen $A_i \cap B$.

Daraus läßt sich der **Satz von der totalen Wahrscheinlichkeit** ableiten:

> Gegeben seien die Ereignisse A_1, A_2, ..., A_n und B aus dem Ereignisraum Ω. Es gelte:

1. $\displaystyle\bigcup_{i=1}^{n} A_i = \Omega$

2. $A_i \cap A_j = \varnothing$ für alle $i \neq j$

Dann gilt:

$$P(B) = \sum_{i=1}^{n} P(A_i) \cdot P(B \mid A_i)$$

Für das eingangs vorgestellte Beispiel ergibt sich dann folgendes:

Die Wahrscheinlichkeit $P(X)$ für ein defektes Teil beträgt:

$$\begin{aligned} P(X) &= P(A) \cdot P(X \mid A) + P(B) \cdot P(X \mid B) + P(C) \cdot P(X \mid C) \\ &= 0,6 \cdot 0,02 + 0,3 \cdot 0,04 + 0,1 \cdot 0,06 \\ &= 0,03 \end{aligned}$$

Dies kann auch als gewichtetes arithmetisches Mittel interpretiert werden. Die Gewichte entsprechen im Beispiel den Anteilen der Maschinen an der Gesamtproduktion, die Werte selbst dem Ausschußanteil der jeweiligen Maschine.

Klausurtip:

• Da es sich bei dem Gesamtergebnis um ein gewichtetes Mittel handelt, muß der Wert zwischen der kleinsten und größten Einzelwahrscheinlichkeit liegen.

9.3.7 Theorem von Bayes

Im letzten Abschnitt wurde untersucht, wie groß die Wahrscheinlichkeit für ein Ereignis B ist, wenn der Ereignisraum in disjunkte Ereignisse A_i zerlegt ist und für diese die partiellen Wahrscheinlichkeiten für B gegeben sind.

Oft soll auch die umgekehrte Fragestellung beantwortet werden, nämlich: B ist eingetreten, wie groß ist die Wahrscheinlichkeit für A_i? Im Beispiel des letzten Abschnitts also: Ein defektes Teil wird zufällig ausgewählt. Wie groß ist die Wahrscheinlichkeit dafür, daß es von Maschine A stammt?

Aus dem Satz von der totalen Wahrscheinlichkeit läßt sich das **Theorem von Bayes** ableiten:

Gegeben seien die Ereignisse A_1, A_2, ..., A_n und B aus dem Ereignisraum Ω. Es gelte:

1. $P(B) > 0$

2. $\displaystyle\bigcup_{i=1}^{n} A_i = \Omega$

3. $A_i \cap A_j = \varnothing$ für alle $i \neq j$

Dann gilt:

$$P(A_j \mid B) = \frac{P(A_j \cap B)}{P(B)} = \frac{P(A_j) \cdot P(B \mid A_j)}{\sum_{i=1}^{n} P(A_i) \cdot P(B \mid A_i)}$$

Konkret für das Beispiel:

Gegeben sei ein defektes Teil. Mit welcher Wahrscheinlichkeit stammt es von Maschine A?

$$P(A \mid X) = \frac{P(A) \cdot P(X \mid A)}{P(X)} = \frac{0,02 \cdot 0,6}{0,03} = 0,4$$

9.4 Übungsaufgaben

Aufgabe 9-1

Eine Münze wird viermal hintereinander geworfen.

a) Aus welchen Elementarereignissen setzt sich das Ereignis "zweimal Wappen" zusammen?

b) Wie groß ist die Wahrscheinlichkeit für dieses Ereignis?

Aufgabe 9-2

Betrachtet werden die beiden Talkshows "Mücke" und "Kummer am Mittag". Die Wahrscheinlichkeit dafür, daß ein Zuschauer "Mücke" sieht (Ereignis M), beträgt 20%, die für "Kummer am Mittag" (K) 15%. Mit einer Wahrscheinlichkeit von 5% werden beide Sendungen gesehen.

a) Sind die Ereignisse M und K unabhängig voneinander?

b) Wie groß ist die Wahrscheinlichkeit dafür, keine der beiden Sendungen zu sehen?

Aufgabe 9-3

Das Reiseunternehmen Chaos-Tours hat zwei unzuverlässige Fahrer und einen maroden Bus. Fahrer A kommt mit einer Wahrscheinlichkeit von 80% zum Dienst, Fahrer B nur mit 70%. Der Bus hat in 10% der Fälle einen Defekt. Wie groß ist die Wahrscheinlichkcit dafür, daß eine Fahrt stattfinden kann, wenn ein Fahrer ausreicht?

Aufgabe 9-4

Ein Reiseunternehmen möchte eine Reise zusammenstellen, die von A nach F
führt. In der folgenden Abbildung sind die zum Teil möglichen Alternativtransfers
als parallele Zweige angegeben. Die Zahlenangaben entsprechen den Wahrscheinlichkeiten dafür, daß der jeweilige Transfer noch nicht ausgebucht ist. Mit
welcher Wahrscheinlichkeit gibt es wenigstens eine Transfer-Route von A nach F,
deren sämtliche Teilabschnitte noch nicht ausgebucht sind?

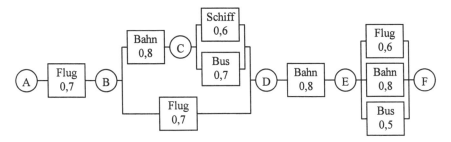

Aufgabe 9-5

In einem spanischen Hotel steigen 60% Deutsche, 30% Franzosen und 10% Hol-
länder ab. Von den Deutschen nehmen 80%, von den Franzosen 60% und von den
Holländern 30% an einer Stadtrundfahrt teil.

a) Wie groß ist die Wahrscheinlichkeit P(T) dafür, daß ein zufällig ausgewählter
   Gast des Hotels an der Stadtrundfahrt teilnimmt?

b) Wie groß ist die Wahrscheinlichkeit dafür, daß ein zufällig ausgewählter Teilnehmer der Stadtrundfahrt Franzose ist?

10 Zufallsvariablen und Wahrscheinlich-keitsverteilungen

10.1 Zufallsvariablen

Oft ist man daran interessiert, das Ergebnis eines Zufallsexperiments in einer einzigen Zahl auszudrücken. Anstelle des einzelnen (Elementar-) Ereignisses wird dann eine diesem zugeordnete Zahl verwendet.

Beispiel:

> Eine Münze wird dreimal nacheinander geworfen. Statt der acht möglichen Elementarereignisse soll nur die Anzahl der Würfe mit "Wappen oben" angegeben werden. Jedem Elementarereignis wird also eine bestimmte reelle Zahl zugeordnet:
>
> ZZZ $\rightarrow 0$
> WZZ $\rightarrow 1$
> ZWZ $\rightarrow 1$
> ZZW $\rightarrow 1$
> ZWW $\rightarrow 2$
> WZW $\rightarrow 2$
> WWZ $\rightarrow 2$
> WWW $\rightarrow 3$

Eine Funktion X, die jedem Elementarereignis $\omega \in \Omega$ eine reelle Zahl x zuordnet, wird als **Zufallsvariable** bezeichnet. Formal wird dies so geschrieben:

$X: \omega \rightarrow X(\omega); \quad X(\omega) \in R$

Mit großen Buchstaben (meist X und Y) werden im folgenden Zufallsvariablen bezeichnet; die entsprechenden Kleinbuchstaben geben die möglichen Werte dieser Zufallsvariablen an.

Wie bei Merkmalen in der deskriptiven Statistik können auch hier diskrete und stetige Zufallsvariablen unterschieden werden:

Diskrete Zufallsvariablen können nur endlich viele oder abzählbar unendlich viele Zustände annehmen.

Beispiel: "1", "2", "3", "4", "5" und "6" beim Werfen eines Würfels

Stetige Zufallsvariablen können hingegen insgesamt oder innerhalb eines Intervalls jeden beliebigen Wert annehmen.

Beispiel: Körpergröße oder Gewicht von Personen

In der Realität - insbesondere in den Wirtschaftswissenschaften - kann nahezu jede interessierende Größe als Zufallsvariable aufgefaßt werden. Das gilt selbst für solche Größen, die in der Theorie durch feste (deterministische) Beziehungen zwischen Eingangs- und Ausgangsgrößen beschrieben werden. Beispiele:

- Mit steigendem Werbeetat erwartet man einen höheren Absatz. Trotzdem unterliegt der Absatz vielen unberechenbaren Faktoren und kann trotzdem zurückgehen.

- Bei der Produktion von Geräten aus mehreren Einzelteilen besteht normalerweise ein exakt festgelegtes Verhältnis zwischen den Mengen an Rohstoffen, Zwischenprodukten und Endprodukten. Durch Ausschuß im Fertigungsprozeß unterliegt dieses Verhältnis dennoch einer zufälligen Schwankung.

- Bei Exporten werden oft Preise in US-$ vereinbart. Selbst bei festgelegten Mengen und Preisen unterliegt der Umsatz oder Gewinn in EUR zufälligen (Kurs-) Schwankungen.

Diese Beispiele zeigen, daß in der Realität nahezu jede Größe genaugenommen eine Zufallsvariable ist. Das Abwägen von Geschäftsrisiken oder Einschätzen von Marktchancen ist deshalb nichts anderes, als der Versuch, mit Zufallsvariablen zu rechnen. Oft läuft dieser Prozeß ab, ohne daß er bewußt so gesehen wird. Bessere Ergebnisse bei einer Planung lassen sich jedoch erreichen, wenn man den statistischen Hintergrund erkennt und in seine Überlegungen mit einbezieht.

10.2 Wahrscheinlichkeitsverteilung

10.2.1 Wahrscheinlichkeitsfunktion und Dichtefunktion

In der deskriptiven Statistik wurden relative Häufigkeiten $f(x_i)$ verwendet, um den Anteil einer Ausprägung eines diskreten Merkmals in einer Grundgesamtheit zu beschreiben. Das direkte Gegenstück der Wahrscheinlichkeitsrechnung ist die Wahrscheinlichkeit dafür, diese Ausprägung zu erhalten, wenn ein beliebiger Merkmalsträger aus dieser Grundgesamtheit zufällig ausgewählt wird.

Im **diskreten Fall** kann man jedem möglichen Wert der Zufallsvariablen eine bestimmte Wahrscheinlichkeit zuordnen. Für das Beispiel "Anzahl Wappen" beim dreimaligen Werfen einer Münze läßt sich dies tabellarisch so darstellen:

x_i	0	1	2	3
$P(x_i)$	0,125	0,375	0,375	0,125

Die grafische Darstellung dieser Daten ist z.B. in Linienform möglich:

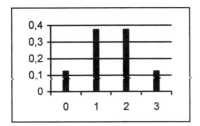

Ebenso, wie jedem Elementarereignis ω_i über eine Funktion X ein reeller Wert x_i zugewiesen wurde, wird bei diskreten Zufallsvariablen jedem Wert x_i (i = 1 ... n) eine Wahrscheinlichkeit $P(x_i)$ mit Hilfe einer **Wahrscheinlichkeitsfunktion** f_X zugewiesen. Das tiefgestellte (große) X bezeichnet dabei die Zufallsvariable, zu der die Wahrscheinlichkeitsfunktion gehört, und wird - wenn keine Verwechslungen möglich sind - auch oft weggelassen.

Gemäß den Axiomen von Kolmogoroff muß die **Wahrscheinlichkeitsfunktion** $f_X(x_i)$ **einer diskreten Zufallsvariablen** folgende Eigenschaften besitzen:

1. $0 \leq f_X(x_i) \leq 1$

2. $\sum_i f_X(x_i) = 1$

Im Falle **stetiger Zufallsvariablen** ergeben sich einige Unterschiede:

Da grundsätzlich unendlich viele verschiedene Ausprägungen möglich sind, wird anstelle von x_i nur x geschrieben. Ebenso ist eine tabellarische Darstellung nicht mehr möglich. Statt dessen wird eine Funktionsschreibweise verwendet. An die Stelle der Wahrscheinlichkeitsfunktion tritt die Dichtefunktion:

Die **Dichtefunktion** $f_X(x)$ **einer stetigen Zufallsvariablen** ist eine (zumindest intervallweise) stetige Funktion mit folgenden Eigenschaften:

1. $f_X(x) \geq 0$

2. $\int_{-\infty}^{+\infty} f_X(x)\, dx = 1$

Es zeigen sich bei einer stetigen Zufallsvariablen sowohl Analogien als auch Unterschiede zum diskreten Fall:

- An die Stelle der Wahrscheinlichkeit tritt die Dichte. Sie ist wie die Wahrscheinlichkeit nichtnegativ, kann aber, anders als diese, Werte größer 1 annehmen.

- Ebenso wie im diskreten Fall muß die Vereinigung aller möglichen Zufalls-werte die Wahrscheinlichkeit 1 besitzen. Die Fläche zwischen dem Graphen

der Dichtefunktion und der X-Achse beträgt also immer genau 1. Anstelle des
Summenzeichens wird im stetigen Fall das Integral verwendet.

- Da grundsätzlich unendlich viele Zufallswerte möglich sind, beträgt die Wahrscheinlichkeit für jeden einzelnen 0. Dies ist jedoch nicht mit der Unmöglich-
  keit dieses Ereignisses gleichzusetzen.

- Endliche Wahrscheinlichkeiten (also Werte größer 0) lassen sich nicht für
  Einzelwerte, sondern nur für Intervalle angeben. Sie entsprechen dem Integral
  der Dichtefunktion innerhalb der Intervallgrenzen.

Ein besonders einfaches Beispiel einer Dichtefunktion ist die Rechteckverteilung.
Sie ergibt sich, wenn alle möglichen Werte nur innerhalb eines bestimmten Intervalls liegen und gleich wahrscheinlich sind. Die Dichtefunktion sieht für ein konkretes Beispiel so aus:

$$f_X(x) = \begin{cases} 0{,}2 & \text{für } 1 \le x \le 6 \\ 0 & \text{sonst} \end{cases}$$

Die grafische Darstellung hierzu:

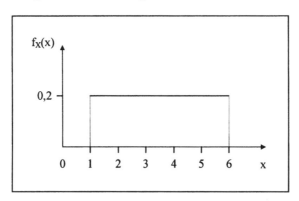

Die **Wahrscheinlichkeit** dafür, daß X einen Wert innerhalb eines Intervalls [a; b]
annimmt, ergibt sich so:

$$P(a \le X \le b) = \int_a^b f_X(x)\, dx$$

Da die Wahrscheinlichkeit für einen einzelnen Wert 0 beträgt, macht es keinen
Unterschied, ob die Grenzen zum Intervall gehören oder nicht.

Für das Beispiel beträgt die Wahrscheinlichkeit für $X \in [2; 4]$

$$P(2 \le X \le 4) = \int_2^4 0{,}2\, dx = [0{,}2 \cdot x]_2^4 = 0{,}8 - 0{,}4 = 0{,}4$$

10.2.2 Verteilungsfunktion

Der Begriff Verteilungsfunktion ist bereits aus der deskriptiven Statistik bekannt. Die Verteilungsfunktion gibt dort die Summe der relativen Häufigkeiten bis zu einer Ausprägung x_i an. Analog dazu gibt die Verteilungsfunktion einer Zufallsvariablen X die Wahrscheinlichkeit dafür an, daß ein bestimmter Wert x nicht überschritten wird:

$P(X \leq x)$ bzw. $P(-\infty < X \leq x)$

Die **Verteilungsfunktion einer diskreten Zufallsvariablen** wird formal so beschrieben:

$$F_X(x) = \sum_{x_i \leq x} f_X(x_i)$$

Die Verteilungsfunktion F_X muß folgende Eigenschaften erfüllen:

1. F_X ist monoton steigend

2. F_X ist rechtsseitig stetig

3. $\lim_{x \to -\infty} F_X(x) = 0$

4. $\lim_{x \to +\infty} F_X(x) = 1$

Dies läßt sich am Beispiel des Wurfs von drei Münzen erläutern:

$$F_X(x) = \begin{cases} 0 & \text{für } x < 0 \\ 0,125 & \text{für } 0 \leq x < 1 \\ 0,5 & \text{für } 1 \leq x < 2 \\ 0,875 & \text{für } 2 \leq x < 3 \\ 1 & \text{für } x \geq 3 \end{cases}$$

Die grafische Darstellung dazu:

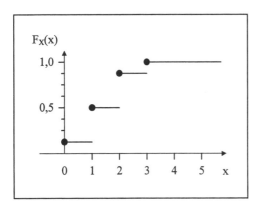

Hier wird auch der Begriff "rechtsseitig stetig" deutlich:

An der Stelle x = 1 macht die Funktion einen Sprung. Der zugehörige Y-Wert beträgt 0,5, so daß die Funktion rechts davon stetig verläuft, während sie links davon einen Sprung aufweist.

Die bisherigen Ausführungen gelten analog auch für den stetigen Fall. Die **Verteilungsfunktion einer stetigen Zufallsvariablen** wird jedoch nicht durch Summation, sondern durch Integration ermittelt:

$$F_X(x) = \int_{-\infty}^{x} f_X(t)\, dt$$

Zur Verwirrung führt oft die Tatsache, daß in dieser Formel plötzlich ein t (in manchen Büchern auch ein ξ o.ä.) auftaucht. Der Grund liegt darin, daß x jetzt als (variable) obere Integrationsgrenze verwendet wird und somit ein anderes Zeichen als Integrationsvariable innerhalb der Funktion stehen muß. Dieses Vorgehen wird generell beim Berechnen der Integralfunktion angewandt.

Die Verteilungsfunktion einer stetigen Zufallsvariablen ist immer stetig, während die Verteilungsfunktion einer diskreten Zufallsvariablen nur rechtsseitig stetig ist (s.o. Eigenschaft 2.). Ansonsten gelten dieselben Eigenschaften (1.- 4.), die für den diskreten Fall genannt wurden.

Für das Beispiel der Rechteckverteilung im letzten Abschnitt hier die Verteilungsfunktion:

$$F_X(x) = \begin{cases} 0 & \text{für } x < 1 \\ 0{,}2x - 0{,}2 & \text{für } 1 \le x \le 6 \\ 1 & \text{für } x > 6 \end{cases}$$

Dazu die grafische Darstellung:

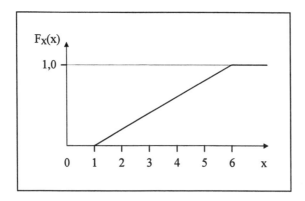

10.2.3 Maßzahlen für Wahrscheinlichkeitsverteilungen

10.2.3.1 Erwartungswert

Der Erwartungswert einer Zufallsvariablen ist der Wert, der sich im Durchschnitt einstellt. Er entspricht damit dem arithmetischen Mittel $\bar{x}$ in der deskriptiven Statistik.

Der **Erwartungswert einer diskreten Zufallsvariablen** wird nach folgender Formel ermittelt:

$$E(X) = \sum_i x_i \cdot f_X(x_i)$$

Für den **Erwartungswert einer stetigen Zufallsvariablen** gilt (wenn er existiert):

$$E(X) = \int_{-\infty}^{+\infty} x \cdot f_X(x)\,dx$$

Zum Teil wird anstelle von E(X) auch μ_X oder kurz μ geschrieben.

Klausurtip:

- Wie die Mittelwerte muß auch der Erwartungswert E(X) im diskreten Fall zwischen x_{min} und x_{max} bzw. im stetigen Fall zwischen dem kleinsten und größten x mit $f_x(x) > 0$ liegen.

Hier ein Beispiel für den diskreten Fall:

Bei einem Würfel treten die Zahlen "1" bis "6" mit einer Wahrscheinlichkeit von je $\frac{1}{6}$ auf. Der Erwartungswert errechnet sich damit so:

$$E(X) = \sum_i i \cdot \frac{1}{6} = 1 \cdot \frac{1}{6} + 2 \cdot \frac{1}{6} + 3 \cdot \frac{1}{6} + 4 \cdot \frac{1}{6} + 5 \cdot \frac{1}{6} + 6 \cdot \frac{1}{6} = 3,5$$

Für das stetige Beispiel der Rechteckverteilung von 1 bis 6 ergibt sich folgendes:

$$E(X) = \int_{-\infty}^{+\infty} x \cdot f_X(x)\,dx = \int_{1}^{6} x \cdot 0,2\,dx = \left[0,1 \cdot x^2\right]_1^6 = 3,6 - 0,1 = 3,5$$

Wie unmittelbar anschaulich ist, entspricht dies - wie bei allen Rechteckverteilungen - dem Mittelwert der beiden Rechteckgrenzen.

10.2.3.2 Varianz und Standardabweichung

Die Varianz als Maß der Streuung ist wie in der deskriptiven Statistik als (zu erwartende) durchschnittliche quadratische Abweichung vom Mittelwert bzw. Erwartungswert definiert.

Die **Varianz einer diskreten Zufallsvariablen** berechnet sich nach folgender Formel:

$$VAR(X) = \sum_i \left(x_i - E(X)\right)^2 \cdot f_X(x_i) = \sum_i \left(x_i^2 \cdot f_X(x_i)\right) - \left(E(X)\right)^2$$

Für die **Varianz einer stetigen Zufallsvariablen** gilt folgende Formel (wenn sie existiert):

$$VAR(X) = \int\limits_{-\infty}^{+\infty} \left(x - E(X)\right)^2 \cdot f_X(x)\,dx = \int\limits_{-\infty}^{+\infty} x^2 \cdot f_X(x)\,dx - \left(E(X)\right)^2$$

Klausurtip:

- Wie schon bei der Varianz in der deskriptiven Statistik sollte auch hier die zweite Variante der Formel verwendet werden, da sie meist zu deutlich einfacheren Berechnungen und weniger Fehlern führt. Zu beachten ist jedoch auch hier die erhöhte Gefahr von inakzeptabel hohen Rundungsfehlern!

Anstelle von $VAR(X)$ wird z.T. auch σ_X^2 oder kurz σ^2 geschrieben.

In beiden Fällen (diskret und stetig) ist die **Standardabweichung** durch folgende Formel gegeben:

$$\sigma_X = \sqrt{VAR(X)}$$

Beispiel für den diskreten Fall eines Würfels:

$$VAR(X) = \sum_i \left(x_i^2 \cdot f_X(x_i)\right) - \left(E(X)\right)^2$$

$$= \left(1^2 \cdot \frac{1}{6} + 2^2 \cdot \frac{1}{6} + 3^2 \cdot \frac{1}{6} + 4^2 \cdot \frac{1}{6} + 5^2 \cdot \frac{1}{6} + 6^2 \cdot \frac{1}{6}\right) - 3{,}5^2$$

$$= \frac{91}{6} - 3{,}5^2 = 2{,}91\overline{6}$$

$$\sigma_X = \sqrt{VAR(X)} = \sqrt{2{,}91\overline{6}} = 1{,}708$$

Beispiel für den stetigen Fall der Rechteckfunktion von 1 bis 6:

$$VAR(X) = \int_{-\infty}^{+\infty} x^2 \cdot f_X(x)\, dx - \left(E(X)\right)^2$$

$$= \int_1^6 x^2 \cdot 0,2\, dx - 3,5^2 = \left[\frac{0,2}{3} \cdot x^3\right]_1^6 - 3,5^2 = 14,4 - 0,0\overline{6} - 12,25$$

$$= 2,08\overline{3}$$

$$\sigma_X = \sqrt{VAR(X)} = \sqrt{2,08\overline{3}} = 1,443$$

10.2.4 Lineare Funktionen von Zufallsvariablen

In den Wirtschaftswissenschaften werden z.T. exakte Abhängigkeiten (Funktionen) unterstellt, auch wenn einer der Einflußparameter eine Zufallsvariable ist. Wird z.B. über eine Gewinnfunktion ein Zusammenhang zwischen Absatz und Gewinn hergestellt, so ist der Absatz i.d.R. eine Zufallsvariable. Damit ist aber auch der Gewinn eine Zufallsvariable. In diesem Abschnitt wird nur der einfachste Fall einer linearen Funktion mit einer oder mehreren Zufallsvariablen behandelt.

Im einfachsten Fall sei Y eine lineare Funktion von X:

$$Y = a + b \cdot X$$

X ist hier eine Zufallsgröße, a eine fixe Größe. Beispiel:

> Y sei die Höhe der Telefonrechnung. Dann ist X z.B. die Anzahl der angefallenen Einheiten, b die Kosten für eine Einheit und a die nutzungsunabhängige Grundgebühr.

Es gilt:

$$\boxed{E(Y) = a + b \cdot E(X)}$$

und

$$\boxed{VAR(Y) = b^2 \cdot VAR(X)}$$

Im allgemeinen Fall von r Zufallsvariablen X_i, die linear verknüpft sind (Linearkombination), ergibt sich folgende Funktion für Y:

$$Y = a + b_1 \cdot X_1 + b_2 \cdot X_2 + ... + b_r \cdot X_r = a + \sum_{i=1}^{r} b_i \cdot X_i$$

Es gilt:

$$E(Y) = a + b_1 \cdot E(X_1) + b_2 \cdot E(X_2) + ... + b_r \cdot E(X_r)$$

$$= a + \sum_{i=1}^{r} b_i \cdot E(X_i)$$

und - wenn alle Zufallsvariablen X_i stochastisch unabhängig voneinander sind -

$$VAR(Y) = b_1^2 \cdot VAR(X_1) + b_2^2 \cdot VAR(X_2) + ... + b_r^2 \cdot VAR(X_r)$$

$$= \sum_{i=1}^{r} b_i^2 \cdot VAR(X_i)$$

Hierzu ein konkretes Beispiel:

In einem Büro stehen ein Farb- und ein Schwarzweißdrucker. Mit dem Farbdrucker werden pro Jahr im Schnitt $E(X_1)$ = 5000 Seiten für 0,10 EUR/Seite gedruckt bei einer Varianz $VAR(X_1)$ = 1000000 Seiten^2 und Fixkosten von 200 EUR. Auf dem Schwarzweißdrucker werden durchschnittlich $E(X_2)$ = 20000 Seiten zu je 0,03 EUR gedruckt. Die Varianz beträgt hier $VAR(X_2)$ = 4000000 Seiten^2, die Fixkosten betragen 300 EUR. Wie groß sind der Erwartungswert und die Varianz für die gesamten Druckkosten? Wie groß sind die Variationskoeffizienten aller Größen?

$$Y = (200 \text{ EUR} + 300 \text{ EUR}) + 0,10 \text{ EUR/Seite} \cdot X_1 + 0,03 \text{ EUR/Seite} \cdot X_2$$

$$
\begin{aligned}
E(Y) \ &= a + b_1 \cdot E(X_1) + b_2 \cdot E(X_2) \\
&= 500 \text{ EUR} + 0,1 \text{ EUR/Seite} \cdot 5000 \text{ S.} + 0,03 \text{ EUR/S.} \cdot 20000 \text{ S.} \\
&= 1600 \text{ EUR}
\end{aligned}
$$

$$
\begin{aligned}
VAR(Y) \ &= b_1^2 \cdot VAR(X_1) + b_2^2 \cdot VAR(X_2) \\
&= (0,1 \text{ EUR/S.})^2 \cdot 1000000 \text{ S.}^2 + (0,03 \text{ EUR/S.})^2 \cdot 4000000 \text{ S.}^2 \\
&= 13600 \text{ EUR}^2
\end{aligned}
$$

$$v_{X_1} = \frac{\sigma_{X_1}}{E(X_1)} = \frac{\sqrt{1000000}}{5000} = 0,2 \qquad v_{X_2} = \frac{\sqrt{4000000}}{20000} = 0,1$$

$$v_Y = \frac{\sqrt{13.600}}{1.600} = 0,073$$

Wie zu erkennen ist, nimmt der Variationskoeffizient, d.h. die relative Streuung um den Erwartungswert, ab, wenn mehrere Zufallsvariablen zusammengefaßt werden. Diese Eigenschaft ist eine wesentliche Grundlage der induktiven Statistik.

Klausurtip:

• Die Formeln für E(X) und VAR(X) gelten nur für lineare Zusammenhänge zwischen X und Y, wie sie in den Gleichungen für Y angegeben sind. Bei nichtlinearen Zusammenhängen (z.B. Mengenrabatt, Überstundenzuschläge usw.) führt es zu falschen Ergebnissen, wenn zunächst E(X) und daraus E(Y) berechnet wird. Speziell im diskreten Fall ist dann zunächst für jeden möglichen X-Wert der dazugehörige Y-Wert zu berechnen. Aus diesen Y-Werten wird dann E(Y) bestimmt.

10.3 Theoretische Wahrscheinlichkeitsverteilungen

In der Praxis dominieren einige wenige Verteilungen, von denen die wichtigsten in diesem Abschnitt vorgestellt werden.

10.3.1 Gleichverteilung

Die Gleichverteilung kann sowohl bei diskreten als auch bei stetigen Zufallsvariablen vorkommen.

Im Falle, daß X eine **diskrete Zufallsvariable** ist, sind endlich viele Zustände x_i mit i = 1, 2, ..., n möglich, die alle mit derselben Wahrscheinlichkeit auftreten. Jeder der Werte besitzt die Wahrscheinlichkeit

$$f_X(x_i) = \frac{1}{n}$$

Grafisch wird dies für das Werfen eines Würfels in Abb. 10-1 dargestellt:

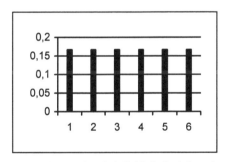

Abb. 10-1: Wahrscheinlichkeitsfunktion einer diskreten Gleichverteilung

Beispiele: Münzwurf (n = 2)

Würfel (n = 6)

Roulette (mit einer Null: n = 37)

Für die Verteilungsfunktion ergibt sich:

$$F_X(x) = \begin{cases} 0 & \text{für } x < x_1 \\ \dfrac{i}{n} & \text{für } x_i \leq x < x_{i+1}; i = 1, ..., n-1 \\ 1 & \text{für } x_n \leq x \end{cases}$$

Der Graph der Verteilungsfunktion für das Beispiel des Würfels sieht so aus:

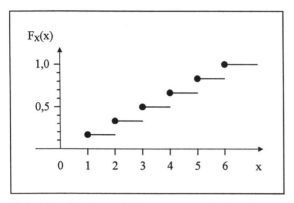

Abb. 10-2: Verteilungsfunktion einer stetigen Gleichverteilung

Ist eine **stetige Zufallsvariable** gleichverteilt, so nimmt die Dichtefunktion innerhalb eines endlichen Intervalls einen konstanten Wert an. Werte außerhalb dieses Intervalls können nicht auftreten; die Dichte ist dort 0. Aufgrund ihrer Form wird die stetige Gleichverteilung auch als **Rechteckverteilung** bezeichnet. Für ein Intervall $a \leq x \leq b$ lautet die Dichtefunktion:

$$f_X(x) = \begin{cases} \dfrac{1}{b-a} & \text{für } a \leq x \leq b \\ 0 & \text{sonst} \end{cases}$$

Die Dichtefunktion kann Werte über 1 annehmen, wenn $b-a < 1$ ist.

Hier die grafische Darstellung:

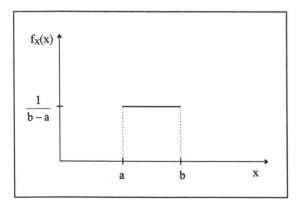

Abb. 10-3: Dichtefunktion einer Rechteckverteilung

Für die Verteilungsfunktion gilt:

$$F_X(x) = \begin{cases} 0 & \text{für } x < a \\ \dfrac{x-a}{b-a} & \text{für } a \leq x \leq b \\ 1 & \text{für } x > b \end{cases}$$

Auch hierfür die grafische Darstellung:

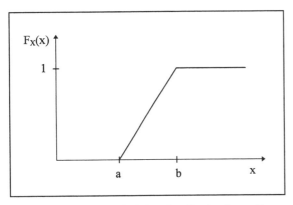

Abb. 10-4: Verteilungsfunktion einer Rechteckverteilung

Für die stetige Gleichverteilung gilt:

$$E(X) = \frac{a+b}{2}$$

und

$$VAR(X) = \frac{(b-a)^2}{12}$$

Ein Beispiel einer stetigen Gleichverteilung ist ein (Glücks-) Rad, bei dem der Winkel von 0 bis 360°, der sich nach dem Drehen beim Anhalten einstellt, beliebig genau gemessen wird. Oft wird die stetige Gleichverteilung jedoch als einfache Näherung realer (empirisch ermittelter) Verteilungen verwendet.

10.3.2 Binomialverteilung

Die Binomialverteilung ist eine diskrete Verteilung, die auf folgendem Prinzip beruht:

Grundlage ist ein Zufallsexperiment mit zwei möglichen, sich gegenseitig ausschließenden Ergebnissen A und $\overline{A}$. Für die Wahrscheinlichkeiten gelte:

$P(A) = P$

$P(\overline{A}) = 1 - P$

Ein solches Zufallsexperiment mit zwei Ausgängen nennt man auch **Bernoulli-Experiment**.

Das Zufallsexperiment werde n-mal durchgeführt, wobei die Ergebnisse der Wiederholungen unabhängig von den bisher durchgeführten Zufallsexperimenten sind. Von Interesse ist die Anzahl x, mit der bei n Wiederholungen das Ereignis A auftritt.

Beispiele: Anzahl "Wappen" bei 10 Münzwürfen

Anzahl "gerade Augenzahl" bei 5 Würfen mit einem Würfel

Bei dem - zumindest gedanklich - häufig verwendeten Urnenexperiment wären zwei Arten von Kugeln (z.B. weiße und schwarze) in der Urne enthalten. Um die Unabhängigkeit der einzelnen Ziehungen voneinander zu gewährleisten, müßten die gezogenen Kugeln jeweils wieder zurückgelegt werden.

Das Ergebnis des Zufallsexperiments ist - bei n Wiederholungen - eine Zahl zwischen 0 und n, die der Anzahl des Auftretens von A entspricht. Die Wahrscheinlichkeit dafür, daß A genau x-mal auftritt, ist:

$$f_X(x) = \begin{cases} \binom{n}{x} \cdot P^x \cdot (1-P)^{n-x} & \text{für } x = 0, 1, ..., n \\ 0 & \text{sonst} \end{cases}$$

Eine Verteilung mit dieser Wahrscheinlichkeitsfunktion nennt man **Binomialverteilung**. Bestimmt werden diese Verteilungen durch die beiden Parameter n und P. Man schreibt dafür kurz B(n;P)-Verteilung, wobei für die Parameter Zahlenwerte einzusetzen sind.

Für die Wahrscheinlichkeit, daß ein konkreter Wert x bei einer B(n;P)-Verteilung auftritt, schreibt man kurz:

$$B(x \mid n; P) = f_X(x)$$

Für Binomialverteilungen gilt allgemein:

$$E(X) = n \cdot P$$

und

$$VAR(X) = n \cdot P \cdot (1-P)$$

Die Verteilungsfunktion ergibt sich durch Summation:

$$F_X(x) = \sum_{k \leq x} f_X(k) \qquad k = 0, 1, 2, ...$$

Hier ein konkretes Beispiel:

Eine Münze wird zehnmal geworfen. Gesucht ist die Anzahl der Würfe, bei denen Wappen oben liegt. Es ist dann n = 10 und P = 0,5.

Die Wahrscheinlichkeit dafür, daß viermal Wappen oben liegt, beträgt:

$$B(4|10; 0,5) = \binom{10}{4} \cdot 0,5^x \cdot (1-0,5)^{n-x} = \frac{10!}{4! \cdot 6!} \cdot 0,5^{10} = 0,205$$

Die gesamte Verteilung B(10; 0,5) läßt sich grafisch so darstellen:

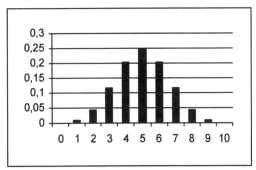

Als Erwartungswert ergibt sich

E(X) = 10 · 0,5 = 5

und als Varianz

VAR(X) = 10 · 0,5 · (1 - 0,5) = 2,5

Die symmetrische Form der Verteilung im Beispiel entsteht dadurch, daß P = 0,5 ist, also die Wahrscheinlichkeiten für A und das Gegenereignis $\overline{A}$ gleich sind. Für P = 0,25 ergibt sich (bei n = 10) eine asymmetrische Verteilung, die in Abb. 10-5 dargestellt ist.

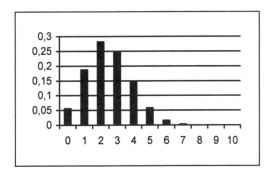

Abb. 10-5: Wahrscheinlichkeitsfunktion für B(10; 0,25)

Die Binomialverteilung besitzt eine wichtige Eigenschaft, die als **Reproduktivität** bezeichnet wird:

Es seien X_1 und X_2 zwei unabhängige, binomialverteilte Zufallsvariablen mit den Verteilungen $B(n_1; P)$ bzw. $B(n_2; P)$. Dann besitzt die durch Addition von X_1 und X_2 entstandene Zufallsvariable $X_1 + X_2$ die Verteilung $B(n_1 + n_2; P)$.

10.3.3 Hypergeometrische Verteilung

Bei der Binomialverteilung wurde von einer Folge von Zufallsexperimenten mit zwei Ergebnissen A und $\overline{A}$ ausgegangen, bei denen die Wahrscheinlichkeit für A jedesmal gleich war. Beim Urnenexperiment wurde dies dadurch erreicht, daß die gezogene Kugel vor der nächsten Ziehung jeweils zurückgelegt wurde. Wird die Kugel nicht wieder zurückgelegt, so ändern sich die Wahrscheinlichkeiten bei den folgenden Ziehungen in Abhängigkeit von den Ergebnissen der bisherigen.

In diesem Abschnitt wird von folgendem (Urnen-) Modell ausgegangen:

In einer Urne befinden sich N Kugeln. Davon besitzen M die Eigenschaft A (z.B. Farbe = schwarz), die übrigen N-M Kugeln nicht. Es werden nun n Kugeln ohne Zurücklegen gezogen. Gleichbedeutend sind dabei die Fälle, daß die Kugeln einzeln nacheinander ohne Zurücklegen oder alle auf einmal gezogen wurden. Von Interesse ist die Wahrscheinlichkeit dafür, daß sich genau x Kugeln mit der Eigenschaft A unter den n gezogenen befinden.

Die gesuchte Wahrscheinlichkeit läßt sich nach der Definition von Laplace mit Hilfe der Kombinatorik herleiten:

Die Zahl der möglichen Fälle ist die Anzahl der Kombinationen, n Elemente aus einer Menge von N Elementen zu ziehen. Sie beträgt:

$$\binom{N}{n}$$

Die günstigen Fälle ergeben sich dadurch, daß genau x von den M Elementen mit der Eigenschaft A gezogen wurden und n-x von den N-M Elementen ohne diese Eigenschaft. Die Anzahl der günstigen Fälle ergibt sich dann zu:

$$\binom{M}{x} \cdot \binom{N-M}{n-x}$$

Die Wahrscheinlichkeit dafür, genau x Elemente mit der Eigenschaft A zu ziehen, beträgt damit:

$$f_X(x) = \begin{cases} \dfrac{\binom{M}{x} \cdot \binom{N-M}{n-x}}{\binom{N}{n}} & \text{für } \max(0; M+n-N) \leq x \leq \min(n; M) \\[3mm] 0 & \text{sonst} \end{cases}$$

Diese Formel beschreibt eine ganze Klasse von Verteilungen, die man als **hypergeometrische Verteilung** bezeichnet. Die konkrete Form hängt von den drei Parametern N, M und n ab. Man spricht auch kurz von einer H(N;M;n)-Verteilung.

Die Verteilungsfunktion ergibt sich durch Summation:

$$F_X(x) = \sum_{k \leq x} f_X(k) \qquad k = 0, 1, 2, \ldots$$

Für den Erwartungswert und die Varianz einer hypergeometrischen Verteilung gilt:

$$E(X) = n \cdot \frac{M}{N}$$

und

$$VAR(X) = n \cdot \frac{M}{N} \cdot \left(1 - \frac{M}{N}\right) \cdot \frac{N-n}{N-1}$$

Beide Formeln wirken auf den ersten Blick deutlich komplizierter als die der Binomialverteilung. Setzt man jedoch $\frac{M}{N} = P$, so ergibt sich für den Erwartungswert ein identischer Ausdruck. Die Formel der Varianz lautet dann:

$$VAR(X) = n \cdot P \cdot (1 - P) \cdot \frac{N-n}{N-1}$$

Dies unterscheidet sich von der Varianz der Binomialverteilung nur noch durch den Faktor

$$\frac{N-n}{N-1},$$

der auch als **Endlichkeitskorrekturfaktor** bezeichnet wird. Er berücksichtigt, daß sich mit jeder Ziehung die Anzahl der Kugeln und damit die Zahl der Möglichkeiten verringert. Verdeutlichen kann man sich die Wirkung anhand von zwei Extremfällen:

1. Es wird nur eine Kugel gezogen (n = 1). Dann wird der Faktor zu 1 und verschwindet somit. Die Varianz entspricht dann genau der Binomialverteilung.

2. Es werden alle Kugeln gezogen (n = N). Der Zähler, der Faktor und damit die gesamte Varianz wird dann zu 0. Das ist auch plausibel, da das Ziehen aller Kugeln immer dasselbe Ergebnis liefert und keine Streuung mehr auftritt.

Allgemein besitzt die hypergeometrische Verteilung denselben Erwartungswert, aber eine geringere Varianz als die Binomialverteilung. Ist die Anzahl der gezogenen Kugeln sehr klein im Verhältnis zur Gesamtzahl der Kugeln, so wird der Endlichkeitskorrekturfaktor immer mehr zu 1 und kann näherungsweise vernachlässigt werden. Als Grenze wird meist n/N < 0,05 angesehen, d.h., es werden weniger als

5% der Kugeln gezogen. Die hypergeometrische Verteilung geht dann in die Binomialverteilung über.

Auch hier wieder ein konkretes Beispiel, das weitgehend dem bei der Binomialverteilung entspricht:

> In einer Urne befinden sich 20 Kugeln, von denen 10 rot sind. Es werden 10 Kugeln ohne Zurücklegen gezogen. Die Wahrscheinlichkeit dafür, daß vier rote Kugeln gezogen wurden, beträgt:

$$H(4\,|\,20;10;10) = \frac{\binom{10}{4}\cdot\binom{20-10}{10-4}}{\binom{20}{10}} = \frac{210\cdot210}{184756} = 0,239$$

Die gesamte Verteilung H(20; 10; 10) läßt sich grafisch so darstellen:

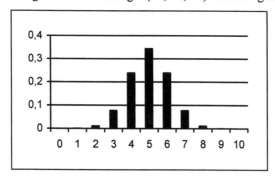

Als Erwartungswert ergibt sich

$$E(X) = 10\cdot\frac{10}{20} = 5$$

und als Varianz

$$VAR(X) = 10\cdot\frac{10}{20}\cdot\left(1-\frac{10}{20}\right)\cdot\frac{20-10}{20-1} = 2,5\cdot\frac{10}{19} = 1,316$$

Wie man sieht, ist der Erwartungswert gegenüber dem entsprechenden Beispiel mit Binomialverteilung gleichgeblieben, während sich die Varianz deutlich verringert hat. Das zeigt sich auch an der schmaleren Form der Wahrscheinlichkeitsfunktion in der Grafik.

10.3.4 Poisson-Verteilung

Die Poisson-Verteilung stellt einen Grenzfall der Binomialverteilung dar. Während die Wahrscheinlichkeit P für den einzelnen Ereigniseintritt sehr klein wird (theoretisch gegen null geht), wird die Zahl n der Wiederholungen sehr groß (theoretisch unendlich). Dabei muß das Produkt n·P (der Erwartungswert) konstant bleiben.

Es ergibt sich dann folgende Wahrscheinlichkeitsfunktion:

$$\lim_{n \to \infty} \binom{n}{x} \cdot P^x \cdot (1-P)^{n-x} = \frac{\lambda^x}{x!} e^{-\lambda} = f_X(x) \quad \text{mit } x = 0, 1, 2, \dots \text{ und } n \cdot P = \lambda$$

Es gilt also:

$$f_X(x) = \begin{cases} \dfrac{\lambda^x}{x!} e^{-\lambda} & \text{für } x = 0, 1, 2, \dots \text{ und } \lambda > 0 \\ 0 & \text{sonst} \end{cases}$$

und

$$F_X(x) = \sum_{k \le x} f_X(k) \qquad k = 0, 1, 2, \dots$$

Die Poisson-Verteilung besitzt nur den Parameter λ, der zugleich dem Erwartungswert und der Varianz entspricht:

$$E(X) = VAR(X) = \lambda$$

Die Poisson-Verteilung wird kurz als Ps(λ) geschrieben.

Hier ein typisches Beispiel für die Anwendung der Poisson-Verteilung:

Untersucht wird die Anzahl der Druckfehler pro Buchseite. Die Anzahl der Zeichen einer Seite entspricht hier der Anzahl der Versuche, die mit 2000 relativ hoch ist. Dagegen ist die Wahrscheinlichkeit für einen Druckfehler für jedes einzelne Zeichen sehr gering. Geht man von durchschnittlich einem Druckfehler pro Seite aus, ergibt sich bei 2000 Zeichen pro Seite eine Wahrscheinlichkeit von P = 0,0005. Nach der Formel der Binomialverteilung wird folgende Wahrscheinlichkeit für genau einen Fehler auf einer Seite bestimmt:

$$P(x = 1) = \binom{2000}{1} \cdot 0{,}0005^1 \cdot (1 - 0{,}0005)^{1999} = 36{,}7971\%$$

Der sehr hohe Wert von 2000 im Binomialkoeffizienten ist jedoch problematisch. Deshalb wird in solchen Fällen meist die Näherung durch die Poisson-Verteilung verwendet. Sie enthält in diesem Beispiel nur den Parameter $\lambda = 1$, der dem Erwartungswert von einem Fehler pro Seite entspricht:

$$P(x = 1) = \frac{1^1}{1!} \cdot e^{-1} = 36{,}7879\%$$

Die Approximation der Binomialverteilung durch die Poisson-Verteilung gilt als akzeptabel, wenn gilt:

$n \geq 30$ und $P < 0,1$

Weitere typische Anwendungen für die Poisson-Verteilung sind Fälle, in denen die Anzahl von Ereigniseintritten innerhalb einer bestimmten Zeitperiode (z.B. in einer Minute) betrachtet wird, z.B.:

- Anzahl der ankommenden Telefongespräche in einem Call-Center

- Anzahl der Fahrzeuge an einer Kreuzung

- Anzahl der Kunden an einer Supermarktkasse

Hier der Graph der Wahrscheinlichkeitsfunktion für Ps(1):

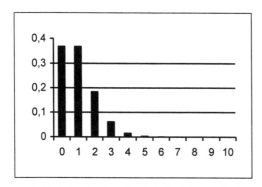

Abb. 10-6: Wahrscheinlichkeitsfunktion für Ps(1)

Mit zunehmendem λ nähert sich die Verteilung der Normalverteilung an:

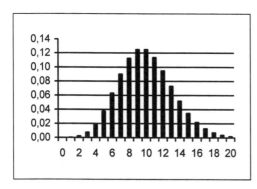

Abb. 10-7: Wahrscheinlichkeitsfunktion für Ps(10)

Die Poisson-Verteilung ist reproduktiv:

Es seien X_1 und X_2 zwei unabhängige, Poisson-verteilte Zufallsvariablen mit den Verteilungen $Ps(\lambda_1)$ bzw. $Ps(\lambda_2)$. Dann besitzt die durch Addition von X_1 und X_2 entstandene Zufallsvariable X_1+X_2 die Verteilung $Ps(\lambda_1+\lambda_2)$.

10.3.5 Geometrische Verteilung

Wie der Binomialverteilung liegt auch der geometrischen Verteilung eine Folge von Bernoulli-Experimenten zugrunde, die jeweils die möglichen Ergebnissen A und $\overline{A}$ mit den Wahrscheinlichkeiten P bzw. 1-P haben. Gesucht ist jetzt die Anzahl der Versuche, die benötigt werden, bis A das erste Mal auftritt.

Für das Zufallsexperiment ergibt sich eine Folge variabler Länge (inkl. 0) mit $\overline{A}$ als Ergebnis, bis zum Abschluß genau einmal A erscheint:

$$\overline{A}, \overline{A}, ..., \overline{A}, A$$

Die Wahrscheinlichkeit dafür, daß genau x Wiederholungen notwendig sind, beträgt:

$$\underbrace{(1-P)\cdot(1-P)\cdot...\cdot(1-P)}_{(x-1)-mal}\cdot P = P\cdot(1-P)^{x-1}$$

Daraus ergibt sich die Wahrscheinlichkeitsfunktion:

$$f_X(x) = \begin{cases} P\cdot(1-P)^{x-1} & \text{für } x = 1, 2, 3, ... \\ 0 & \text{sonst} \end{cases}$$

Die geometrische Verteilung besitzt nur die Wahrscheinlichkeit P als Parameter und wird kurz als Ge(P) geschrieben.

Für Ge(0,5) ergibt sich folgender Graph:

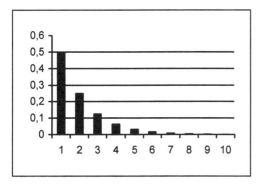

Abb. 10-8: Wahrscheinlichkeitsfunktion für Ge(0,5)

Die Verteilungsfunktion der geometrischen Verteilung lautet:

$$F_X(x) = \begin{cases} 1 - (1-P)^m & \text{für } m \le x < m+1; \ m = 1,2,3,... \\ 0 & \text{für } x < 1 \end{cases}$$

Für Erwartungswert und Varianz gilt:

$$E(X) = \frac{1}{P}$$

und

$$VAR(X) = \frac{1-P}{P^2}$$

Beispiel:

Um bei einem Würfelspiel zu gewinnen, muß ein Spieler mit einem Würfel eine "6" werfen. Wie groß ist die Wahrscheinlichkeit dafür, daß er mehr als 4-mal werfen muß?

Lösung:

Die Verteilung lautet: Ge(1/6)

$P(X>4) = 1 - F_X(4) = 1 - [1 - (1 - 1/6)^4] = 0{,}482$

10.3.6 Normalverteilung

10.3.6.1 Grundlagen

Die Normalverteilung ist die wohl wichtigste Verteilung überhaupt. Sie kommt bei vielen technischen (z.B. Fertigungstoleranzen) und biologischen (z.B. Körpermaße) Phänomenen vor. Es handelt sich dabei um eine stetige Verteilung mit folgender Dichtefunktion:

$$f_X(x) = \frac{1}{\sigma \cdot \sqrt{2\pi}} \cdot e^{-\frac{(x-\mu)^2}{2\sigma^2}}$$

Die Funktion enthält die beiden Parameter μ und σ und beschreibt eine ganze Klasse von Funktionen, die auch als $N(\mu; \sigma^2)$ angegeben werden (in der Literatur z.T. auch als $N(\mu; \sigma)$ geschrieben). Dabei gilt:

$$E(X) = \mu$$

und

$$VAR(X) = \sigma^2$$

Die Dichtefunktion (siehe Abb. 10-9) ist symmetrisch zum Erwartungswert μ.

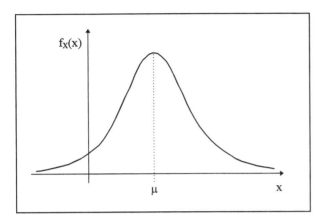

Abb. 10-9: Dichtefunktion der Normalverteilung

Die Verteilungsfunktion läßt sich nicht mehr durch einfache Funktionen ausdrük-
ken. Deshalb verwendet man Tabellen, um die gewünschten Werte ablesen zu
können. Da es unendlich viele Normalverteilungen gibt, ist es notwendig, diese
auf eine Grundform zurückzuführen. Dabei handelt es sich um die sogenannte
Standardnormalverteilung, die der N(0; 1)-Verteilung entspricht, also der Normalverteilung mit dem Erwartungswert 0 und der Varianz 1. Die Werte dieser
Verteilung sind in Tabellenform verfügbar und befinden sich auch im Anhang.
Die Transformation einer gegebenen Normalverteilung in die Standardnormalverteilung oder umgekehrt wird im nächsten Abschnitt behandelt.

Die Normalverteilung ist reproduktiv:

Es seien X_1 und X_2 zwei unabhängige, normalverteilte Zufallsvariablen mit
den Verteilungen $N(\mu_1; \sigma_1^2)$ bzw. $N(\mu_2; \sigma_2^2)$. Dann besitzt die durch Addition
von X_1 und X_2 entstandene Zufallsvariable X_1+X_2 die Verteilung $N(\mu_1+\mu_2; \sigma_1^2+\sigma_2^2)$.

10.3.6.2 Transformation in die Standardnormalverteilung

In Abschnitt 10.2.4 wurden bereits Funktionen von Zufallsvariablen behandelt.
Wird eine normalverteilte Zufallsvariable X linear in der Form

$$Z = a + b \cdot X$$

in eine Zufallsvariable Z transformiert, so ist Z wieder normalverteilt. Wie bekannt ergibt sich dann:

$$E(Z) = a + b \cdot E(X) = a + b \cdot \mu$$

und

$$VAR(Y) = b^2 \cdot VAR(X) = b^2 \cdot \sigma^2$$

Die Koeffizienten a und b sind so zu wählen, daß sich die Standardnormalverteilung ergibt. Also gilt:

$$E(Z) = a + b \cdot \mu = 0$$

und

$$VAR(Z) = b^2 \cdot \sigma^2 = 1$$

Löst man dieses Gleichungssystem auf, so ergibt sich folgende Transformation einer beliebigen Normalverteilung in die Standardnormalverteilung:

$$Z = \frac{1}{\sigma} \cdot X - \frac{\mu}{\sigma} = \frac{X - \mu}{\sigma}$$

Ziel dieser Transformation ist es, die Werte für die Verteilungsfunktion - und damit auch die Wahrscheinlichkeiten für bestimmte Bereiche - aus einer Tabelle zur Standardnormalverteilung ablesen zu können. Konkret geht man so vor:

Gegeben sei eine beliebige Normalverteilung $N(\mu; \sigma^2)$, deren Graph so aussieht:

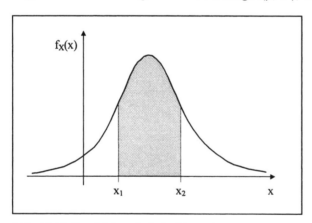

Abb. 10-10: Bereich innerhalb der Normalverteilung

Gesucht ist die Wahrscheinlichkeit dafür, daß der Zufallswert zwischen den eingezeichneten Grenzen x_1 und x_2 liegt. Diese Wahrscheinlichkeit entspricht der Fläche unterhalb des Graphen zwischen x_1 und x_2 (hier grau dargestellt) und errechnet sich aus der Differenz der Werte der Verteilungsfunktion für diese Punkte. Das Problem besteht darin, daß die Verteilungsfunktion für $N(\mu; \sigma^2)$ nicht bekannt ist. Deshalb wird die Funktion $N(\mu; \sigma^2)$ einschließlich der Punkte x_1 und x_2 in die Standardnormalverteilung transformiert, wobei die Punkte zu z_1 und z_2 werden. Die Transformation wird so durchgeführt, daß die Fläche unterhalb der Standardnormalverteilung zwischen z_1 und z_2 genau der ursprünglich gesuchten Fläche (= Wahrscheinlichkeit) entspricht.

Für die Punkte gelten folgende Transformationsformeln:

$$z_1 = \frac{x_1 - \mu}{\sigma} \qquad \text{und} \qquad z_2 = \frac{x_2 - \mu}{\sigma}$$

Es gilt dann:

$$P(x_1 \le X \le x_2) = P\left(\frac{x_1 - \mu}{\sigma} \le Z \le \frac{x_2 - \mu}{\sigma} \right)$$

Dabei ist Z eine standardnormalverteilte Zufallsvariable.

Hier ein konkretes Zahlenbeispiel:

Gesucht ist die Wahrscheinlichkeit dafür, daß eine N(5; 4)-verteilte Zufallsvariable zwischen 5 und 9 liegt. Es gilt

$$P(5 \le X \le 9) = P\left(\frac{5-5}{2} \le Z \le \frac{9-5}{2} \right) = P(0 \le Z \le 2)$$

Das Problem ist jetzt darauf zurückgeführt worden, die Wahrscheinlichkeit dafür zu ermitteln, daß eine standardnormalverteilte Zufallsvariable zwischen 0 und 2 liegt. Die Berechnung dazu folgt im nächsten Abschnitt.

Umgekehrt kann auch eine standardnormalverteilte Zufallsvariable in eine beliebige Normalverteilung transformiert werden. Es gilt dann:

$$P(z_1 \le Z \le z_2) = P(\mu + z_1 \cdot \sigma \le X \le \mu + z_2 \cdot \sigma)$$

Beispiel:

Es ist bekannt, daß eine standardnormalverteilte Zufallsvariable mit einer Wahrscheinlichkeit von ca. 68,27% im Bereich ±1 liegt. Die gleiche Wahrscheinlichkeit gilt bei einer N(5; 4)-verteilten Zufallsvariablen für folgenden Bereich:

[5 + (-1)·2; 5 + 1·2] = [3; 7]

10.3.6.3 Rechnen mit der Standardnormalverteilung

Im letzten Abschnitt wurde das Berechnen von Wahrscheinlichkeiten bei beliebigen Normalverteilungen auf das Rechnen mit der Standardnormalverteilung zurückgeführt. Wie für diese Verteilung konkrete Wahrscheinlichkeiten berechnet werden, ist Thema dieses Abschnitts.

Im Anhang befindet sich eine Tabelle mit den Werten der Verteilungsfunktion F_Z einer standardnormalverteilten Zufallsvariablen. Diese Werte sind für z = 0,00 bis z = 3,99 gegeben. Zum Ablesen wird zunächst in der linken Spalte der Tabelle die Vorkommastelle und die erste Nachkommastelle herausgesucht und die dazugehörige Zeile gewählt. Anschließend wird in der ersten Zeile nach der zweiten Nachkommastelle gesucht und die entsprechende Spalte ausgewählt. Für z = 1,96 ergibt sich damit $F_Z = 0,975$.

Für negative Werte von z wird die Symmetrie der Normalverteilung genutzt.

Zum Bestimmen von Wahrscheinlichkeiten werden folgende Grundeigenschaften verwendet:

- Die Gesamtfläche unterhalb der Dichtefunktion beträgt 1 ($F_Z(\infty) = 1$).

- Die Dichtefunktion ist symmetrisch um den Punkt 0 ($F_Z(0) = 0,5$).

Daraus lassen sich eine Reihe von Rechenregeln ableiten (zur Schreibweise: z ist eine Zahl größer 0, -z eine Zahl kleiner 0, erste Grenze ist kleiner als zweite):

$$P(Z < z) = F_Z(z)$$

$$P(Z < -z) = 1 - F_Z(z)$$

$$P(Z > z) = 1 - F_Z(z)$$

$$P(Z > -z) = F_Z(z)$$

$$P(0 < Z < z) = F_Z(z) - 0,5$$

$$P(-z < Z < 0) = F_Z(z) - 0,5$$

$$P(|Z| < z) = P(-z < Z < 0) + P(0 < Z < z)$$
$$= 2 \cdot (F_Z(z) - 0,5)$$

$$P(|Z| > z) = P(Z > z) + P(Z < -z)$$
$$= 2 \cdot (1 - F_Z(z))$$

$$P(z_1 < Z < z_2) = F_Z(z_2) - F_Z(z_1)$$

$$P(-z_1 < Z < z_2) = F_Z(z_2) - (1 - F_Z(z_1))$$
$$= F_Z(z_2) + F_Z(z_1) - 1$$

$$P(-z_1 < Z < -z_2) = (1 - F_Z(z_2)) - (1 - F_Z(z_1))$$
$$= F_Z(z_1) - F_Z(z_2)$$

$$P(Z < -z_1 \vee Z > -z_2) = P(Z < -z_1) + P(Z > -z_2)$$
$$= (1 - F_Z(z_1)) + F_Z(z_2)$$
$$= 1 - F_Z(z_1) + F_Z(z_2)$$

$$P(Z < -z_1 \vee Z > z_2) = P(Z < -z_1) + P(Z > z_2)$$
$$= (1 - F_Z(z_1)) + (1 - F_Z(z_2))$$
$$= 2 - F_Z(z_1) - F_Z(z_2)$$

$$P(Z < z_1 \vee Z > z_2) = P(Z < z_1) + P(Z > z_2)$$
$$= F_Z(z_1) + (1 - F_Z(z_2))$$
$$= 1 + F_Z(z_1) - F_Z(z_2)$$

Da die Standardnormalverteilung stetig ist, ergibt sich kein Unterschied dadurch, ob als Beziehung < oder ≤ bzw. > oder ≥ verwendet wird.

Hierzu einige Zahlenbeispiele:

$$P(Z > 1,5) = 1 - F_Z(1,5) = 1 - 0,9332 = 0,0668$$

$$P(-0,8 < Z < 1,8) = F_Z(1,8) + F_Z(0,8) - 1 = 0,9641 + 0,7881 - 1 = 0,7522$$

$$P(|Z| > 1,2) = 2 \cdot (1 - F_Z(1,2)) = 2 \cdot (1 - 0,8849) = 0,2302$$

10.3.6.4 Zentraler Grenzwertsatz

Ein Grund für die in der Praxis überragende Bedeutung der Normalverteilung ergibt sich aus einer Gesetzmäßigkeit, die als **zentraler Grenzwertsatz** bezeichnet wird. Dieser Satz, der in der Literatur in verschiedenen Varianten wiedergegeben wird, läßt sich vereinfacht so formulieren:

Bei n unabhängigen Realisierungen (Stichprobenwerten) x_i einer Zufallsvariablen X konvergiert die Wahrscheinlichkeitsverteilung des (Stichproben-) Mittelwertes mit wachsendem n gegen die Normalverteilung. Dies gilt grundsätzlich unabhängig davon, welche Verteilung die Zufallsvariable X besitzt.

Dies kann sehr gut mit Hilfe eines einfachen Beispiels veranschaulicht werden:

Angenommen, ein Würfel werde 1296 (6^4) mal geworfen. Dann ergeben sich für die Augenzahlen der einzelnen Würfe statistisch folgende Häufigkeiten:

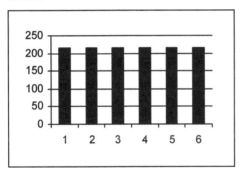

Werden jeweils zwei Würfel geworfen, so überlagern sich zwei Zufallsvariablen (nämlich die Augenzahlen beider Würfel). Für die Augensummen beider Würfel ergeben sich folgende Häufigkeiten:

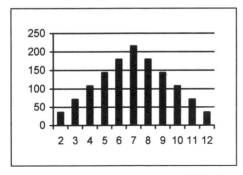

Für die Augensummen bei je drei Würfeln:

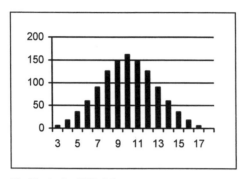

Und bei vier Würfeln:

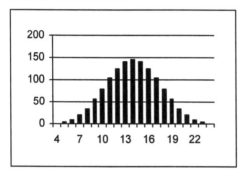

Wie zu erkennen ist, entspricht die Form der jetzt erreichten Verteilung schon weitgehend der einer Normalverteilung.

Das Beispiel zeigt, daß die Überlagerung mehrerer Zufallswerte auch dann näherungsweise zu einer Normalverteilung führt, wenn die Verteilung der zugrundeliegenden Einzelwerte davon stark abweicht. Üblicherweise wird ab n > 30 (oder auch n ≥ 30) von einer hinreichenden Approximation an die Normalverteilung ausgegangen. Oft wird diese Annäherung bereits bei deutlich weniger Werten erreicht, insbesondere, wenn die Einzelwerte selbst schon wenigstens in grober Näherung normalverteilt sind.

Im zentralen Grenzwertsatz wird gefordert, daß die einzelnen Zufallsvariablen - wie in diesem Beispiel - alle dieselbe Verteilung besitzen müssen (im Beispiel: Gleichverteilung). In der Regel kann jedoch diese Einschränkung aufgehoben werden. Das ist z.B. wichtig, wenn Stichproben ohne Zurücklegen gezogen werden, da jede einzelne Ziehung eine Zufallsgröße darstellt, wobei sich die Verteilung von Ziehung zu Ziehung durch die bereits entnommenen Elemente ändert.

In der Praxis stellen nahezu alle interessierenden Größen eine Funktion einer Vielzahl einzelner zufallsbehafteter Größen dar. Hier zwei Beispiele:

• Der Tagesumsatz eines Einzelhandelsgeschäfts ist die Summe der individuellen Kaufentscheidungen hunderter einzelner Kunden.

- Der Benzinverbrauch eines Autos für eine Fahrt setzt sich aus den Verbräuchen vieler Teilstrecken zusammen und wird jeweils von einer großen Zahl von Einflüssen bestimmt, z.B. Verkehrsaufkommen, Verhalten des Fahrers, Temperatur, Benzinqualität, Luftdruck, Wind, Regen usw.

In der Realität sind deshalb viele Größen näherungsweise normalverteilt. Wird eine Stichprobe im Umfang n > 30 gezogen, sind sowohl deren Mittelwert als auch die Merkmalssumme (praktisch) immer näherungsweise normalverteilt.

10.3.7 Exponentialverteilung

Eine stetige Zufallsvariable ist exponentialverteilt, wenn sie folgende Dichtefunktion besitzt:

$$f_X(x) = \begin{cases} \lambda \cdot e^{-\lambda \cdot x} & \text{für } x \geq 0 \text{ und } \lambda > 0 \\ 0 & \text{sonst} \end{cases}$$

Die Exponentialverteilung hat nur den Parameter λ und wird $Ex(\lambda)$ geschrieben.

Die Graphen der Dichtefunktionen $Ex(1)$ und $Ex(2)$ sind in Abb. 10-11 dargestellt.

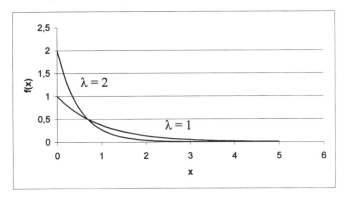

Abb. 10-11: Dichtefunktion für $Ex(1)$ und $Ex(2)$

Die Verteilungsfunktion ergibt sich durch Integration der Dichtefunktion:

$$F_X(x) = \begin{cases} 1 - e^{-\lambda \cdot x} & \text{für } x \geq 0 \text{ und } \lambda > 0 \\ 0 & \text{sonst} \end{cases}$$

Für Erwartungswert und Varianz gilt:

$$E(X) = \frac{1}{\lambda}$$

und

$$VAR(X) = \frac{1}{\lambda^2}$$

Der Erwartungswert und die Standardabweichung der Exponentialverteilung sind damit gleich. Wird diese Eigenschaft bei einer empirischen Verteilung festgestellt, so kann dies ein Indiz für das Vorliegen einer Exponentialverteilung sein.

Die Exponentialverteilung wird vor allem im Zusammenhang mit der Lebensdauer bzw. dem Ausfall von technischen Geräten sowie in der Warteschlangentheorie verwendet. Da die Größe x in diesen Fällen meist der Zeit entspricht, wird statt dessen auch oft t als Variable verwendet.

Beispiel:

> An einer Supermarktkasse kommt durchschnittlich alle 2 Minuten ein Kunde an. Es werden exponentialverteilte Zwischenankunftszeiten (zeitlicher Abstand zwischen der Ankunft zweier Kunden) unterstellt. Gesucht ist die Wahrscheinlichkeit dafür, daß der Abstand zwischen zwei aufeinanderfolgende Kunden größer als 5 Minuten ist.

Lösung:

> Aus dem Erwartungswert E(T) = 2 Min. ergibt sich der Parameter $\lambda = 0{,}5$. Es gilt dann:

$$P(T > 5) = 1 - F_T(5 \mid 0{,}5) = 1 - (1 - e^{-0{,}5 \cdot 5}) = e^{-2{,}5} = 8{,}2\%$$

Eine besondere Eigenschaft der Exponentialverteilung besteht darin, daß der Erwartungswert nicht davon abhängt, wieviel Zeit bisher vergangen ist. Ist also z.B. seit 5 Minuten kein Kunde mehr an eine Kasse gekommen, so ist die Wahrscheinlichkeit dafür, daß in der nächsten Minute ein Kunde kommt, nicht höher als für den Fall, daß gerade erst ein Kunde angekommen ist.

Problematisch ist diese Eigenschaft dann, wenn die Exponentialverteilung - wie häufig der Fall - für Größen wie Ausfallrate und Lebensdauer von technischen Geräten angewandt wird. Das würde nämlich bedeuten, daß ein altes Gerät ebenso ausfallsicher wie ein jüngeres Gerät ist beziehungsweise eine gleich große mittlere Restlebensdauer besitzt. Diese Annahme trifft sicherlich nur für bestimmte Geräte ohne mechanischen Verschleiß o.ä. zu.

10.3.8 Testverteilungen

10.3.8.1 Allgemeines

Die bisher behandelten Verteilungen ergeben sich bei "normalen" Zufallsexperimenten. Demgegenüber entstehen Testverteilungen (auch Prüfverteilungen genannt) im Zusammenhang mit Stichproben im Rahmen von Verfahren der induktiven Statistik. Die drei wichtigsten Testverteilungen, die man für Schätz- und Testverfahren benötigt, werden in den nachfolgenden Abschnitten vorgestellt.

Die Dichte- bzw. Verteilungsfunktionen aller Testverteilungen sind noch komplexer als die der Normalverteilung und lassen sich wie diese nicht geschlossen lösen. Sie werden deshalb in der Praxis in Form von Tabellen angegeben, wie sie sich im Anhang befinden. Die Angabe entspricht der allgemeinen Form

$V(p; ...)$ mit $P(X \leq V(p; ...)) = p$

$V(p; ...)$ entspricht damit dem Wert x der Verteilungsfunktion, für den $F_X(x; ...) = p$ gilt, also dem p-Quantil der Verteilung. Welchen Wert p annimmt, ergibt sich aus der konkreten Formulierung des Schätz- bzw. Testproblems. In den meisten Fällen gilt: $p = 1 - \alpha$ oder $p = 1 - \alpha/2$ (vgl. z.B. Abschnitt 12.3.3).

Im Zusammenhang mit Testverteilungen ist der Begriff der **Freiheitsgrade** wichtig. Diese wurden in der allgemeinen Form $V(p; ...)$ durch die Punkte als zusätzliche Parameter angedeutet. Ohne ins Detail zu gehen, soll dies anhand eines einfachen Beispiels erläutert werden:

> Angenommen, es liegt eine diskrete Zufallsvariable mit vier möglichen Ausprägungen vor, die mit den Wahrscheinlichkeiten p_1, p_2, p_3 und p_4 eintreten. Sollen diese p_i geschätzt werden, so lassen sich nur drei der vier Werte unabhängig voneinander festlegen, weil sich der vierte unmittelbar aus der Abhängigkeit $p_1 + p_2 + p_3 + p_4 = 1$ ergibt, da die Gesamtwahrscheinlichkeit immer 1 betragen muß. Man spricht in diesem Zusammenhang davon, daß die Anzahl der Freiheitsgrade 3 beträgt.

Die Zahl der Freiheitsgrade wird meist mit dem griechischen Buchstaben ν (ny, sprich: nü) bezeichnet. In der Regel ist die Anzahl der Freiheitsgrade innerhalb eines Schätz- oder Testverfahrens die um 1 verminderte Anzahl der Stichprobenwerte oder der möglichen Merkmalsausprägungen.

10.3.8.2 Chi-Quadrat-Verteilung

Die Chi-Quadrat-Verteilung (χ^2-Verteilung) ergibt sich aus folgendem stochastischen Modell:

> Es seien Z_1, Z_2, ..., Z_n unabhängige, standardnormalverteilte Zufallsvariablen. Dann besitzt die Größe

$$\chi^2(n) = Z_1^2 + Z_2^2 + ... + Z_n^2$$

eine χ^2-Verteilung mit n Freiheitsgraden.

Die Verteilung wird meist als p-Quantil in der Form $\chi^2(p; \nu)$ mit ν Freiheitsgraden angegeben.

Die χ^2-Verteilung wird für die verschiedenen Chi-Quadrat-Tests sowie das Berechnen von Konfidenzintervallen für Varianzen benötigt.

Beispiel: $\chi^2(0,9; 4) = 7,779$

10.3.8.3 Studentverteilung (t-Verteilung)

Die Studentverteilung (auch t-Verteilung genannt) ergibt sich aus folgendem Modell:

Eine Zufallsvariable Z sei standardnormalverteilt, die davon unabhängige Zufallsvariable U sei χ^2-verteilt mit ν Freiheitsgraden. Dann ist die Zufallsvariable

$$T(\nu) = \frac{Z}{\sqrt{\dfrac{U}{\nu}}}$$

studentverteilt mit ν Freiheitsgraden.

In Tabellen wird der Wert für t angegeben für den gilt: $F_t(t;\ \nu) = p$. Zur Vereinfachung werden oft (auch hier im Anhang) getrennte Tabellen für ein- und zweiseitige Schätzungen bzw. Tests angegeben, aus denen der Wert t für gegebenes α und ν direkt abgelesen werden kann.

Die Studentverteilung ähnelt der Standardnormalverteilung und liegt symmetrisch um den Nullpunkt. Sie verläuft flacher, nähert sich aber mit größeren Freiheitsgraden der Standardnormalverteilung an und erreicht sie theoretisch für $\nu = \infty$. In der Praxis wird meist ab $\nu \geq 30$ anstelle der Studentverteilung die Standardnormalverteilung als Näherung verwendet.

Die Studentverteilung wird vor allem für Schätz- und Testverfahren zum Mittelwert einer Grundgesamtheit benötigt, deren Varianz nicht bekannt ist.

Beispiel: zweiseitig, $\alpha = 0{,}05$, $\nu = n\text{-}1 = 20 \Rightarrow t = 2{,}086$

10.3.8.4 F-Verteilung

Das stochastische Modell der F-Verteilung (Fisher-Verteilung) sieht so aus:

Es seien χ_1 und χ_2 zwei unabhängige χ^2-verteilte Zufallsvariablen mit den Freiheitsgraden ν_1 und ν_2. Dann ist die Zufallsvariable

$$F(\nu_1; \nu_2) = \frac{\chi_1^2 / \nu_1}{\chi_2^2 / \nu_2}$$

F-verteilt mit den Freiheitsgraden ν_1 und ν_2.

Die F-Verteilung wird in Tabellen als $F(p; \nu_1; \nu_2)$ angegeben. Da die Verteilung mit zwei Freiheitsgraden sehr aufwendig zu tabellieren ist, wird sie in der Regel nur für einige wenige Wahrscheinlichkeiten p aufgeführt.

Man muß nur rechtsseitige Quantile ($p \geq 0{,}5$) tabellieren, da sich folgender Zusammenhang nutzen läßt:

$$F(p; \nu_1; \nu_2) = \frac{1}{F(1-p; \nu_2; \nu_1)}$$

Die F-Verteilung wird unter anderem für die Berechnung des Konfidenzintervalls eines Anteilswertes einer Grundgesamtheit benötigt.

Beispiele: $F(0{,}95; 10; 20) = 2{,}35$

$\qquad F(0{,}1; 10; 20) = 1 / F(0{,}9; 20; 10) = 1 / 2{,}2 = 0{,}455$

10.3.9 Approximation theoretischer Verteilungen

Bei der Beschreibung einiger Verteilungen wurde bereits gezeigt, daß sie sich unter bestimmten Bedingungen einer anderen annähern können. Solche Annäherungen, die für eine bestimmte Veränderung immer besser werden, nennt man Approximation.

Approximationen werden immer dann verwendet, wenn eine andere Verteilung als die vorliegende rechentechnische Vorteile bietet und der Fehler, der dabei entsteht, vernachlässigt werden kann.

Eine Übersicht über die wichtigsten Approximationen für die in diesem Buch beschriebenen Verteilungen befindet sich in Tab. 10-1.

Tab. 10-1: Approximationen wichtiger theoretischer Verteilungen

Ursprungs-verteilung	kann approximiert werden durch	unter den Bedingungen
$H(N; M; n)$	$B(n; \frac{M}{N})$	$0{,}1 < M/N < 0{,}9$ $n > 10$ $n/N < 0{,}05$
	$Ps(n \frac{M}{N})$	$M/N \leq 0{,}1$ oder $M/N \geq 0{,}9$ $n > 30$ $n/N < 0{,}05$
	$N(n \frac{M}{N}; n \frac{M}{N}(1 - \frac{M}{N}) \frac{N-n}{N-1})$	$0{,}1 < M/N < 0{,}9$ $n > 30$ $n/N < 0{,}05$
$B(n; P)$	$Ps(n{\cdot}P)$	$n \geq 30$ $P < 0{,}1$
	$N(n{\cdot}P; n{\cdot}P{\cdot}(1-P))$	$n{\cdot}P{\cdot}(1-P) > 9$
$Ps(\lambda)$	$N(\lambda; \lambda)$	$\lambda \geq 9$
$Ge(P)$	$Ex(P)$	$P \leq 0{,}1$
$\chi^2(\nu)$	$N(\nu; 2\nu)$	$\nu > 100$
$t(\nu)$	$N(0; 1)$	$\nu \geq 30$

In der ersten Spalte stehen jeweils die ursprünglichen Verteilungen. In der zweiten Spalte sind Verteilungen angegeben, mit denen sie approximiert werden können.

Die Parameter geben dabei jeweils an, wie aus den Parametern der Ursprungsverteilung die Parameter der Zielverteilung gebildet werden. Die dritte Spalte gibt die Bedingungen an, die alle (gleichzeitig) erfüllt sein müssen, damit die Approximation als ausreichend gut angesehen werden kann. Es ist zu beachten, daß diese Bedingungen in der Literatur sehr unterschiedlich angegeben werden.

Wird eine diskrete durch eine stetige Verteilung approximiert, so ist eine sogenannte **Stetigkeitskorrektur** vorzunehmen. Die Notwendigkeit dafür zeigt folgendes Beispiel:

> Gegeben sei die diskrete Gleichverteilung von 1 bis 6, wie sie beim Werfen eines Würfels auftritt. Sie soll durch eine stetige Gleichverteilung (Rechteckverteilung) approximiert werden. Würden für diese ebenfalls die Grenzen 1 und 6 verwendet, wäre die Wahrscheinlichkeit (nach Rundung) eine 1 oder 6 zu erhalten nur halb so groß wie für die Zahlen 2 bis 5. Der Grund liegt darin, daß nur der Bereich [1,0; 1,5) zur 1 gehört, dieser aber nur halb so groß wie der zur 2 gehörende Bereich [1,5; 2,5) ist.

> Ähnliches ergibt sich, wenn die Wahrscheinlichkeit für einen Bereich innerhalb der Verteilung gesucht wird. So beträgt z.B. die Wahrscheinlichkeit, eine Zahl zwischen (einschließlich) 3 und 5 zu würfeln, 3/6 = 0,5. Der Bereich [3; 5] wird innerhalb einer Rechteckverteilung im Intervall [1; 6] jedoch nur mit einer Wahrscheinlichkeit von 2/5 = 0,4 gewählt.

Bei der Approximation einer diskreten Zufallsvariablen X durch eine stetige Zufallsvariable Y sind deshalb folgende Korrekturen der Grenzen zu beachten:

$P(a \leq X \leq b) \Rightarrow P(a - 0{,}5 \leq Y \leq b + 0{,}5)$

$P(a < X < b) \Rightarrow P(a + 0{,}5 < Y < b - 0{,}5)$

10.4 Übungsaufgaben

Aufgabe 10-1

Gegeben ist eine diskrete Zufallsvariable mit folgender Wahrscheinlichkeitsverteilung:

x_i	2	3	5	8	9
$f_x(x_i)$	0,1	0,4	0,2	0,1	0,2

Berechnen Sie:

a) den Erwartungswert

b) die Varianz

c) die Standardabweichung

Aufgabe 10-2

Eine ideale Münze soll 2000 Mal geworfen werden. Bei den ersten 1000 Würfen lag 480 Mal Wappen oben. Berechnen Sie - ausgehend von diesem Stand - den Erwartungswert für die Anzahl "Wappen oben" nach den restlichen 1000 Würfen (also das Gesamtergebnis nach insgesamt 2000 Würfen).

Aufgabe 10-3

Ein Ehepaar besitzt ein Handy, das beide gemeinsam benutzen. Der Mann rechnet damit, daß er mit einer Wahrscheinlichkeit von 25% 80 Min. im Monat telefoniert, ansonsten 30 Min. Seine Frau führt unabhängig davon in zwei von fünf Monaten Gespräche im Umfang von 45 Min., sonst 60 Min. Der Tarif beträgt 1,00 EUR/Min. bei einer Grundgebühr von 10 EUR. Wird in einem Monat mehr als 2 Stunden telefoniert, gibt es für diesen Monat 10% Rabatt auf die Gesamtrechnung.

a) Wie hoch ist die durchschnittliche Telefonrechnung im Monat?

b) Wie groß ist die Varianz des Rechnungsbetrags (inkl. Einheit angeben)?

Aufgabe 10-4

Ein Unternehmen steht vor der Entscheidung, ein benötigtes Zwischenprodukt selbst zu fertigen oder fremd zu beziehen. Für die pro Monat benötigte Stückzahl geht man von folgenden Wahrscheinlichkeiten aus:

x_i	1000	1500	2500
$P(x_i)$	30%	50%	20%

Für den Kauf gilt:	Der Stückpreis beträgt 10 EUR, bei Abnahme von mindestens 2000 Stück/Monat nur 9 EUR. Aufgrund geringer Lagerkapazitäten wird die in einem Monat benötigte Stückzahl nur innerhalb dieses Monats gekauft.
Für die Eigenfertigung:	Es entstehen Fixkosten von 5000 EUR/Monat, die variablen Kosten betragen 6,50 EUR/Stück. Bei einer Fertigung von mehr als 2000 Stück/Monat steigt der Stückpreis aufgrund von Überstundenzuschlägen für den darüberliegenden Teil auf 7,00 EUR/Stück.

Ist die Eigenfertigung oder der Fremdbezug vorzuziehen, wenn die durchschnittlichen Kosten minimiert werden sollen und eine Kombination beider Alternativen nicht möglich ist?

Aufgabe 10-5

Ein Reiseunternehmer hat einen Bus mit 20 Plätzen. Da er aus Erfahrung weiß, daß im Schnitt 10% der Kunden kurzfristig absagen, hat er 22 Buchungen angenommen. Wie groß ist die Wahrscheinlichkeit dafür, daß die Plätze für die Gäste nicht reichen, wenn Unabhängigkeit zwischen den einzelnen Gästen unterstellt werden kann?

Aufgabe 10-6

In eine Kreuzung münden vier Straßen. Die Anzahl der Fahrzeuge, die aus einer Richtung pro Minute kommen, ist jeweils Poisson-verteilt mit den Parametern $\lambda_1=0,4$, $\lambda_2=0,2$, $\lambda_3=0,3$ und $\lambda_4=0,1$. Wie groß ist die Wahrscheinlichkeit dafür, daß innerhalb von zwei Minuten maximal ein Fahrzeug an der Kreuzung ankommt?

Aufgabe 10-7

Ein Schmuggler transportiert 20 Fässer, von denen 3 illegale Waren enthalten. Bei einer Kontrolle werden 5 zufällig ausgewählte Fässer gründlich untersucht. Mit welcher Wahrscheinlichkeit wird der Schmuggel entdeckt?

Aufgabe 10-8

Die Lebensdauer L von Autoreifen sei normalverteilt mit einem Mittelwert von 50000 km und einer Standardabweichung von 10000 km. Bestimmen Sie die Wahrscheinlichkeit für eine Lebensdauer

a) zwischen 30000 und 70000 km.

b) zwischen 30000 und 60000 km.

c) kleiner als 20000 km.

d) größer als 65000 km.

Aufgabe 10-9

Eine Maschine produziert Metallstifte mit dem Erwartungswert 10 cm und der Standardabweichung 1 mm. Es wird Normalverteilung unterstellt.

a) Wieviel Prozent der Metallstifte
    i)   sind länger als 10,2 cm?
    ii) sind zwischen 9,8 und 10,1 cm lang?
    iii) weichen um maximal 1,45 mm vom Mittelwert ab?

b) Auf welchen Wert müßte man den Mittelwert mindestens einstellen, damit maximal 5% der Stifte kleiner als 10,0 cm sind (s = 1 mm)?

Aufgabe 10-10

Eine Maschine produziert Stäbe mit einer mittleren, normalverteilten Länge von 10 cm. Stäbe werden als Ausschuß aussortiert, wenn sie um mehr als 2 mm von diesem Wert abweichen. Wie groß ist die Standardabweichung der Länge, wenn die Ausschußquote 5% beträgt (Einheit angeben!)?

11 Stichprobentheorie

11.1 Einführung

Die Methoden der deskriptiven Statistik erlauben grundsätzlich nur Aussagen über die Objekte, die untersucht wurden. In vielen Fällen soll jedoch eine Aussage auch über Objekte gemacht werden, die nicht in die Untersuchung einbezogen wurden.

Der eigentliche Untersuchungsgegenstand ist eine statistische Masse, die als **Grundgesamtheit** bezeichnet wird. Für die Anzahl ihrer Elemente wird das Zeichen **N** verwendet. In einigen Fällen existiert kein N, da die Grundgesamtheit z.B. die Objekte einer laufenden Produktion umfaßt, die z.T. erst in der Zukunft produziert werden und deren Anzahl zudem noch nicht feststeht.

Es wird eine **Stichprobe** von **n** (= **Stichprobenumfang**) Elementen aus der Grundgesamtheit gezogen und untersucht. Mit Hilfe von Kennzahlen, die aus der Stichprobe gewonnen werden, versucht man im Rahmen der induktiven Statistik, Aussagen über die Grundgesamtheit zu machen.

Es gibt eine Vielzahl von Gründen, warum eine Vollerhebung (d.h. Untersuchung aller Elemente der Grundgesamtheit) nicht sinnvoll oder möglich ist und man sich mit der Untersuchung einer Stichprobe begnügen muß:

• Der Aufwand für eine Vollerhebung ist zu hoch.

• Die Vollerhebung würde zu lange dauern.

• Die Untersuchung führt zur Zerstörung der Objekte (z.B. Lebensmittel, Blitzlichtbirnen).

• Die Grundgesamtheit ist nicht abgeschlossen (z.B. bei einer laufenden Produktion), bzw. es sollen auch Aussagen über noch nicht existierende Objekte der Grundgesamtheit gemacht werden.

Innerhalb der induktiven Statistik werden zwei Hauptbereiche unterschieden:

Beim **Schätzen** soll ein bestimmter Wert mit Hilfe der Stichprobenerhebung ermittelt werden. Wird dabei ein einziger Wert angegeben (z.B.: der durchschnittliche männliche Student ist 179 cm groß), so spricht man von einer **Punktschätzung**. Wird hingegen ein Bereich angegeben, in dem sich der gesuchte Wert mit einer bestimmten Wahrscheinlichkeit befindet (z.B.: mit 90%iger Sicherheit liegt die Durchschnittsgröße männlicher Studenten zwischen 177 und 181 cm), so handelt es sich um eine **Intervallschätzung**.

Nahezu alle Statistiken, die täglich in der Presse veröffentlicht werden, basieren letztlich auf diesem Prinzip. Fast immer wird dabei nur die Punktschätzung angegeben. Nur in Ausnahmefällen wird deutlich, daß ernsthafte Statistik immer auch die Unsicherheit (über eine Intervallschätzung) einbeziehen muß (z.B.: Die Partei

XY hat bei der Hochrechnung 4,9% und wird mit 90%iger Sicherheit an der 5%-Hürde scheitern).

Beim **Testen** werden bestimmte Hypothesen überprüft (z.B.: Studierende der BWL haben mehr Geld zur Verfügung als Studierende der E-Technik). Anstelle eines bestimmten Wertes lautet das Ergebnis (vereinfacht): eine Hypothese trifft zu oder nicht.

Sehr wichtige Einsatzgebiete sind die Medizin und die Pharmazie, wobei es z.B. um die Frage geht, ob ein bestimmtes Medikament Nebenwirkungen oder überhaupt die gewünschte Hauptwirkung hat. In der Werbung werden die Ergebnisse statistischer Tests als Argumente eingesetzt ("Pepsi-Test"). Auch politisch brisante Fragen (z.B.: Verursachen Kernkraftwerke Leukämie?) können letztlich nur über statistische Testverfahren beantwortet werden. Gerade im Bereich Test werden jedoch - teils aus Unkenntnis der statistischen Zusammenhänge, teils zwecks bewußter Manipulation - sehr häufig gravierende Fehler gemacht.

Die elementaren Grundlagen des Schätzens und Testens werden in den Kapiteln 12 bzw. 13 behandelt. Die weiteren Abschnitte dieses Kapitels behandeln die für beide Bereiche gemeinsamen Grundlagen.

11.2 Stichprobenfunktionen

In der deskriptiven Statistik wurden Kennzahlen für die Elemente einer Grundgesamtheit ermittelt, z.B. Mittelwerte und Streumaße. Ebenso lassen sich den Elementen x_i ($i = 1, 2, ..., n$) einer Stichprobe Kennzahlen zuordnen. Wenn die Elemente einer Stichprobe zufällig ausgewählt werden, handelt es sich bei diesen Kennzahlen um Zufallsvariablen, die auch als **Stichprobenfunktionen** bezeichnet werden. Folgende Stichprobenfunktionen sind von besonderer Bedeutung:

arithmetisches Mittel: Dieser sogenannte **Stichprobenmittelwert** ergibt sich nach folgender Formel:

$$\overline{X} = \frac{1}{n} \sum_{i=1}^{n} X_i$$

Varianz: Für die **Stichprobenvarianz** wird folgende Formel verwendet:

$$S^2 = \frac{1}{n-1} \sum_{i=1}^{n} (X_i - \overline{X})^2 = \frac{1}{n-1} \left[\sum_{i=1}^{n} (X_i^2) - n \cdot \overline{X}^2 \right]$$

Anmerkung:

Diese Formel weicht von der in der deskriptiven Statistik verwendeten dadurch ab, daß die Summe nicht durch n, sondern durch n-1 geteilt wird. Es handelt sich

dabei genaugenommen nicht um die Varianz der Stichprobenwerte, sondern um einen (erwartungstreuen)
Schätzwert für die Varianz der entsprechenden Grundgesamtheit.

Bei den meisten Taschenrechnern sowie Programmen
mit Statistikfunktionen sind zwei Formeln für die Varianz (bzw. Standardabweichung) vorhanden: eine für die
Grundgesamtheit (mit "n") und eine für Stichproben
(mit "n-1"). Es ist deshalb genau zu prüfen, welche der
Funktionen jeweils benötigt wird.

Anteilswert: Bei einer dichotomen Grundgesamtheit gibt der **Stichprobenanteilswert** an, welcher Anteil der untersuchten
Elemente der Stichprobe die interessierende Eigenschaft besitzt. Die Formel lautet

$$P = \frac{1}{n} \sum_{i=1}^{n} X_i \, ,$$

wobei Elementen mit der entsprechenden Eigenschaft
der Wert 1, den übrigen der Wert 0 zugeordnet wird.

Anmerkung: In den hier verwendeten Formeln sowie in den folgenden Kapiteln
werden Großbuchstaben verwendet, um die Größe zu bezeichnen.
Konkrete Werte dieser Größen werden mit Kleinbuchstaben bezeichnet. In den Rechnungen wird dann also z.B. s und p statt S und
P geschrieben.

Im Zusammenhang mit Schätz- und Testverfahren für Parameter metrischer Größen (insbesondere μ) wird häufig auch vom **heterograden Fall** gesprochen. Demgegenüber wird die Untersuchung des Anteilswertes eines dichotomen Merkmals
als **homograder Fall** bezeichnet.

Das Prinzip der Stichprobenfunktion wird in diesem Abschnitt anhand des Stichprobenmittelwertes erläutert.

Hier zunächst ein konkretes Beispiel:

Gegeben sei eine Grundgesamtheit mit den fünf Elementen 1, 2, 3, 4 und 5.
Dafür ergibt sich:

$$\mu = \tfrac{1}{5}(1 + 2 + 3 + 4 + 5) = 3$$

$$\sigma^2 = \tfrac{1}{5}(1^2 + 2^2 + 3^2 + 4^2 + 5^2) - 3^2 = 11 - 9 = 2$$

Es soll eine Stichprobe im Umfang n = 3 ohne Zurücklegen gezogen werden. Nach den Regeln der Kombinatorik ergeben sich zehn mögliche

Stichproben, die alle dieselbe Wahrscheinlichkeit von 0,1 besitzen. Insgesamt ergibt sich folgende Tabelle für die möglichen Stichproben:

Nr.	Stichprobe	$\overline{x}_j$	$\overline{x}_j^2$
1	1, 2, 3	2	4
2	1, 2, 4	2,333	5,444
3	1, 2, 5	2,667	7,111
4	1, 3, 4	2,667	7,111
5	1, 3, 5	3	9
6	1, 4, 5	3,333	11,111
7	2, 3, 4	3	9
8	2, 3, 5	3,333	11,111
9	2, 4, 5	3,667	13,444
10	3, 4, 5	4	16
Σ		30	93,333

Der Erwartungswert der Stichprobenmittelwerte errechnet sich aus dem arithmetischen Mittel aller $\overline{x}_j$:

$$E(\overline{X}) = \overline{\overline{x}} = \frac{1}{10} \sum_{j=1}^{10} \overline{x}_j = \frac{1}{10} \cdot 30 = 3 = \mu$$

Für die Varianz und die Standardabweichung der Stichprobenmittelwerte gilt:

$$\sigma_{\overline{X}}^2 = \frac{1}{10} \sum_{j=1}^{10} (\overline{x}_j^2) - \left(E(\overline{X})\right)^2 = \frac{1}{10} \cdot 93,\overline{3} - 3^2 = \frac{1}{3}$$

$$\sigma_{\overline{X}} = \sqrt{\sigma_{\overline{X}}^2} = \sqrt{0,\overline{3}} = 0,577$$

Allgemein gilt für die Varianz von $\overline{X}$ folgendes:

Für eine **Stichprobe mit Zurücklegen** gilt:

$$\boxed{\sigma_{\overline{X}}^2 = \frac{\sigma^2}{n}} \quad \text{bzw.} \quad \boxed{\sigma_{\overline{X}} = \frac{\sigma}{\sqrt{n}}}$$

Dabei ist σ die **bekannte Standardabweichung der Grundgesamtheit**.

Für eine **Stichprobe ohne Zurücklegen** gilt:

$$\sigma_{\overline{X}}^2 = \frac{\sigma^2}{n} \cdot \frac{N-n}{N-1} \qquad \text{bzw.} \qquad \sigma_{\overline{X}} = \frac{\sigma}{\sqrt{n}} \cdot \sqrt{\frac{N-n}{N-1}}$$

Der Unterschied besteht im sogenannten **Endlichkeitskorrekturfaktor**, der ab $n/N < 0{,}05$, d.h. bei einer Stichprobe kleiner als 5% der Grundgesamtheit, vernachlässigt werden kann.

Mit dieser Formel kann das eben gezeigte Beispiel überprüft werden:

$$\sigma_{\overline{X}}^2 = \frac{\sigma^2}{n} \cdot \frac{N-n}{N-1} = \frac{2}{3} \cdot \frac{5-3}{5-1} = \frac{4}{12} = \frac{1}{3}$$

Bei **unbekannter Standardabweichung der Grundgesamtheit** wird diese auf Basis der Stichprobenstandardabweichung S geschätzt. Es werden folgende Schätzwerte verwendet (siehe hierzu auch Abschnitt 12.2.4):

Stichprobe mit Zurücklegen: $\hat{\sigma} = S$

Stichprobe ohne Zurücklegen: $\hat{\sigma} = S \cdot \sqrt{\frac{N-1}{N}}$

Eingesetzt in die Formeln für die Stichprobenmittelwerte ergibt sich dann:

Stichprobe mit Zurücklegen: $\hat{\sigma}_{\overline{X}}^2 = \frac{S^2}{n}$ bzw. $\hat{\sigma}_{\overline{X}} = \frac{S}{\sqrt{n}}$

Stichprobe ohne Zurücklegen: $\hat{\sigma}_{\overline{X}}^2 = \frac{S^2}{n} \cdot \frac{N-n}{N}$ bzw. $\hat{\sigma}_{\overline{X}} = \frac{S}{\sqrt{n}} \cdot \sqrt{\frac{N-n}{N}}$

Das "Dach" über dem σ bedeutet, daß es sich um einen Schätzwert handelt.

Über die Verteilung des Stichprobenmittelwertes $\overline{X}$ läßt sich vereinfacht folgendes aussagen:

Ist das Merkmal X in der Grundgesamtheit normalverteilt ($N(\mu; \sigma^2)$), so ist $\overline{X}$ $N(\mu; \sigma_{\overline{X}}^2)$-verteilt. Ist X nicht normalverteilt, so ist $\overline{X}$ bei genügend großem Stichprobenumfang ($n > 30$) näherungsweise $N(\mu; \hat{\sigma}_{\overline{X}}^2)$-verteilt.

11.3 Schluß von der Stichprobe auf die Grundgesamtheit

Geht man davon aus, daß das Merkmal X der Grundgesamtheit normalverteilt ist bzw. ein genügend großer Stichprobenumfang ($n > 30$) vorliegt, so ist der Mittelwert $\overline{X}$ einer gezogenen Stichprobe also (näherungsweise) $N(\mu; \sigma_{\overline{X}}^2)$-verteilt, d.h., die Stichprobenmittelwerte liegen symmetrisch um den gesuchten Mittelwert μ der Grundgesamtheit. Grafisch ist dies in Abb. 11-1 dargestellt.

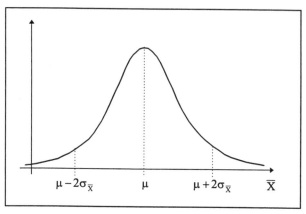

Abb. 11-1: Normalverteilung mit dem Bereich $\mu \pm 2\sigma$

Der Bereich $\mu \pm 2\sigma$ umfaßt bei einer Normalverteilung eine Fläche von 0,9545. Das bedeutet hier konkret, daß sich bei ca. 95% aller Stichproben der Stichprobenmittelwert $\bar{x}$ innerhalb dieses Bereichs um den gesuchten Mittelwert μ der Grundgesamtheit befindet.

Die bisherige Betrachtungsweise entspricht nicht der Realität einer Stichprobe. Bisher wurde von einer bekannten Grundgesamtheit auf die Verteilung einer daraus zu ziehenden Stichprobe geschlossen. Man spricht hierbei auch von einem **direkten Schluß.** Bei einer realen Stichprobe ist μ unbekannt und soll ja gerade bestimmt werden. Dazu wird eine Stichprobe aus der Grundgesamtheit entnommen, mit deren Hilfe μ **geschätzt** werden soll. Für diesen sogenannten **indirekten Schluß** lassen sich die oben gemachten Überlegungen einfach umkehren:

In ca. 95% aller Fälle liegt der Mittelwert $\bar{x}$ der Stichprobe nicht weiter als $2\,\sigma_{\bar{X}}$ vom gesuchten (unbekannten) Mittelwert μ entfernt. Geht man vom Mittelwert $\bar{x}$ aus, kann man umgekehrt sagen: **Mit ca. 95%iger Wahrscheinlichkeit liegt der gesuchte Mittelwert μ der Grundgesamtheit innerhalb eines symmetrischen Intervalls von $\pm 2\,\sigma_{\bar{X}}$ um den Mittelwert $\bar{x}$ der Stichprobe.**

Gibt man sich mit einer kleineren Wahrscheinlichkeit zufrieden, so nimmt die Breite des Intervalls ab. Mit ca. 68%iger Wahrscheinlichkeit liegt μ nur $\pm\,\sigma_{\bar{X}}$ um $\bar{x}$. Will man dagegen die Gefahr verringern, daß sich μ doch außerhalb eines bestimmten Intervalls befindet, muß dieses entsprechend vergrößert werden. Bei einer "Irrtumswahrscheinlichkeit" von maximal 1% ist das Intervall auf $\pm\,2{,}58\,\sigma_{\bar{X}}$ zu erweitern.

Der Mittelwert $\overline{X}$ der Stichprobe wurde als Schätzwert für einen ganz bestimmten Wert (hier μ) verwendet. Man spricht dann von einer **Punktschätzung**. Auch wenn dieser Schätzwert im Mittel richtig liegt, erlaubt er doch noch keine Aussage darüber, mit welcher Wahrscheinlichkeit der tatsächliche Wert wie weit davon abweicht. Hierzu wird eine **Intervallschätzung** verwendet. Dabei wird für eine bestimmte (Irrtums-) Wahrscheinlichkeit angegeben, in welchem Intervall um den Wert der Punktschätzung der gesuchte Wert liegt.

Nähere Einzelheiten hierzu werden in Kapitel 12 behandelt.

11.4 Praktische Stichprobenauswahl

Um die Verfahren der induktiven Statistik anwenden zu können, muß eine **Zufallsstichprobe** vorliegen. Dazu muß bei der Auswahl der Elemente der Stichprobe sichergestellt sein, daß

- jedes Element der Grundgesamtheit eine von Null verschiedene und bekannte Auswahlwahrscheinlichkeit besitzt und

- der Mechanismus zur Auswahl der Stichprobenelemente nicht mit dem untersuchten Merkmal korreliert.

Ein Verstoß gegen die erste Forderung wäre z.B., daß für die Prognose zu einer Bundestagswahl von vornherein festgelegt würde, daß Befragungen nur in bestimmten Bundesländern vorgenommen würden oder z.B. Rentner nicht befragt würden. Sofern sich die nicht befragten Personengruppen in ihrem Wahlverhalten von den befragten unterscheiden, besitzt die Prognose dann einen systematischen Fehler.

Für Verstöße gegen die zweite Forderung hier einige konkrete Beispiele:

- Um das Einkommen (oder nahezu jedes andere Merkmal) zu ermitteln, werden die befragten Personen aus dem Telefonbuch entnommen. Da sehr arme Personen mit deutlich höherer Wahrscheinlichkeit als der Durchschnitt kein Telefon haben, sind sie in der Stichprobe unterrepräsentiert, so daß dadurch das Durchschnittseinkommen zu hoch angesetzt würde. Der gegenteilige Effekt kann jedoch dadurch auftreten, daß sich gerade Reiche oft nicht in das Telefonbuch eintragen lassen, obwohl sie ein Telefon besitzen. Der Saldo aus beiden Effekten ist nicht abschätzbar.

- Eine repräsentative Befragung der Gesamtbevölkerung zur Erwerbstätigkeit findet um 10 Uhr vormittags auf einem Marktplatz statt. Hier werden insbesondere Hausfrauen erfaßt, während die meisten Erwerbstätigen zu dieser Zeit gerade ihrer Berufstätigkeit nachgehen.

- Eine Kfz-Versicherung will die durchschnittliche Fahrleistung ihrer Kunden abschätzen und befragt dazu ihre Vertreter nach deren Fahrleistung. Versicherungsvertreter fahren schon aus beruflichen Gründen meist mehr als der

Durchschnitt der Bevölkerung, so daß der ermittelte Wert deutlich zu hoch ausfallen dürfte.

Selbst wenn das untersuchte Merkmal scheinbar nicht unmittelbar mit dem Verfahren der Zufallsauswahl korreliert ist, können indirekte Korrelationen bestehen. Es ist also bei jedem Auswahlverfahren zu prüfen (bzw. zumindest zu überlegen), ob sich die Elemente der Stichprobe in irgendeinem Merkmal vom Durchschnitt der Grundgesamtheit unterscheiden (z.B. Alter, Geschlecht, Bildung, Erwerbstätigkeit). In vielen Fällen besteht dann die Gefahr, daß auch eine Korrelation zum untersuchten Merkmal vorliegt. Z.B. bestimmen Einkommen und sozialer Status das Freizeitverhalten (Extrembeispiel: Golf), Arbeiter wählen (nach klassischer Ansicht) eher SPD und Hochschulabsolventen lesen wesentlich mehr Bücher als der Durchschnitt.

Die konkrete Realisierung einer Stichprobe kann nach zwei, sich überlagernden Kriterien klassifiziert werden:

einstufige Auswahl: Gedanklich befinden sich bei diesem Verfahren alle Elemente der Grundgesamtheit in einer großen Urne und werden einzeln daraus gezogen. Bei diesem einfachsten Verfahren haben alle Elemente der Grundgesamtheit dieselbe Wahrscheinlichkeit, in der Stichprobe enthalten zu sein. Das Ziehen eines Elements beeinflußt nicht die Wahrscheinlichkeit, daß ein anderes Element ebenfalls in der Stichprobe enthalten ist.

zweistufige Auswahl: Bei der zweistufigen Auswahl wird die Grundgesamtheit zunächst in einzelne Gruppen aufgeteilt, von denen einige zufällig ausgewählt werden. Innerhalb einer Gruppe werden dann wiederum einige der darin enthaltenen Elemente zufällig ausgewählt. Beispiel:

Bei einer Befragung unter Schülern einer Schule werden von den 20 Klassen zunächst 5 zufällig ausgewählt. In den ausgewählten Klassen wird dann jeder dritte Schüler befragt.

Als Spezialfälle können unterschieden werden:

Klumpenstichprobe: Teilauswahl in der ersten Stufe, Vollerhebung in der zweiten Stufe (z.B. alle Schüler der ausgewählten Klassen werden befragt). Vorteil: Reduzierung der Erhebungskosten.

Schichtenstichprobe: Vollerhebung der Einheiten der erste Stufe (Schichten), Teilerhebung in der zweiten

Stufe (z.B. aus jeder Klasse werden 20% der Schüler befragt). Vorteil: Erhöhen der Genauigkeit.

Quotenauswahl: Bei diesem Spezialfall der Schichtenstichprobe werden die Schichten (u.a. in ihrer Größe) so gewählt, daß die entstehende Gesamtstichprobe die Struktur der Grundgesamtheit widerspiegelt (z.B. demographische und soziologische Struktur bei Wahlbefragung).

mehrstufige Auswahl: Hier wird das Prinzip der zweistufigen Auswahl auf mehrere Ebenen ausgedehnt (z.B. Auswahl nach Bundesländern - Schulen - Klassen - Schülern).

Innerhalb jeder Stufe müssen - sofern nicht der Sonderfall einer Vollerhebung vorliegt - einzelne Elemente bzw. Einheiten ausgewählt werden. Auch hierfür stehen mehrere Verfahren zur Auswahl:

echte Zufallsauswahl: Dabei werden die Elemente der Stichprobe per Los oder einem ähnlichen, meist auf Zufallszahlen basierenden Verfahren ausgewählt.

Ersatzverfahren: Anstelle einer Auswahl über Zufallszahlen werden z.B. alle Studierenden ausgewählt, deren Matrikel-Nr. mit einer "1" endet ("Schlußziffernverfahren"), deren Nachnamen mit "A" beginnt oder die am 15. eines Monats Geburtstag haben. Eine ebenfalls typische Variante ist die systematische Auswahl mit Zufallsstart, bei der z.B. jedes 100. produzierte Stück einer laufenden Produktion untersucht wird.

11.5 Übungsaufgaben

Aufgabe 11-1

Eine Getränkeabfüllanlage arbeitet mit einem rotierenden Füllkopf mit vier Öffnungen, wobei die Flaschen des Bandes nacheinander mit den vier Köpfen befüllt werden (also 1, 2, 3, 4, 1, 2, ...). Um die Füllmenge zu kontrollieren, wird - bei einem Ausstoß von 10000 Flaschen pro Tag - jede 500. Flasche entnommen und überprüft.

a) Ist diese Stichprobenauswahl sinnvoll?

b) Verbessern Sie das Verfahren durch eine minimale Änderung.

Aufgabe 11-2

Wie sind folgende Erhebungen bzw. Ergebnisse aus Sicht der Repräsentativität der Stichprobe zu bewerten?

a) In einer Sendung zum Thema Parapsychologie werden die Zuschauer aufgerufen, telefonisch mitzuteilen, ob sie bereits übernatürliche Wahrnehmungen hatten. Eine große Mehrheit der Anrufer bejaht dies.

b) Bei einer Befragung mittwochs um 10.00 Uhr morgens auf dem Marktplatz wurde eine Arbeitslosenquote von über 20% ermittelt.

c) Ein Unternehmen möchte die Kundenzufriedenheit anhand der Zuschriften seiner Kunden abschätzen. Es ergibt sich ein niederschmetterndes Ergebnis.

d) Nach einer Statistik über alle bisher gestorbenen Spieler der deutschen Fußballbundesliga hat diese Personengruppe eine erschreckend geringe Lebenserwartung.

e) An einer Universität wurde ein BWL-Studiengang neu eingerichtet. Nach zehn Semestern liegt eine Statistik vor, wonach die Studiendauer in diesem Studiengang die kürzeste aller deutschen BWL-Studiengänge ist.

Aufgabe 11-3

Das Durchschnittsalter von Studierenden einer Universität soll bestimmt werden. Dazu werden zufällig drei vollständige Seiten der nach Matrikel-Nrn. sortierten Gesamtliste ausgewählt?

a) Welcher Spezialfall einer zweistufigen Stichprobenauswahl liegt damit vor?

b) Welches Problem für die Repräsentativität ergibt sich bei dieser Stichprobenauswahl?

12 Statistisches Schätzen

12.1 Einführung

Der weitaus größte Teil der Statistiken, mit denen man tagtäglich konfrontiert wird, stammt aus einer Schätzung. Nahezu alle Daten, die Durchschnittswerte für die Bevölkerung der Bundesrepublik repräsentieren (z.B. Durchschnittseinkommen, Haushaltsgröße, Wahlprognosen, Einschaltquoten usw.), werden dadurch ermittelt, daß man eine verhältnismäßig kleine Anzahl von Personen (Größenordnung: 1000) befragt und diese Ergebnisse verallgemeinert.

Die veröffentlichten Werte einer Umfrage sind in der Regel lediglich die jeweils geschätzten Durchschnittswerte, die das Ergebnis einer Punktschätzung darstellen. Wie genau diese Ergebnisse sind, kann der einzelnen Zahl nicht entnommen werden. Dazu sind Intervallschätzungen notwendig, mit denen ein Bereich bestimmt wird, in dem sich der gesuchte Durchschnittswert mit großer (vorzugebender) Wahrscheinlichkeit befindet. Liegen bei einer Wahlprognose oder einer Hochrechnung am Wahlabend die Parteien (bzw. politischen Blöcke) nahezu gleichauf oder am Rande der 5%-Grenze, ist es von erheblicher Bedeutung zu wissen, ob diese Schätzung noch um 1% oder nur noch um 0,1% schwanken wird.

In diesem Kapitel werden Punkt- und Intervallschätzungen für die wichtigsten Parameter vorgestellt. Zusätzlich wird für einfache Fälle gezeigt, wie groß eine Stichprobe sein muß, damit eine gewünschte Genauigkeit erreicht werden kann.

12.2 Punktschätzung

12.2.1 Schätzfunktionen

In Abschnitt 11.2 wurde der Begriff der Stichprobenfunktion eingeführt und als eine Funktion definiert, die den Beobachtungswerten einer Stichprobe einen bestimmten Wert zuordnet. Wird eine solche Funktion $\hat{Q}$ im Rahmen einer Punktschätzung dazu verwendet, einen Parameter q (q steht für beliebige Parameter wie z.B. μ, σ usw.) einer Grundgesamtheit zu schätzen, so bezeichnet man $\hat{Q}$ als **Schätzfunktion**. Der sich für eine bestimmte Stichprobe ergebende Wert $\hat{q}$ heißt **Schätzwert**.

Ein besonders einfaches Beispiel ist der Stichprobenmittelwert $\overline{X}$, der einen Schätzwert für den Mittelwert (Erwartungswert) μ der Grundgesamtheit darstellt.

Die Qualität bzw. Eignung von Schätzfunktionen wird durch bestimmte Eigenschaften charakterisiert. Die wichtigsten sind:

Erwartungstreue: Diese Eigenschaft besagt, daß der Erwartungswert der Schätzfunktion gleich dem zu schätzenden Parameter ist, also gilt: $E(\hat{Q}) = q$. Eine erwartungstreue Schätzfunktion wird auch als **unverzerrt** bezeichnet.

Effizienz: Eine erwartungstreue Schätzfunktion heißt effizient (auch als **wirksam** bezeichnet), wenn es keine andere erwartungstreue Schätzfunktion für denselben Parameter gibt, die eine kleinere Varianz besitzt. Eine effiziente Schätzfunktion liefert damit im Schnitt die genauesten Ergebnisse für einen zu schätzenden Parameter.

Konsistenz: Ist eine Schätzfunktion konsistent (auch als **passend** bezeichnet), so liefert sie um so genauere Ergebnisse, je größer der Stichprobenumfang n ist. Formal bedeutet dies, daß die Stichprobenfunktion $\hat{Q}(n)$ mit wachsendem n (stochastisch) gegen q konvergiert.

Es gibt verschiedene Methoden, nach denen konkrete Schätzfunktionen bestimmt (konstruiert) werden können. Die heute wichtigste ist die Maximum-Likelihood-Methode (ML-Prinzip).

Da für alle relevanten Parameter geeignete Schätzfunktionen aus der Literatur entnommen werden können, wird auf nähere Einzelheiten dazu nicht eingegangen. Für die drei wichtigsten Parameter - μ, θ und σ^2 - sind die Schätzfunktionen in den folgenden Abschnitten angegeben.

12.2.2 Schätzwert für den Mittelwert

Bereits in Abschnitt 11.2 wurde gezeigt, daß der Erwartungswert der Stichprobenmittelwerte gleich dem Mittelwert (Erwartungswert) μ der Grundgesamtheit ist. Es wird deshalb folgende Schätzfunktion verwendet:

$$\hat{\mu} = \overline{X} = \frac{1}{n}\sum_{i=1}^{n} X_i$$

Grundsätzlich sind auch andere Schätzfunktionen möglich. So ist z.B. der Zentralwert $\overline{X}_Z$ für ein normalverteiltes X ebenfalls eine erwartungstreue Schätzfunktion, aber nicht effizient, da $\overline{X}$ eine kleinere Varianz aufweist.

12.2.3 Schätzwert für den Anteilswert

Die Schätzfunktion für den Anteilswert θ (Theta) einer dichotomen Grundgesamtheit läßt sich ebenfalls direkt aus dem Anteilswert P der Stichprobe ableiten:

$$\hat{\theta} = P = \frac{1}{n}\sum_{i=1}^{n}X_i; \quad \text{mit } X_i = \begin{cases} 0 & \text{für "besitzt gewünschte Eigenschaft nicht"} \\ 1 & \text{für "besitzt gewünschte Eigenschaft"} \end{cases}$$

12.2.4 Schätzwert für die Varianz

Die aus der deskriptiven Statistik bekannte Formel der Varianz

$$\text{VAR}(X) = \frac{1}{n}\sum_{i=1}^{n}(X_i - \overline{X})^2$$

liefert keinen erwartungstreuen Schätzer für die Varianz σ^2 der Grundgesamtheit. Vielmehr gilt für eine Stichprobe mit Zurücklegen:

$$E(\text{VAR}(X)) = \frac{n-1}{n}\sigma^2$$

Als erwartungstreue Schätzfunktionen für die Varianz wird deshalb die schon in Abschnitt 11.2 definierte Stichprobenvarianz verwendet:

$$S^2 = \frac{1}{n-1}\sum_{i=1}^{n}(X_i - \overline{X})^2$$

Dann gilt:

$$\boxed{\hat{\sigma}^2 = S^2}$$ bei unendlicher Grundgesamtheit oder mit Zurücklegen

$$\boxed{\hat{\sigma}^2 = S^2 \cdot \frac{N-1}{N}}$$ bei endlicher Grundgesamtheit ohne Zurücklegen

12.3 Intervallschätzung

12.3.1 Allgemeines

Wie schon ausgeführt wurde, liefert eine Punktschätzung nur einen einzelnen Wert und erlaubt damit keine Aussage darüber, wie genau - und damit wie verläß-lich - der ermittelte Schätzwert überhaupt ist. In diesem Kapitel werden deshalb die Intervallschätzungen für die in der Praxis wohl wichtigsten Parameter μ, θ und σ^2 beschrieben. Da es meist sinnvoll oder sogar notwendig ist, einen bestimmten Schätzfehler nicht zu überschreiten, wird anschließend gezeigt, wie der notwendi-ge Stichprobenumfang für eine vorgegebene Genauigkeit ermittelt werden kann.

12.3.2 Konfidenzintervall

Das Grundprinzip des Konfidenzintervalls wurde bereits (ohne diesen Begriff zu verwenden) in Abschnitt 11.3 behandelt:

Wird aus einer Stichprobe (mit bekannter Verteilung) ein Parameter q geschätzt, so kann man ein Intervall um den Schätzwert $\hat{q}$ herum angeben, in dem der tatsächliche (gesuchte) Parameter q mit einer bestimmten Wahrscheinlichkeit liegt.

Dieses Prinzip wird für die Intervallschätzung in folgender Weise konkretisiert:

Mit Hilfe zweier Stichprobenfunktionen Q_u und Q_o (mit $Q_u < Q_o$) wird ein Intervall $[q_u; q_o]$ gebildet, in dem sich der gesuchte Parameter q mit einer Wahrscheinlichkeit von 1-α befindet: das sogenannte **Konfidenzintervall**. Dabei sind q_u und q_o die **Konfidenzgrenzen**; 1-α wird **Konfidenzniveau** (oder auch Konfidenzzahl) genannt. Die Gegenwahrscheinlichkeit α ist die **Irrtumswahrscheinlichkeit**, mit der sich der Parameter q außerhalb des geschätzten Bereichs befindet. Man sagt dazu auch, daß das Konfidenzintervall den gesuchten Parameter q mit der Wahrscheinlichkeit 1-α überdeckt.

Bei der Intervallschätzung wird 1-α zu Beginn vorgegeben. Übliche Werte sind 0,9, 0,95 und 0,99. Damit befindet sich der gesuchte Parameter mit einer Wahrscheinlichkeit von 90%, 95% bzw. 99% innerhalb des geschätzten Konfidenzintervalls. Je größer 1-α gewählt wird, desto größer wird das Intervall, in dem sich der Parameter mit der vorgegebenen Wahrscheinlichkeit befindet.

Die allgemeine Aussage, die mittels Konfidenzintervallen gemacht werden kann, lautet für den zweiseitigen Fall:

Mit einer Wahrscheinlichkeit von 1-α (z.B. 95%) liegt der gesuchte (unbekannte) Parameter q zwischen q_u und q_o.

Bei einer **zweiseitigen Intervallschätzung** werden die Konfidenzgrenzen meist so festgelegt, daß die Wahrscheinlichkeit, daß der gesuchte Parameter q unterhalb von q_u liegt, ebenso groß ist wie die Wahrscheinlichkeit dafür, daß er oberhalb von q_o liegt. Das Konfidenzintervall ist damit symmetrisch bezüglich der Wahrscheinlichkeiten. Im Falle der Schätzung von μ mittels des Stichprobenmittelwertes $\overline{X}$ liegen auch die Konfidenzgrenzen q_u und q_o symmetrisch um $\hat{\mu}$. Die halbe Breite des Konfidenzintervalls wird dann auch als **Schätzfehler** bezeichnet. Liegen q_u und q_o nicht symmetrisch um den Schätzwert $\hat{q}$, so ist der Schätzfehler gleich dem Abstand von q zur weiter entfernten Grenze.

Oft soll auch geschätzt werden, wie groß ein Wert mindestens (oder höchstens) ist. Wenn z.B. bei Lieferungen eine Mindestmenge oder eine maximale Fehlerrate garantiert werden soll, ist eine beliebig große Abweichung in der anderen Richtung zulässig. In diesem Fall wird eine **einseitige Intervallschätzung** vorgenommen, bei der eine der beiden Konfidenzgrenzen -∞ oder +∞ ist bzw. auf den für den Parameterwert möglichen Minimal- bzw. Maximalwert bergrenzt ist (beim

Anteilswert θ z.B. auf das Intervall [0; 1]). Die andere Grenze ist die Konfidenzgrenze von q_u und q_o, die weiter davon entfernt liegt.

Die Berechnung des Konfidenzintervalls wird in den nachfolgenden Abschnitten für verschiedene Parameter (μ, θ und σ^2) beschrieben. Dabei werden jeweils die Formeln für q_u und q_o (konkret z.B. μ_u und μ_o) angegeben, für die immer $q_u < q_o$ gilt. Es sind dann drei verschiedene Konfidenzintervalle möglich:

[q_u; q_o]: Dieses zweiseitige Konfidenzintervall wird durch die beiden berechneten Konfidenzgrenzen beschränkt. Die allgemeine Aussage dazu lautet: Der gesuchte Parameter q liegt mit einer Wahrscheinlichkeit von 1-α im Intervall [q_u; q_o].

[q_u; +∞): Dieses einseitige Konfidenzintervall wird nach unten durch die untere der beiden berechneten Konfidenzgrenzen beschränkt. Nach oben ist das Konfidenzintervall gegebenenfalls durch den Wertebereich des Parameters beschränkt (bei θ z.B. auf 1). Die allgemeine Aussage dazu lautet: Der gesuchte Parameter q besitzt mit einer Wahrscheinlichkeit von 1-α mindestens den Wert q_u.

(-∞; q_o]: Dieses einseitige Konfidenzintervall wird nach oben durch die obere der beiden berechneten Konfidenzgrenzen beschränkt. Nach unten ist das Konfidenzintervall gegebenenfalls durch den Wertebereich des Parameters beschränkt (bei θ und σ^2 z.B. auf 0). Die allgemeine Aussage dazu lautet: Der gesuchte Parameter q besitzt mit einer Wahrscheinlichkeit von 1-α höchstens den Wert q_o.

Der entsprechende Punktschätzer $\hat{q}$ muß in jedem Fall innerhalb des Konfidenzintervalls liegen.

Klausurtip:

- Sofern nicht ausdrücklich nach einem ein- oder zweiseitigen Konfidenzintervall gefragt wird, gilt in der Regel folgendes: Bei einer Formulierung der Art "wie groß (klein) ist ein Wert mindestens (höchstens)" ist ein einseitiges, sonst ein zweiseitiges Intervall zu berechnen.

12.3.3 Schätzen eines Konfidenzintervalls für den Mittelwert

Für die folgende Schätzung wird vorausgesetzt, daß der Stichprobenmittelwert $\overline{X}$ wenigstens näherungsweise normalverteilt ist. Dies ist dann gegeben, wenn

- X (wenigstens näherungsweise) normalverteilt ist oder

- $\overline{X}$ wegen des zentralen Grenzwertsatzes auch bei nicht normalverteiltem X näherungsweise normalverteilt ist.

Dann ergibt sich für den Erwartungswert μ der Grundgesamtheit folgendes symmetrisches Konfidenzintervall um den Punktschätzer $\overline{X}$:

$$\mu_u = \overline{x} - a \cdot \sigma_{\overline{X}}; \quad \mu_o = \overline{x} + a \cdot \sigma_{\overline{X}}$$

μ_u bezeichnet dabei die untere Grenze, μ_o die obere.

Der Wert für a wird der Tabelle der Standardnormalverteilung (z-Werte) oder der Studentverteilung (t-Werte) entnommen und hängt vom gewählten Konfidenzniveau und der Unterscheidung einseitig/zweiseitig ab.

Sofern die Standardabweichung σ der Grundgesamtheit bekannt ist, kann von einem (näherungsweise) normalverteiltem $\overline{X}$ ausgegangen werden. Die Werte für a werden deshalb aus der Tabelle der Standardnormalverteilung entnommen. Da üblicherweise nur wenige Konfidenzzahlen verwendet werden, hier eine Tabelle mit den wichtigsten z-Werten:

Tab. 12-1: Häufig benötigte z-Werte (Quantile)

| | Konfidenzintervall ||
	einseitig	zweiseitig
$1-\alpha = 0{,}90$	1,282	1,645
$1-\alpha = 0{,}95$	1,645	1,960
$1-\alpha = 0{,}99$	2,326	2,576
$1-\alpha = 0{,}999$	3,090	3,291

Für andere Werte gilt allgemein:

einseitiges Intervall: $\quad F_Z(z) = 1 - \alpha$

zweiseitiges Intervall: $\quad F_Z(z) = 1 - \alpha/2$

Sofern σ nicht bekannt ist, muß die Studentverteilung verwendet werden. Die entsprechenden t-Werte sind dem Anhang zu entnehmen. Dabei ist zusätzlich die Zahl der sogenannten Freiheitsgrade zu berücksichtigen, die dem um eins verringerten Stichprobenumfang n entspricht, also $\nu = n-1$. Bei einem Stichprobenumfang von n > 30 kann der Wert der Standardnormalverteilung als Näherung für die Studentverteilung verwendet werden.

Die Werte für $\sigma_{\overline{X}}$ können bei bekanntem σ direkt berechnet werden; sonst müssen sie aus der gemessenen Stichprobenstandardabweichung s geschätzt werden. Unterschieden wird dabei jeweils zwischen einer Stichprobe mit Zurücklegen und einer ohne Zurücklegen. Beträgt der Stichprobenumfang weniger als 5% der Grundgesamtheit (d.h. n/N < 0,05), kann als Näherung die Formel für "mit Zurücklegen" verwendet werden. Die Formeln für $\sigma_{\overline{X}}$, die bereits aus Abschnitt 11.2 bekannt sind, können für die möglichen vier Fälle aus Tab. 12-2 entnommen werden.

Da der Endlichkeitskorrekturfaktor immer kleiner als 1 ist, wird das Konfidenzintervall für den Fall "ohne Zurücklegen" stets kleiner als im Fall "mit Zurücklegen". Die Schätzung wird über den so verringerten Schätzfehler also genauer.

Tab. 12-2: Standardabweichung der Stichprobenmittelwerte

	σ bekannt	σ unbekannt
unendliche Grundgesamtheit oder mit Zurücklegen bzw. n/N < 0,05	$\sigma_{\overline{X}} = \dfrac{\sigma}{\sqrt{n}}$	$\hat{\sigma}_{\overline{X}} = \dfrac{s}{\sqrt{n}}$
endliche Grundgesamtheit und ohne Zurücklegen (n/N ≥ 0,05)	$\sigma_{\overline{X}} = \dfrac{\sigma}{\sqrt{n}} \cdot \sqrt{\dfrac{N-n}{N-1}}$	$\hat{\sigma}_{\overline{X}} = \dfrac{s}{\sqrt{n}} \cdot \sqrt{\dfrac{N-n}{N}}$

Die eben verbal bzw. tabellarisch dargestellte Vorgehensweise zur Bestimmung der Grenzen läßt sich gut in einem Flußdiagramm veranschaulichen, das in Abb. 12-1 dargestellt ist.

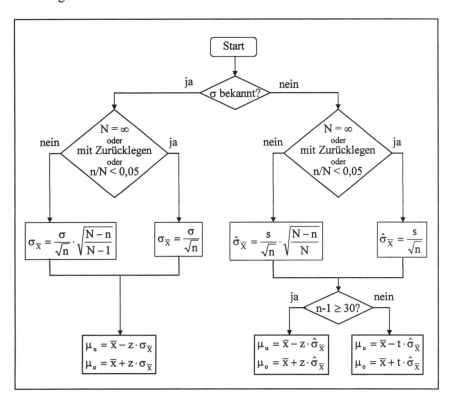

Abb. 12-1: Berechnung des Konfidenzintervalls für den Mittelwert (in Anlehnung an: Schwarze, Grundlagen der Statistik II, 5. Aufl., 1993, S. 172)

Hier ein konkretes Rechenbeispiel:

Von den ca. 500 BWL-Studierenden einer Universität werden 50 nach ihrem Alter befragt. Es ergibt sich ein Durchschnitt von $\bar{x}$ = 23 Jahren bei einer Standardabweichung s von 0,5 Jahren. Wie groß ist das zweiseitige 95%-Konfidenzintervall?

Lösung:

σ ist unbekannt

Stichprobe ohne Zurücklegen (jeder wird maximal einmal befragt)

n/N = 50/500 = 0,1 > 0,05

$$\Rightarrow \quad \hat{\sigma}_{\bar{X}} = \frac{s}{\sqrt{n}} \cdot \sqrt{\frac{N-n}{N}} = \frac{0,5}{\sqrt{50}} \cdot \sqrt{\frac{500-50}{500}} = 0,067$$

α = 0,05, zweiseitig

σ ist unbekannt $\Rightarrow$ Studentverteilung

n > 30 $\Rightarrow$ Approximation durch Standardnormalverteilung (z = 1,96)

$$\Rightarrow \quad \begin{aligned} \mu_u &= \bar{x} - z \cdot \sigma_{\bar{X}} = 23 - 1,96 \cdot 0,067 = 22,87 \\ \mu_o &= \bar{x} + z \cdot \sigma_{\bar{X}} = 23 + 1,96 \cdot 0,067 = 23,13 \end{aligned}$$

Klausurtip:

• Oft (insbesondere z.B. bei Fertigungstoleranzen) ist die Standardabweichung sehr viel geringer als der Mittelwert, so daß beide in unterschiedlichen Einheiten angegeben werden (z.B. mm und cm). Vor dem Einsetzen der Werte in die Formeln ist unbedingt darauf zu achten, daß die Werte in dieselbe Einheit umgerechnet werden.

12.3.4 Schätzen eines Konfidenzintervalls für den Anteilswert

Betrachtet man nicht ein metrisches, sondern ein dichotomes Merkmal, so wird anstelle des Mittelwertes μ der Anteilswert θ untersucht. Es wird dann vom homograden Fall (im Gegensatz zum heterograden Fall) gesprochen.

Es lassen sich zwei theoretische Fälle unterscheiden:

• Liegt eine **unendlich große Grundgesamtheit oder eine Stichprobe mit Zurücklegen** vor, so ergibt sich für die Anzahl X der gezogenen Elemente mit der Eigenschaft A eine **Binomialverteilung**. Das Konfidenzintervall dazu kann mit Hilfe der F-Verteilung exakt bestimmt werden. Im allgemeinen liegen die Grenzen nicht symmetrisch um den Anteilswert P der Stichprobe.

• Wird aus einer **endlichen Grundgesamtheit eine Stichprobe ohne Zurücklegen** gezogen, so liegt für die Anzahl X eine **hypergeometrische Verteilung** vor. Da die Berechnung eines Konfidenzintervalls hierfür sehr aufwendig ist, wird dieser Fall nicht näher betrachtet. Wird eine Stichprobe von weniger als 5% der Elemente der Grundgesamtheit gezogen (n/N < 0,05), kann die Binomialverteilung als Näherung verwendet werden.

Da auch die Binomialverteilung rechentechnisch etwas aufwendig zu handhaben ist, verwendet man möglichst eine Näherung durch die Normalverteilung. Wie bekannt ist, nähert sich die Verteilung eines Stichprobenmittelwertes für große n einer Normalverteilung an. Gleiches gilt auch für den Anteilswert P einer Stichprobe bei einer dichotomen Grundgesamtheit. Eine hinreichende Näherung wird allgemein unter folgender Bedingung angenommen:

$$n > \frac{9}{\theta \cdot (1 - \theta)} \quad \Leftrightarrow \quad n \cdot \theta \cdot (1 - \theta) > 9$$

Da der Ausdruck $\theta \cdot (1-\theta)$ für $\theta = 0,5$ mit 0,25 sein Maximum hat, ergibt sich für diesen Fall der minimale notwendige Stichprobenumfang mit n > 36. Weicht θ nach oben oder unten von 0,5 ab, so steigt der notwendige Stichprobenumfang deutlich an (z.B. n > 100 für θ = 0,1 bzw. 0,9).

In der Literatur werden unterschiedlich komplizierte Formeln für die Näherung beschrieben. Z.B. wird teilweise für die Approximation der diskreten Binomialverteilung durch die stetige Normalverteilung eine sogenannte Stetigkeitskorrektur eingeführt. In einigen Büchern wird sogar die eigentlich exakte Lösung über die Binomialverteilung nicht behandelt und ausschließlich die Näherung über die Normalverteilung beschrieben.

Nachfolgend wird die einfachste und am häufigsten genannte Formel verwendet:

$$\boxed{\theta_u = p - z \cdot \hat{\sigma}_P; \quad \theta_o = p + z \cdot \hat{\sigma}_P}$$

mit

$$\boxed{\hat{\sigma}_P = \frac{\sqrt{p \cdot (1 - p)}}{\sqrt{n - 1}}} \qquad \text{bei unendlicher Grundgesamtheit oder mit Zurücklegen}$$

bzw.

$$\boxed{\hat{\sigma}_P = \frac{\sqrt{p \cdot (1 - p)}}{\sqrt{n - 1}} \cdot \sqrt{\frac{N - n}{N}}} \qquad \text{bei endlicher Grundgesamtheit ohne Zurücklegen}$$

Dies entspricht weitgehend den Formeln für die Intervallschätzung des Mittelwertes. Wie von der Binomialverteilung bekannt, gilt dort $\sigma_X = \sqrt{\theta \cdot (1 - \theta)}$. Da anstelle von θ der Anteilswert p der Stichprobe zur Schätzung verwendet wird, ergibt sich die genannte Formel. Wie im Falle der Schätzung der Varianz des Stichprobenmittelwertes wird im Nenner n-1 anstelle von n verwendet.

Auch die Intervallschätzung des Anteilswertes kann besonders gut in Form eines Flußdiagramms veranschaulicht werden (Abb. 12-2).

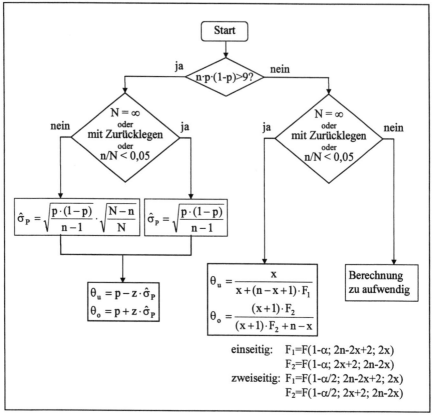

Abb. 12-2: Berechnung des Konfidenzintervalls für den Anteilswert

Dabei ist x die absolute Anzahl der Objekte mit der gesuchten Eigenschaft; die Werte F_1 und F_2 sind aus der F-Verteilung (siehe Anhang) zu entnehmen.

Einseitige Konfidenzintervalle liegen zwischen $\theta_u = 0$ und θ_o (gemäß Formel) bzw. θ_u (gemäß Formel) und $\theta_o = 1$.

Da die Rechnung mit der Normalverteilung bereits aus der Schätzung des Mittelwertes bekannt ist, hier ein Beispiel zur Binomialverteilung:

> Von 4000 Studierenden einer Hochschule werden 25 zufällig ausgewählt. Davon sind 10 weiblich. Welches (zweiseitige) 90%-Konfidenzintervall ergibt sich für den Anteil der weiblichen Studierenden?
>
> Lösung:
>
> $N = 4000 \quad n = 25 \quad x = 10 \quad p = 0,4 \quad \alpha = 0,1$
>
> $n \cdot p \cdot (1-p) = 25 \cdot 0,4 \cdot 0,6 = 6 \leq 9$
>
> $n/N = 25/4000 = 0,00625 < 0,05$

$$F_1 = F(1-\alpha/2; 2n-2x+2; 2x) = F(0{,}95; 32; 20) = 2{,}03$$

$$F_2 = F(1-\alpha/2; 2x+2; 2n-2x) = F(0{,}95; 22; 30) = 1{,}91$$

$$\theta_u = \frac{x}{x+(n-x+1)\cdot F_1} = \frac{10}{10+(25-10+1)\cdot 2{,}03} = 0{,}235$$

$$\theta_o = \frac{(x+1)\cdot F_2}{(x+1)\cdot F_2 + n - x} = \frac{(10+1)\cdot 1{,}91}{(10+1)\cdot 1{,}91 + 25 - 10} = 0{,}583$$

12.3.5 Schätzen eines Konfidenzintervalls für die Varianz

Wird aus einer Grundgesamtheit, die (zumindest näherungsweise) $N(\mu;\sigma^2)$-verteilt ist, eine Zufallsstichprobe im Umfang n gezogen, so ist die Größe

$$\frac{(n-1)\cdot S^2}{\sigma^2}$$

χ^2-verteilt mit n-1 Freiheitsgraden.

Gibt man nun ein Konfidenzniveau von $1-\alpha$ vor, so gilt:

$$P\left(\chi^2(\tfrac{\alpha}{2};n-1) \leq \frac{(n-1)\cdot s^2}{\sigma^2} \leq \chi^2(1-\tfrac{\alpha}{2};n-1)\right) = 1-\alpha$$

$$\Leftrightarrow$$

$$P\left(\frac{(n-1)\cdot s^2}{\chi^2(1-\tfrac{\alpha}{2};n-1)} \leq \sigma^2 \leq \frac{(n-1)\cdot s^2}{\chi^2(\tfrac{\alpha}{2};n-1)}\right) = 1-\alpha$$

Damit ergeben sich folgende Grenzen des zweiseitigen Konfidenzintervalls für die Varianz σ^2:

$$\boxed{\sigma_u^2 = \frac{(n-1)\cdot s^2}{\chi^2(1-\tfrac{\alpha}{2};n-1)}} \quad \text{und} \quad \boxed{\sigma_o^2 = \frac{(n-1)\cdot s^2}{\chi^2(\tfrac{\alpha}{2};n-1)}}$$

Für einseitige Konfidenzintervalle gilt entsprechend:

$$\boxed{\sigma_u^2 = 0} \quad \text{und} \quad \boxed{\sigma_o^2 = \frac{(n-1)\cdot s^2}{\chi^2(\alpha;n-1)}}$$

bzw.

$$\boxed{\sigma_u^2 = \frac{(n-1)\cdot s^2}{\chi^2(1-\alpha;n-1)}} \quad \text{und} \quad \boxed{\sigma_o^2 = \infty}$$

Beispiel:

Aus einer (näherungsweise) normalverteilten Grundgesamtheit wird eine
Stichprobe im Umfang n = 30 gezogen. Die Varianz der Stichprobe beträgt
$s^2 = 10$. Es soll das 95%-Konfidenzintervall der Varianz der Grundgesamt-
heit geschätzt werden.

Lösung:

$$\sigma_u^2 = \frac{(30-1)\cdot 10}{\chi^2(0,975;29)} = \frac{290}{45,722} = 6,34$$

$$\sigma_o^2 = \frac{(30-1)\cdot 10}{\chi^2(0,025;29)} = \frac{290}{16,047} = 18,07$$

12.3.6 Notwendiger Stichprobenumfang

Die Genauigkeit einer Intervallschätzung läßt sich durch den **Schätzfehler** aus-
drücken. Der absolute Schätzfehler ist der Abstand zwischen dem Punktschätzer
und dem echten (meist jedoch unbekannten) Wert des gesuchten Parameters. Um
auf den relativen Schätzfehler zu kommen, ist dieser Wert noch durch den echten
Wert des Parameters zu dividieren.

Da der echte Parameterwert in der Regel nicht bekannt ist, wird der Schätzfehler
über das Konfidenzintervall nach oben abgeschätzt. Mit der durch das Konfidenzniveau gegebenen Wahrscheinlichkeit wird der absolute Schätzfehler nach oben
durch den Abstand zwischen dem Punktschätzer und der am weitesten davon
entfernten Grenze des Konfidenzintervalls beschränkt. Bei einem symmetrischen
Konfidenzintervall entspricht dies der halben Breite dieses Intervalls. Wird dieser
Wert noch durch den des Punktschätzers geteilt, ergibt sich eine obere Schranke
für den relativen Schätzfehler.

Oft ist es wünschenswert, die Genauigkeit einer Schätzung im voraus festzulegen
und nicht erst nachträglich festzustellen. Im folgenden wird jeweils davon ausgegangen, daß neben dem Konfidenzniveau eine <u>absolute</u> obere Schranke für den
Schätzfehler vorgegeben wird. Daraus wird für verschiedene Fälle ermittelt, wie
groß der Stichprobenumfang sein muß, um die gewünschte Genauigkeit zu erreichen.

Im Falle der **Intervallschätzung für μ und bekanntem σ** (gegebenenfalls ist σ
grob abzuschätzen) sowie einer Stichprobe mit Zurücklegen läßt sich folgende
Rechnung durchführen:

$$\Delta\mu \geq z\cdot\sigma_{\overline{X}} = \frac{\sigma}{\sqrt{n}}\cdot z \quad\Leftrightarrow\quad (\Delta\mu)^2 \geq \frac{\sigma^2 z^2}{n} \quad\Leftrightarrow\quad n \geq \frac{\sigma^2 z^2}{(\Delta\mu)^2}$$

Der vorgegebene Wert $\Delta\mu$ (Delta-μ) ist dabei die maximale absolute Abweichung
des Punktschätzers $\overline{X}$ vom tatsächlichen Mittelwert μ für eine gegebene Irrtums-

wahrscheinlichkeit. Dies ist gleichbedeutend mit der halben Breite des symmetrischen Schätzintervalls. Bei nicht ganzzahligem n ist der berechnete Wert nach oben aufzurunden. Für den Fall "ohne Zurücklegen" ist noch der Endlichkeitskorrekturfaktor zu berücksichtigen. Insgesamt gilt also:

$$n \geq \frac{\sigma^2 \cdot z^2}{(\Delta\mu)^2}$$ bei unendlicher Grundgesamtheit oder mit Zurücklegen

$$n \geq \frac{\sigma^2 \cdot z^2 \cdot N}{(\Delta\mu)^2 \cdot (N-1) + z^2 \cdot \sigma^2}$$ bei endlicher Grundgesamtheit ohne Zurücklegen

Bei der **Intervallschätzung von** θ wird hier nur der Fall der Approximation durch die Normalverteilung berücksichtigt. Setzt man - wie bekannt - $\sigma^2 = \theta \cdot (1-\theta)$, ergeben sich analog zur Intervallschätzung von μ folgende Formeln:

$$n \geq \frac{\theta \cdot (1-\theta) \cdot z^2}{(\Delta\theta)^2}$$ bei unendlicher Grundgesamtheit oder mit Zurücklegen

$$n \geq \frac{\theta \cdot (1-\theta) \cdot z^2 \cdot N}{(\Delta\theta)^2 \cdot (N-1) + z^2 \cdot \theta \cdot (1-\theta)}$$ bei endl. Grundgesamtheit ohne Zurücklegen

Problematisch an dieser Formel ist, daß der unbekannte Parameter θ enthalten ist, der ja gerade erst geschätzt werden soll. Ist er zumindest ungefähr bekannt (z.B. aufgrund einer Vorerhebung), so sollte dieser Schätzwert verwendet werden. Anderenfalls kann die Beziehung $\theta \cdot (1-\theta) \leq 0{,}25$ zu folgender (grober) Abschätzung verwendet werden:

$$n \geq \frac{z^2}{4 \cdot (\Delta\theta)^2}$$

Der so ermittelte Wert für n ist auf jeden Fall mindestens so groß wie der exakte, so daß man damit immer "auf der sicheren Seite" liegt.

12.4 Übungsaufgaben

Aufgabe 12-1

a) Von 3000 Studierenden wurden 49 zufällig ausgewählte Studierende nach ihrem Alter befragt. Es ergab sich ein Durchschnittsalter von 22,5 Jahren mit einer Standardabweichung von 0,7 Jahren. Bestimmen Sie das 90%-Konfidenzintervall für das Durchschnittsalter. Dabei kann von einer annähernd normalverteilten Grundgesamtheit ausgegangen werden.

b) Welche Konfidenzintervall erhält man, wenn - bei sonst gleichen Ergebnissen - von 500 Studierenden 28 befragt worden wären?

Aufgabe 12-2

Die Erreichbarkeit einiger Computer-Hotlines läßt sehr zu wünschen übrig. Bei einer Stichprobe von 100 Testanrufen wurde die Hotline nur 20-mal erreicht. Bestimmen Sie das 90%-Konfidenzintervall für die Erfolgsquote der Anrufe.

Aufgabe 12-3

Der Anteil der Tennisspieler in der erwachsenen Bevölkerung ist abzuschätzen. Es wurden dazu 50 Personen befragt, von denen 5 angaben, Tennis zu spielen.

a) Bestimmen Sie das (zweiseitige) 95%-Konfidenzintervall für den Anteil der Tennisspieler in der Bevölkerung.

b) Welches Intervall ergibt sich, wenn bei einer Befragung von 200 Personen ebenfalls jeder zehnte angegeben hätte, Tennisspieler zu sein?

c) Wieviele Personen müßte man mindestens befragen, wenn - bei gleichem Konfidenzniveau - der Anteil der Tennisspieler auf 2 Prozentpunkte genau geschätzt werden soll und keinerlei Informationen darüber bekannt sind?

Aufgabe 12-4

In einer (repräsentativen) Stichprobe von 60 Mensabesuchern sprechen sich 5 für die Abschaffung von Spätzle von der Speisekarte aus. Wie groß ist der Anteil der Spätzlegegner unter der Gesamtheit der Mensabesucher höchstens ($1-\alpha = 0,95$)?

Aufgabe 12-5

Das Durchschnittsalter der Bevölkerung Deutschlands soll mit Hilfe einer einfachen Zufallsstichprobe geschätzt werden. Aus den Erhebungen einer im Vorjahr durchgeführten Volkszählung ergab sich ein Durchschnittsalter von 40 Jahren mit einer Standardabweichung von 10 Jahren. Wie groß sollte die Stichprobe gewählt werden, um das Durchschnittsalter innerhalb eines Fehlerbereichs von ± 2 Jahren mit einer Sicherheit von 95% zu bestimmen?

Aufgabe 12-6

Der Anteil der weiblichen Studierenden an deutschen Hochschulen soll mittels einer Stichprobe geschätzt werden. Wie groß muß der Stichprobenumfang mindestens sein, wenn der absolute Schätzfehler bei einem Konfidenzniveau von 90% maximal 1% betragen darf und der gesuchte Wert völlig unbekannt ist?

13 Statistisches Testen

13.1 Einführung

Beim Schätzen ging es darum, einen Parameter einer Grundgesamtheit mit Hilfe einer Punkt- oder Intervallschätzung zu bestimmen. Das Ergebnis war also ein Wert bzw. ein Bereich für diesen Wert.

Beim statistischen Testen geht es dagegen darum, eine Vermutung, die sogenannte **Hypothese**, die man bezüglich eines bestimmten Sachverhalts einer Grundgesamtheit (oder auch mehrerer Grundgesamtheiten) hat, zu überprüfen. Das Ergebnis besteht darin, die Hypothese als falsch abzulehnen oder nicht. Zum Teil gibt es auch zwei oder mehr Alternativhypothesen, von denen eine gewählt wird.

Zur Verdeutlichung des Prinzips hier ein einfaches, anschauliches Beispiel:

Eine Münze soll daraufhin untersucht werden, ob sie ideal ist, d.h., ob beide Seiten mit der gleichen Wahrscheinlichkeit von 0,5 erscheinen. Die Vermutung lautet demnach z.B., daß der Anteil "Wappen oben" 0,5 beträgt. Formal ausgedrückt:

$\theta = 0{,}5$

Diese Vermutung stellt den Ausgangspunkt dar und wird als **Nullhypothese H_0** bezeichnet. Zur Überprüfung dieser Hypothese wird die Münze nun mehrmals geworfen. Bei 10 Würfen ergeben sich gemäß der Binomialverteilung B(10; 0,5) folgende Wahrscheinlichkeiten für 0-mal, 1-mal usw. "Wappen oben":

x	0	1	2	3	4	5	6	7	8	9	10
P(x)	0,001	0,010	0,044	0,117	0,205	0,246	0,205	0,117	0,044	0,010	0,001

Im Schnitt müßte sich ein Wert von x = 5 einstellen; aber auch Werte, die nicht zu weit davon entfernt sind, liegen noch im Rahmen der normalen Streuung und lassen keinen Schluß darauf zu, daß die Münze nicht ideal wäre. Erst wenn sich ein Ergebnis einstellt, das sehr unwahrscheinlich ist, müßte man die Nullhypothese "die Münze ist ideal" verwerfen.

Diese unwahrscheinlichen Fälle seien hier x = 0, 1, 2, 8, 9 und 10, die zusammen nur eine Wahrscheinlichkeit von ca. 11% besitzen. Das Ergebnis weicht dann **signifikant** vom erwarteten Wert ab. Liegt das Ergebnis des Tests (der Stichprobe) in diesem sogenannten **Ablehnungsbereich**, so wird die Nullhypothese verworfen; die Münze wird dann als nicht ideal betrachtet.

Umgekehrt werden die Fälle x = 3 bis 7 als normale statistische Streuung interpretiert und ergeben den sogenannten **Nichtablehnungsbereich** (auch: Annahmebereich), der in der Tabelle stark umrandet ist. Liegt das Testergebnis in diesem Bereich, so besteht kein Grund, nicht von einer idealen Münze auszugehen.

Die Grenzen zwischen Ablehnungs- und Nichtablehnungsbereich werden als **kritische Grenzen** (auch: kritische Werte, Annahmegrenzen) bezeichnet.

Bei der Interpretation des Ergebnisses ist folgendes zu bedenken:

- Im Beispiel würde in 11% der Fälle die Nullhypothese abgelehnt, obwohl sie richtig ist. Man muß also in Kauf nehmen, daß die Aussage "die Münze ist nicht ideal" fälschlicherweise auch für 11% der idealen Münzen gemacht wird. Diesen Fehler nennt man **Fehler 1. Art** oder auch α-**Fehler**. Seine Größe kann beim Testen vorgegeben werden. Würde man beispielsweise eine Münze nur noch dann als nicht ideal zurückweisen, wenn sie 0-mal, 1-mal, 9-mal oder 10-mal Wappen ergeben hat, verringert sich dieser Fehler auf 2,2%.

- Der entgegengesetzte Fehler besteht darin, eine nicht ideale Münze als ideal anzusehen. Das ist dann der Fall, wenn eine solche Münze beim Test ein Ergebnis innerhalb des Nichtablehnungsbereichs liefert. Weicht der Erwartungswert der Münze nicht zu weit von dem einer idealen Münze ab (z.B. $E(X) = 6$), so wird eine solche Münze in den meisten Fällen nach dem Test fälschlicherweise als ideal angesehen. Dies wird als **Fehler 2. Art** oder auch β-**Fehler** bezeichnet. Es ist leicht erkennbar, daß der Versuch, den Fehler 1. Art durch eine Vergrößerung des Nichtablehnungsbereichs zu verringern, zu einer Vergrößerung des Fehlers 2. Art führt. Im Extremfall werden kaum noch fehlerhafte Münzen als nicht ideal zurückgewiesen. Es sind deshalb an dieser Stelle unbedingt zwei Dinge festzuhalten:

  - **Aus der Nichtablehnung einer Hypothese kann nicht geschlossen werden, daß sie richtig ist!**

  - Anders als beim Fehler 1. Art kann über die Größe des Fehlers 2. Art im allgemeinen keine Aussage gemacht werden!

Zur Schwierigkeit, Effekte mittels statistischer Tests nachzuweisen, hier noch ein konkretes Zahlenbeispiel:

> Angenommen, nach einer bestimmten medizinischen Operation liegt das Risiko eines Infarkts bei 10%. Ein verwendetes Medikament soll daraufhin untersucht werden, ob es dieses Risiko erhöht. Bei einer Risikoerhöhung um 10% (also auf 11%) käme es bei 100 Operationen im Schnitt nur zu einem zusätzlichen Infarkt. Dies liegt innerhalb des normalen Streubereichs und ist deshalb auch bei mehreren hundert Operationen kaum festzustellen. Erst eine Erhöhung des Risikos um 50% oder mehr würde im Beispiel mit großer Sicherheit (richtig) erkannt.

Die gezeigten Schwierigkeiten können am Wert statistischer Tests zweifeln lassen. Trotzdem stellen sie für eine Vielzahl von Fragen die einzige Möglichkeit dar, überhaupt eine Antwort zu erhalten. Z.B.:

- Erhöht Rauchen das Risiko für Lungenkrebs?

- Wirkt ein bestimmtes Medikament?

- Hat es Nebenwirkungen?

- Macht Fernsehen Kinder gewalttätig?

- Ermöglicht ein Assessment-Center bessere Personalentscheidungen?

- Hat eine bestimmte Werbekampagne einen Effekt gebracht?

- Welche Produktverpackung hat die besten Verkaufschancen?

Diese Aufzählung läßt sich beliebig verlängern. Die ersten Beispiele stammen aus dem Bereich der Medizin, wo der Einsatz statistischer Tests heute in vielen Fällen gesetzlich vorgeschrieben ist (z.B. bei neuen Medikamenten). Die übrigen Beispiele stammen aus den Gebieten Sozialwissenschaften, Psychologie und Wirtschaftswissenschaften, die sich - wie die Fragen deutlich machen - kaum voneinander trennen lassen.

Gemeinsam ist allen Beispielen, daß es sich nicht um exakte physikalische Gesetzmäßigkeiten, sondern um Zufallsprozesse handelt. Die meisten in der Volks- und Betriebswirtschaft relevanten Größen beruhen letztlich auf (der Summe von) individuellen Entscheidungen, die nur mit statistischen Methoden erfaßt werden können. Und interessanterweise werden in der betrieblichen Praxis statistische Testverfahren gerade dort besonders häufig eingesetzt, wo scheinbar exakte Zusammenhänge bestehen, nämlich in der Produktion.

13.2 Arten von Testverfahren im Überblick

Es gibt eine Vielzahl sehr unterschiedlicher statistischer Testverfahren. Nach Art der Hypothese können unterschieden werden:

Parametertests: Bei dieser Art von Test wird eine Hypothese über den numerischen Wert eines (z.B. Lage- oder Streu-) Parameters überprüft. Dazu gehören sowohl Tests, bei denen gegen einen vermuteten Wert getestet wird, als auch solche, bei denen die Parameter zweier getrennter Stichproben verglichen werden.

nichtparametrische Tests: Hierunter fallen verschiedene Arten von Tests, z.B. Unabhängigkeitstests, Anpassungstests, Verteilungstests usw., bei denen kein Parameter überprüft wird. Zum Teil werden Sie auch zusammenfassend als Verteilungstests bezeichnet.

Bezüglich der Voraussetzungen, die für die Anwendbarkeit eines Tests vorliegen müssen, können unterschieden werden:

verteilungsgebundene Tests: Diese Tests setzen für ihre Anwendbarkeit voraus, daß die Verteilung der untersuchten (Prüf-) Größe bekannt ist (oft Normalverteilung). Nur dann läßt sich der Ablehnungsbereich bestimmen, in dem die Prüfgröße bei korrekter Nullhypothese mit einer bestimmten maximalen Irrtumswahrscheinlichkeit liegt. Zu dieser Gruppe gehören die in diesem Buch vorgestellten Parametertests.

verteilungsfreie Tests: Zu dieser Gruppe gehören Testverfahren, bei denen die Verteilung der Prüfgröße nicht bekannt sein muß bzw. beliebig sein kann. Hierzu gehören unter anderem die Chi-Quadrat-Tests.

Bezüglich der möglichen Ergebnisse eines Tests läßt sich unterscheiden:

Signifikanztests: Bei dieser Art von Tests wird eine Nullhypothese abgelehnt oder nicht abgelehnt, je nachdem, ob eine signifikante Abweichung vom erwarteten Wert vorliegt oder nicht.

Alternativentests: Bei Signifikanztests ist die Alternative zur Nullhypothese deren Negierung. Bei Alternativentests werden mindestens zwei explizite Alternativen formuliert (z.B. H_0: $\mu = \mu_0$ und H_1: $\mu = \mu_1$), von denen eine gewählt werden soll.

13.3 Grundsätzliches Vorgehen beim Parametertest

13.3.1 Übersicht

Die meisten Parametertests sind nach einem einfachen Grundschema aufgebaut, das in den folgenden Abschnitten schrittweise erläutert wird. Um die Ausführungen allgemeingültig zu halten, wird dabei anstelle konkreter Parameter wie μ, θ oder σ^2 jeweils "u" verwendet. Konkrete Parametertests werden in den anschließenden Abschnitten beschrieben.

Zum besseren Verständnis die einzelnen Schritte vorab im Überblick:

1. Formulieren der Nullhypothese: Es wird festgelegt, welche Hypothese geprüft werden soll. In Frage kommen ein- und zweiseitige Hypothesen.

2. Festlegen der Prüfgröße: Es wird eine Stichprobenfunktion festgelegt, mit der die Hypothese geprüft wird. Meist wird die Stichprobenfunktion der entsprechenden Punktschätzung verwendet.

3. Vorgeben des Signifikanzniveaus: Der Fehler 1. Art wird durch das Signifikanzniveau α vorgegeben.

4. Festlegen des Stichprobenumfangs: Der Umfang n der Stichprobe wird festgelegt.

5. Bestimmen des Ablehnungsbereichs: Aus der Verteilung der Prüfgröße und dem gewählten Signifikanzniveau wird der Ablehnungsbereich bestimmt.

6. Ermitteln der Prüfgröße: Aus den Daten der Stichprobe wird der konkrete Wert der Prüfgröße ermittelt.

7. Testentscheidung: Aufgrund des Ergebnisses der durchgeführten Stichprobe wird die Nullhypothese abgelehnt oder nicht.

13.3.2 Formulieren der Nullhypothese

Im ersten Schritt ist die zu testende Hypothese festzulegen, also zu klären, was überhaupt getestet werden soll. Die Hypothese kann verschiedene Ursprünge haben:

Soll- bzw. Normwerte: Mit dem Test sollen z.B. vorgeschriebene Werte oder Toleranzen geprüft werden.

Erfahrungswerte: Als Vergleichsmaß werden Vergangenheitswerte verwendet.

Theoretische Überlegungen: Eine Theorie soll empirisch überprüft werden.

Die Hypothese, die im Rahmen eines Tests überprüft werden soll, heißt **Nullhypothese** und wird mit dem Symbol H_0 bezeichnet. Die **Alternativhypothese** wird mit H_1 symbolisiert und entspricht dem (logischen) Gegenteil der Nullhypothese. Man unterscheidet ein- und zweiseitige Nullhypothesen:

Mit **zweiseitigen Nullhypothesen** wird überprüft, ob ein Parameter einen ganz bestimmten Wert besitzt. Formal wird dies so geschrieben:

$H_0: u = u_0 \Rightarrow H_1: u \neq u_0$

Beispiel: Es soll geprüft werden, ob eine Maschine Stäbe der Länge 10 cm fertigt. $H_0: \mu = 10$ cm

Bei **einseitigen Nullhypothesen** wird geprüft, ob ein Parameter einen bestimmten Wert nicht unter- bzw. überschreitet:

$H_0: u \geq u_0 \Rightarrow H_1: u < u_0$ bzw. $H_0: u \leq u_0 \Rightarrow H_1: u > u_0$

Beispiel: Es soll geprüft werden, ob der Ausschußanteil einer Produktion maximal 1% beträgt. $H_0: \theta \leq 0,01$

Das Ergebnis eines (Parameter-) Tests ist die Ablehnung oder Nichtablehnung der Nullhypothese. Dabei können sich vier Fälle ergeben, die in der folgenden Tabelle dargestellt sind:

Tab. 13-1: Mögliche Kombinationen von Testergebnis und Realität

Testergebnis	Realität	
	Nullhypothese ist richtig	**Nullhypothese ist falsch**
Nullhypothese wird nicht abgelehnt	korrekte Entscheidung	Fehler 2. Art (β-Fehler)
Nullhypothese wird abgelehnt	Fehler 1. Art (α-Fehler)	korrekte Entscheidung

Eine Nullhypothese wird dann abgelehnt, wenn das Ergebnis des Tests so weit vom erwarteten Wert entfernt ist, daß dies nicht mehr dem Zufall zugeschrieben werden kann. Eine solche **signifikante** Abweichung wird im allgemeinen dann angenommen, wenn das Ergebnis höchstens in 10% (oft auch 5% oder 1%) der Fälle vorkommt. Man geht also ein genau definiertes Risiko ein, eine richtige Nullhypothese als falsch abzulehnen. Dieser Fehler wird **Fehler 1. Art** oder auch α-**Fehler** genannt und besitzt die vorgegebene Irrtumswahrscheinlichkeit α (z.B. $\alpha = 0,1$, $0,05$ oder $0,01$).

Im Falle der Ablehnung gilt die Nullhypothese als statistisch widerlegt; die Alternativhypothese ist damit statistisch nachgewiesen. Deshalb gilt für die Formulierung der Nullhypothese:

Soll eine Behauptung mit einem Test bewiesen werden, so muß ihr Gegenteil als Nullhypothese formuliert werden. Der "Beweis" der ursprünglichen Behauptung ist dann erbracht, wenn die Nullhypothese abgelehnt wurde.

Umgekehrt läßt sich aus der Nichtablehnung einer Nullhypothese nicht folgern, daß diese dadurch statistisch erwiesen wäre. Es besteht nämlich die Gefahr, einen **Fehler 2. Art** (auch β-**Fehler** genannt) zu begehen, indem eine falsche Nullhypothese nicht abgelehnt wird. Das Problem dabei besteht darin, daß die Größe dieses Fehlers vom zu überprüfenden, unbekannten Parameter abhängt und damit (von speziellen Fragestellungen abgesehen) nicht berechnet werden kann. Tendenziell wird aber der Fehler 2. Art um so größer (im Extremfall bis zu $1-\alpha$), je kleiner man den Fehler 1. Art macht, also je kleiner man α wählt.

Hier ein konkretes Beispiel:

Soll geprüft werden, ob eine Maschine Stäbe der Länge 10 cm fertigt, so läßt sich mit der Nullhypothese H_0: $\mu = 10$ cm nur nachweisen, daß der Mittelwert μ gegebenenfalls signifikant von der Vorgabe 10 cm abweicht. Eine sehr kleine Abweichung von μ führt mit großer Wahrscheinlichkeit nicht zu einer Ablehnung, obwohl die Nullhypothese falsch ist. Das Problem besteht darin, daß man Grenzen angeben müßte, die noch als akzeptabel gelten können. In diesem Fall könnte man z.B. mit zwei Tests statistisch nachweisen, daß $\mu > 9,9$ cm und $\mu < 10,1$ cm gilt.

13.3.3 Festlegen der Prüfgröße

Unter einer Prüfgröße (auch als Testgröße bezeichnet) versteht man eine Stichprobenfunktion, mit der man den zu untersuchenden Parameter überprüfen kann. Grundsätzlich ist dazu jede Stichprobenfunktion geeignet, die auch für eine Schätzung verwendet werden kann.

Für Tests bezüglich μ wird normalerweise der Stichprobenmittelwert $\overline{X}$ verwendet; möglich wäre aber auch der Stichprobenzentralwert $\overline{X}_Z$. Kommen mehrere Prüfgrößen in Frage, so sollte die verwendet werden, welche die geringste Streuung aufweist. Im Falle von μ wäre dies $\overline{X}$.

Bei Parametertests ist es unabdingbar, die Verteilung der Prüfgröße zu kennen. Anderenfalls können die kritischen Grenzen nicht berechnet werden.

Anmerkung:

In der Literatur wird teilweise nicht die dem untersuchten Parameter entsprechende Stichprobenfunktion als Prüfgröße verwendet, sondern eine sogenannte **standardisierte Zufallsvariable**. Nach der hier beschriebenen Vorgehensweise wird z.B. der Mittelwert $\overline{x}$ einer Stichprobe ermittelt und geprüft, ob er innerhalb eines zu bestimmenden Nichtablehnungsbereichs um den Wert der Nullhypothese μ_0 herum (siehe dazu Abschnitt 13.3.6) liegt:

$$\overline{x} \in [\mu_0 - z_c \cdot \sigma_{\overline{X}} ; \mu_0 + z_c \cdot \sigma_{\overline{X}}]$$

Im Falle einer standardisierten Zufallsvariablen als Prüfgröße wird statt dessen geprüft, ob gilt:

$$\left| \frac{\overline{x} - \mu_0}{\sigma_{\overline{X}}} \right| \le z_c$$

Es ist zu erkennen, daß sich beide Formulierungen entsprechen und zum selben Ergebnis führen. Die zweite Vorgehensweise hat zwar leichte rechentechnische Vorteile, jedoch - gerade für Lernende - zwei gravierende Nachteile:

- Während sich der Nichtablehnungsbereich in der Dimension der untersuchten Größe befindet, ist die Verwendung der standardisierten Zufallsvariablen praktisch völlig abstrakt und damit schwerer nachzuvollziehen.

- Die bestehende Äquivalenz zwischen Schätzen (eines Konfidenzintervalls) und Testen ist praktisch nicht mehr erkennbar, obwohl sie das Verständnis erleichtert.

Aus diesen Gründen wird der nachfolgend angewandten Vorgehensweise der Vorzug gegeben. Sofern wegen der Verwendung anderer Literatur die alternative Methode benötigt wird, können die hier gemachten Ausführungen fast unmittelbar übertragen werden und erleichtern sogar das Verständnis für das Arbeiten mit standardisierten Prüfgrößen.

13.3.4 Vorgeben des Signifikanzniveaus

Das Signifikanzniveau α ist die Wahrscheinlichkeit dafür, eine richtige Nullhypothese als falsch abzulehnen. Sie wird auch als Irrtumswahrscheinlichkeit bezeichnet. Übliche Werte sind $\alpha = 0,1$, $0,05$ und $0,01$.

Welche Werte verwendet werden, hängt von der jeweiligen Fragestellung ab. Tendenziell läßt sich sagen, daß ein sehr kleines α dazu führt, daß die Nullhypothese praktisch nicht mehr abgelehnt werden kann, selbst wenn sie falsch ist. Wird α dagegen sehr groß gewählt, so wächst die Gefahr, auch eine richtige Nullhypothese als falsch abzulehnen.

Hier zwei konkrete Beispiele:

- Beim Flugzeugbau sollen Elemente mit einer Zugfestigkeit von 1000 N eingesetzt werden. Hier wird man tendenziell lieber eine gute Lieferung zurückweisen als eine fehlerhafte einzubauen. Entsprechend würde hier ein relativ großes α (z.B. $\alpha = 0,2$ oder noch größer) verwendet.

- Eine Verbraucherschutzorganisation vermutet, daß ein Hersteller von Fertiggerichten unerlaubterweise Packungen mit einem zu niedrigen mittleren Füllgewicht produziert. Da bei fälschlicher Beschuldigung Schadenersatzansprüche im existenzgefährdender Höhe drohen, muß die Organisation so sicher wie möglich sein, daß ihre Behauptung zutrifft. Hier wird ein möglichst kleines α gewählt (z.B. $\alpha = 0,01$).

Gelegentlich findet man noch ein anderes Vorgehen:

Anstelle im voraus ein bestimmtes Signifikanzniveau vorzugeben, wird im nachhinein aus dem Ergebnis der Stichprobe bestimmt, bei welchem α die Nullhypothese gerade noch abzulehnen wäre. Das Ergebnis könnte dann (über $1 - \alpha$) z.B. so formuliert werden: "Mit einer Wahrscheinlichkeit von 77% ist H_0 falsch." Man spricht in diesem Zusammenhang auch vom **empirischen Signifikanzniveau**, das oft mit α^* bezeichnet wird.

Diese Vorgehensweise kann hilfreich sein, um festzustellen, ob ein Test deutlich oder nur knapp entschieden wurde. Ersetzt sie jedoch die normale Testentscheidung, so besteht die Gefahr, daß das Ergebnis von vornherein feststeht und durch den Test nur abgesegnet werden soll. Diese Manipulationsgefahr besteht zumindest dann, wenn auch Ergebnisse als signifikant ausgewiesen werden, bei denen die Irrtumswahrscheinlichkeit deutlich über 10% liegt.

Als Variante davon wird z.T. angegeben, ob etwas "signifikant", "hochsignifikant" oder "höchstsignifikant" ist. Diesen Angaben werden dann entsprechende Signifikanzniveaus zugewiesen, z.B. $\alpha = 0,1$, $0,01$ bzw. $0,001$.

13.3.5 Festlegen des Stichprobenumfangs

Um die Wirkung des Stichprobenumfangs n zu erläutern, wird hier von einer einseitigen Nullhypothese über den Mittelwert μ ausgegangen: H_o: $\mu \le \mu_0$.

Für ein bestimmtes Signifikanzniveau α wird die obere kritische Grenze c_o berechnet. Die Wahrscheinlichkeit für einen α-Fehler, also die richtige Nullhypothese abzulehnen, läßt sich anhand der linken Dichtekurve in Abb. 13-1 verdeutlichen, mit der die Verteilung der Stichprobenmittelwerte für den Fall $\mu = \mu_0$ dargestellt ist. Die Nullhypothese ist für diesen Fall richtig, und die Irrtumswahrscheinlichkeit α entspricht der Fläche unterhalb der Dichtekurve rechts von c_0.

Jetzt wird angenommen, die Nullhypothese sei falsch und es gelte $\mu = \mu_1 > \mu_0$. Dies wird durch die rechte Dichtekurve in Abb. 13-1 dargestellt. Die Fläche unterhalb dieser Kurve links von c_o gibt für den Fall $\mu = \mu_1$ die Wahrscheinlichkeit eines β-Fehlers an, also der Nichtablehnung einer falschen Nullhypothese.

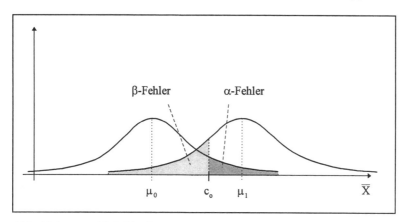

Abb. 13-1: α- und β-Fehler für eine einseitige Nullhypothese

Es wird deutlich, daß die Gefahr, eine falsche Nullhypothese nicht abzulehnen, relativ groß ist. Der Grund liegt darin, daß die Verteilungskurven des Stichprobenmittelwertes für beide Fälle ($\mu = \mu_0$ und $\mu = \mu_1$) einen großen Überlappungsbereich haben.

Wie aus Abschnitt 11.2 bekannt ist, nimmt die Standardabweichung des Stichprobenmittelwertes (sowie auch anderer Prüfgrößen) mit zunehmendem Stichprobenumfang n ab (Formel für "mit Zurücklegen"):

$$\sigma_{\overline{X}} = \frac{\sigma}{\sqrt{n}}$$

Abb. 13-2 zeigt, daß dadurch die Verteilung der Prüfgröße schmaler wird.

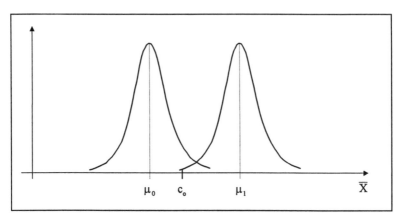

Abb. 13-2: Wirkung der Vergrößerung des Stichprobenumfangs n

Bei gleichem Signifikanzniveau rückt c_0 damit dichter an μ_0 heran. Zusätzlich liegen die Verteilungen enger um den jeweiligen Mittelwert und haben somit eine deutlich geringere Überlappung. Die Wahrscheinlichkeit für einen β-Fehler - entsprechend der Fläche unterhalb der rechten Kurve, die links von c_0 liegt - ist für den Fall $\mu = \mu_1$ deutlich geringer geworden.

Die **Trennschärfe des Tests** wird also durch einen größeren Stichprobenumfang verbessert, d.h., Abweichungen von der Nullhypothese werden mit größerer Sicherheit erkannt.

Dies spricht grundsätzlich für einen möglichst großen Stichprobenumfang. Dem stehen jedoch höhere Kosten für das Erheben der Stichprobe gegenüber. Zudem dürfte in den meisten Fällen eine Abweichung von der Nullhypothese unterhalb einer bestimmten Größenordnung irrelevant sein. Insbesondere bei zweiseitigen Hypothesen, die ja genau genommen nur in einem einzigen Punkt erfüllt sind, würde ein extrem großer Stichprobenumfang für reale Daten nahezu immer zur Ablehnung der Nullhypothese führen.

In Abschnitt 13.4 werden diese Überlegungen quantifiziert.

13.3.6 Bestimmen des Ablehnungsbereichs

Eine Nullhypothese soll dann abgelehnt werden, wenn die Prüfgröße U (z.B. der Stichprobenmittelwert) signifikant davon abweicht. Es müssen also konkrete Grenzen für den Ablehnungsbereich, die sogenannten **kritischen Grenzen**, festgelegt werden, bei deren Unter- bzw. Überschreiten eine Ablehnung erfolgt. Liegt die Prüfgröße innerhalb dieser Grenzen, also innerhalb des **Nichtablehnungsbereichs**, so wird die Nullhypothese nicht abgelehnt; liegt sie außerhalb, also im **Ablehnungsbereich**, wird sie als statistisch widerlegt verworfen. Die Grenzen selbst gehören noch zum Nichtablehnungsbereich.

Beim Bestimmen der kritischen Grenzen muß zwischen **einseitigen und zweiseitigen Tests**, also solchen mit einseitiger bzw. zweiseitiger Nullhypothese, unterschieden werden:

Zweiseitige Tests

Bei einem zweiseitigen Test gilt folgende Nullhypothese: H_0: $u = u_0$.

Als Nichtablehnungsbereich wird ein Intervall um u_0 herum definiert, in dem sich ein Stichprobenmittelwert bei korrekter Nullhypothese mit einer Wahrscheinlichkeit von $1-\alpha$ befindet. Der Nichtablehnungsbereich wird durch die untere kritische Grenze c_u und die obere kritische Grenze c_o begrenzt. Dabei werden die kritischen Grenzen so gewählt, daß die Wahrscheinlichkeit für das Unterschreiten von c_u gleich der Wahrscheinlichkeit für das Überschreiten von c_o ist. Da die Wahrscheinlichkeit dafür, daß die Prüfgröße U außerhalb des Nichtablehnungsbereichs liegt, α beträgt, gilt:

$$P(U < c_u) = P(U > c_o) = \alpha/2$$

Ist die Prüfgröße symmetrisch um u_0 verteilt (z.B. beim Stichprobenmittelwert und annähernder Normalverteilung der Fall), so liegen auch die kritischen Grenzen symmetrisch um u_0. Grafisch ist dies in Abb. 13-3 dargestellt.

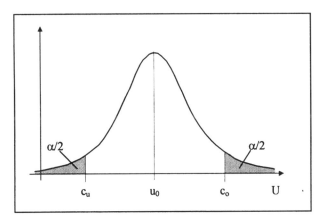

Abb. 13-3: Ablehnungsbereich bei einer zweiseitigen Nullhypothese

Einseitige Tests

Bei einem einseitigen Test gibt es zwei mögliche Nullhypothesen: H_0: $u \geq u_0$ und H_0: $u \leq u_0$.

Da alle Werte oberhalb bzw. unterhalb von u_0 einer richtigen Nullhypothese entsprechen, existiert nur eine kritische Grenze c_u bzw. c_o.

Zur Bestimmung dieser Grenze geht man davon aus, daß der zu prüfende Parameter gerade noch innerhalb des Bereichs der Nullhypothese liegt, also genau den

Wert u_0 besitzt. Die kritische Grenze wird dann so bestimmt, daß sie unter dieser Annahme ($u = u_0$) mit einer Wahrscheinlichkeit von α unter- bzw. überschritten wird.

Für die Nullhypothese H_o: $u \leq u_0$ und den tatsächlichen Parameter $u = u_0$ läßt sich der Zusammenhang grafisch so darstellen:

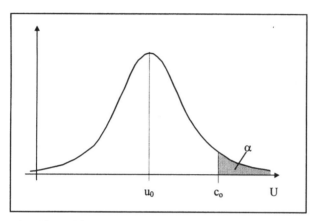

Abb. 13-4: Ablehnungsbereich bei einer einseitigen Nullhypothese

Gemäß Nullhypothese muß u nicht gleich u_0 sein, sondern kann weiter von der eben ermittelten kritische Grenze entfernt sein. In diesen Fällen ist die Wahrscheinlichkeit dafür, daß die Prüfgröße im Ablehnungsbereich liegt, kleiner als α. Demnach ist α eine obere Schranke für die Irrtumswahrscheinlichkeit. Es gilt also:

$P(U < c_u) \leq \alpha$ bzw. $P(U > c_o) \leq \alpha$.

13.3.7 Ermitteln der Prüfgröße

In diesem Schritt muß entweder eine Stichprobe der interessierenden Größe erhoben oder eine bereits existierende Stichprobe (eventuell mit neuer Zielsetzung) ausgewertet werden. Dabei ist die Grenze zwischen Stichprobe und Grundgesamtheit in einigen Fällen nicht eindeutig und von der Fragestellung abhängig. Beispiele:

- Die mittlere Füllmenge einer Getränkeabfüllanlage soll getestet werden. Dazu wird eine Probeserie von 1000 Flaschen befüllt. Auch wenn alle 1000 Flaschen geprüft werden, handelt es sich um eine Stichprobe, da eine Aussage für künftig produzierte Flaschen gemacht werden soll. Die Grundgesamtheit ist in ihrer Größe nicht bestimmt und existiert noch nicht. Werden jedoch insgesamt nur 1000 Flaschen produziert, so kann der Mittelwert durch deren vollständige Untersuchung exakt bestimmt werden; ein Test ist dann überflüssig.

- Es soll untersucht werden, ob Kernkraftwerke in ihrer Umgebung bei Kindern zu einem erhöhten Leukämie-Risiko führen. Selbst wenn alle betrachteten

Kernkraftwerke über die bisherige Gesamtdauer ihres Betriebes betrachtet werden, handelt es sich bezüglich der vermuteten Wirkung um einen Test, der auf einer Stichprobe basiert. Untersuchungsgegenstand sind nämlich nicht die endlich vielen Kraftwerke, sondern ihre Wirkung auf die nicht abgeschlossene Menge an Menschen, die in ihrer Umgebung gelebt haben, leben oder leben werden. Da - anders als z.B. bei Unfallopfern im Straßenverkehr - eine direkte Wirkung nur vermutet wird und durch einen solchen Test ja gerade überprüft werden soll, kann man zwar deskriptiv (d.h. auf der Auszählung der Grundgesamtheit basierend) alle festgestellten Leukämie-Fälle innerhalb einer Wohnumgebung aller Kernkraftwerke abzählen; der Einfluß der Kernkraftwerke kann damit aber nicht belegt werden. Dies vermögen erst Testverfahren.

Dieser Arbeitsschritt setzt nicht das Neuerheben einer Stichprobe voraus. Oft werden auch vorhandene Daten, die aus anderen Gründen gesammelt wurden, ausgewertet (sogenannte Sekundärstatistik). Gerade in der Medizin werden immer wieder neue Zusammenhänge zwischen Krankheiten und Lebensumständen oder Erregern vermutet bzw. entdeckt. Sofern die relevanten Daten erhoben wurden, läßt sich vorhandenes Material auch Jahre später nach den neuen Gesichtspunkten auswerten. Dies ist insbesondere dann unumgänglich, wenn neue Fälle zu selten sind oder eine zu lange Inkubationszeit haben, um schnell genug neues Material in ausreichender Menge (Stichprobenumfang!) zur Verfügung zu haben.

13.3.8 Testentscheidung

Die Testentscheidung ist prinzipiell sehr einfach:

Liegt die ermittelte Prüfgröße innerhalb des Ablehnungsbereichs, wird die Nullhypothese abgelehnt und gilt damit als statistisch widerlegt. Anderenfalls erfolgt keine Ablehnung, was jedoch nicht mit dem (statistischen) Beweis ihrer Richtigkeit gleichgesetzt werden darf.

Unumgänglich bei der Interpretation des Testergebnisses ist die Betrachtung der Fehlerrisiken (vgl. u.a. Abschnitt 13.3.4).

Klausurtip:

- Wird gefragt "kann bewiesen werden, daß H_1 stimmt", so muß H_0 statistisch widerlegt werden. Von der Ausnahme abgesehen, daß die Anwendungsvoraussetzungen nicht vorliegen, ist also ein statistischer Test durchzuführen. Die Antwort auf die Frage ergibt sich dann in Abhängigkeit davon, ob die Testgröße innerhalb des Ablehnungsbereichs liegt oder nicht.

13.4 Operationscharakteristik und Macht eines Tests

In Abschnitt 13.3.5 wurde aufgezeigt, wie die Gefahr eines β-Fehlers, also eine falsche Nullhypothese nicht abzulehnen, vom Stichprobenumfang n abhängt. In diesem Abschnitt wird dagegen untersucht, wie er für ein bestimmtes n vom konkreten Wert μ der untersuchten Grundgesamtheit abhängt.

Auch hier wird zunächst wieder von einer einseitigen Nullhypothese über den Mittelwert μ ausgegangen: H_0: $\mu \leq \mu_0$. Für einen Stichprobenumfang n und ein Signifikanzniveau α läßt sich daraus eine kritische Grenze c_0 ermitteln (vgl. Abschnitt 13.5.1):

> Gegeben sei eine N(100; 1)-verteilte Grundgesamtheit. Für n = 10 (mit Zurücklegen) und α = 0,05 errechnet sich daraus:

$$c_0 = \mu_0 + z \cdot \sigma_{\overline{X}} = 100 + 1,645 \cdot \frac{1}{\sqrt{10}} = 100,52$$

Wird nun angenommen, daß die untersuchte Grundgesamtheit einen bestimmten Wert μ besitzt, so läßt sich die Wahrscheinlichkeit dafür berechnen, daß der Stichprobenmittelwert in den Nichtablehnungsbereich fällt, also kleiner als c_0 ist:

> Z.B. gilt für μ = 101 und σ^2 = 1 (vgl. Abschnitt 10.3.6):

$$P(\overline{X} \leq c_0) = P(Z \leq \frac{c_0 - \mu}{\sigma_{\overline{X}}})$$

$$= P(Z \leq \frac{100,52 - 101}{\frac{1}{\sqrt{10}}}) = P(Z \leq -1,52) = 1 - F_Z(1,52) = 1 - 0,9357 = 0,0643$$

Für Werte von μ der untersuchten Grundgesamtheit, die im Widerspruch zur Nullhypothese stehen, ist die so berechnete Wahrscheinlichkeit gleich dem Fehler 2. Art und wird deshalb oft mit dem Symbol β bezeichnet. In gleicher Weise läßt sich für jeden möglichen Wert für μ ein β = f(μ) berechnen. Dabei wird f(μ) als **Operationscharakteristik** des Tests bezeichnet und ist für das beschriebene Beispiel in Abb. 13-5 als sogenannte **OC-Kurve** dargestellt. Für Werte von μ, die weit im Ablehnungsbereich (oberhalb von c_0) liegen, ist β sehr klein. Für $\mu = \mu_0$ ist β = 1-α, was zugleich die Obergrenze für den Fehler 2. Art darstellt, da Werte für $\mu \leq \mu_0$ ja einer korrekten Nullhypothese entsprechen.

Abb. 13-6 zeigt den Einfluß des Stichprobenumfangs n auf die Operationscharakteristik. Wie schon in Abschnitt 13.3.5 beschrieben, nimmt die Trennschärfe des Tests mit steigendem n zu. Dies zeigt sich durch eine steilere OC-Kurve, die für eine falsche Nullhypothese immer unterhalb, für eine richtige immer oberhalb einer Kurve für ein kleineres n verläuft (außer für den Grenzfall $\mu = \mu_0$). Entsprechend sind sowohl der Fehler 1. als auch 2. Art kleiner.

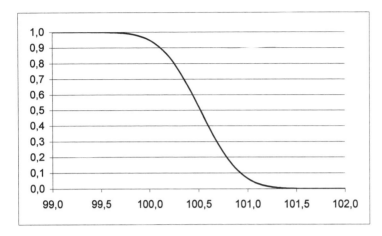

Abb. 13-5: OC-Kurve für einen einseitigen Test mit H_0: $\mu \le \mu_0$

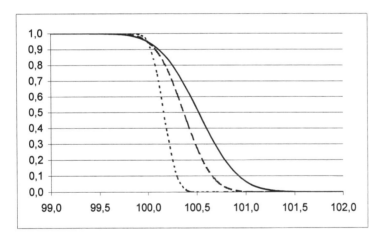

Abb. 13-6: OC-Kurven für verschiedene Stichprobenumfänge (n = 10, 20 und 100)

Für zweiseitige Tests gelten die Ausführungen analog und führen zu einer OC-Kurve, wie sie in Abb. 13-7 dargestellt ist. Die Kurve erreicht für $\mu = \mu_0$ ihr Maximum mit $\beta = 1-\alpha$ und fällt auf beiden Seiten symmetrisch ab.

Oft wird anstelle der Operationscharakteristik die Funktion 1-β betrachtet und als **Macht** oder **Güte** eines Tests bezeichnet. Sie entspricht der Wahrscheinlichkeit dafür, daß der Mittelwert der Stichprobe in Abhängigkeit vom Parameter μ der untersuchten Grundgesamtheit im Ablehnungsbereich liegt, also die Nullhypothese abgelehnt wird.

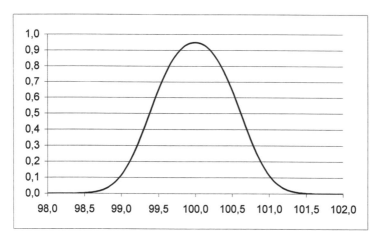

Abb. 13-7: OC-Kurve für einen zweiseitigen Test mit H_o: $\mu = \mu_0$

Für ein μ, das mit der Nullhypothese in Einklang steht, entspricht dies der Wahr-scheinlichkeit für einen Fehler 1. Art. Für den Grenzfall $\mu = \mu_0$ besitzt die Macht den Wert α; liegt μ bei einseitigen Tests weiter innerhalb des Nichtablehnungsbe-reichs, so ist die Wahrscheinlichkeit für einen Fehler 1. Art kleiner.

13.5 Einstichproben-Parametertests

Bei **Einstichprobentests** wird die Entscheidung über eine Hypothese aufgrund des Ergebnisses einer einzigen Stichprobe getroffen. In diesem Abschnitt werden Parametertests zu den wichtigsten Parametern, dem Mittelwert μ, dem Anteilswert θ und der Varianz σ^2, vorgestellt.

13.5.1 Testen einer Hypothese über den Mittelwert

Die in Abschnitt 13.3 allgemein beschriebenen Schritte werden im folgenden für einen Test über den Mittelwert (bzw. Erwartungswert) μ einer Grundgesamtheit konkretisiert. Das Vorgehen ähnelt sehr der Intervallschätzung von μ, wie sie in Abschnitt 12.3.3 behandelt wurde. Entsprechend werden die Ausführungen hier knapper gehalten, soweit sie sich auf vergleichbare Sachverhalte beziehen.

Bevor ein Test angewendet werden kann, ist zu prüfen, ob die dafür notwendigen **Voraussetzungen** erfüllt sind. Es handelt sich hier um einen Test, bei dem die Prüfgröße (der Stichprobenmittelwert $\overline{X}$) zumindest näherungsweise normalver-teilt sein muß. Das ist dann der Fall, wenn das Merkmal X der Grundgesamtheit (näherungsweise) normalverteilt ist oder der Stichprobenmittelwert $\overline{X}$ aufgrund des zentralen Grenzwertsatzes näherungsweise normalverteilt ist. Letzteres kann ab $n > 30$ angenommen werden. Weiterhin wird von einer Zufallsstichprobe aus-gegangen, die entweder mit oder ohne Zurücklegen gezogen wird.

Bei der **Nullhypothese** wird zwischen einseitig und zweiseitig unterschieden:

zweiseitig: $H_0: \mu = \mu_0$

einseitig: $H_0: \mu \leq \mu_0$ oder $H_0: \mu \geq \mu_0$

Als **Prüfgröße** wird der Stichprobenmittelwert verwendet:

$$\overline{X} = \frac{1}{n} \sum_{i=1}^{n} X_i$$

Die **Grenzen des Ablehnungsbereichs** werden in Abhängigkeit von folgenden Faktoren berechnet:

- σ der Grundgesamtheit bekannt oder nicht

- Stichprobe mit oder ohne Zurücklegen

- Stichprobenumfang n

- bei endlicher Grundgesamtheit und ohne Zurücklegen: Umfang der Grundgesamtheit N

- Nullhypothese (einseitiger oder zweiseitiger Test)

Die konkreten Grenzen des Ablehnungsbereichs können nach dem Schema des Flußdiagramms in Abb. 13-8 berechnet werden.

Entsprechend der verwendeten Verteilung (z-Werte und t-Werte) wird der Test bei bekanntem σ auch als **Gauß-Test**, bei unbekanntem σ als **t-Test** bezeichnet.

Die **Testentscheidung** wird in Abhängigkeit von dem konkret ermittelten Wert $\overline{x}$ der Prüfgröße $\overline{X}$ getroffen. Die Nullhypothese wird unter folgenden Bedingungen abgelehnt:

zweiseitiger Test ($H_0: \mu = \mu_0$): $\overline{x} < c_u$ oder $\overline{x} > c_o$

einseitiger Test mit $H_0: \mu \leq \mu_0$: $\overline{x} > c_o$

einseitiger Test mit $H_0: \mu \geq \mu_0$: $\overline{x} < c_u$

Hierzu ein konkretes Rechenbeispiel:

> Es wird behauptet, daß das monatliche Einkommen von Lehrlingen einer Branche mindestens 725 EUR betrage. Diese Behauptung soll bei einem Signifikanzniveau von 0,05 getestet werden. Bei einer Stichprobe unter 20 Lehrlingen wurde ein Durchschnittseinkommen von 700 EUR bei einer Varianz von $s^2 = 2000$ EUR^2 ermittelt. Im vorliegenden Fall kann von einem näherungsweise normalverteilten Lehrlingsgehalt ausgegangen werden.

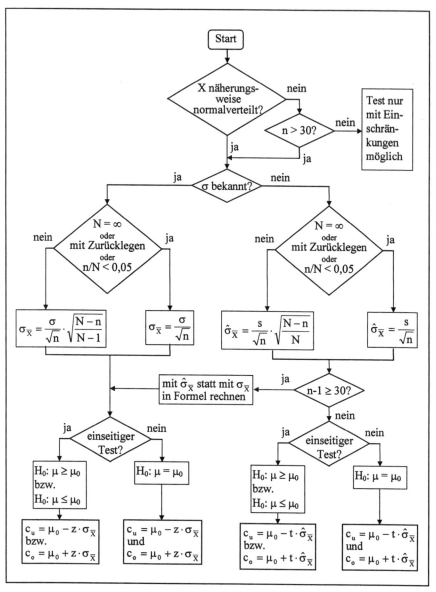

Abb. 13-8: Testen einer Hypothese über den Mittelwert (In Anlehnung an: Schwarze, Grundlagen der Statistik II, 5. Aufl., 1993, S. 216 f.)

Lösung:

$H_0: \mu \geq \mu_0 = 725$ $H_1: \mu < \mu_0 = 725$

es kann von einem (annähernd) normalverteilten X ausgegangen werden

σ ist unbekannt

Stichprobe ohne Zurücklegen, aber $n/N < 0,05$

$$\Rightarrow \hat{\sigma}_{\overline{X}} = \frac{s}{\sqrt{n}} = \frac{\sqrt{2000}}{\sqrt{20}} = \sqrt{100} = 10$$

$n - 1 = 19 < 30$

einseitiger Test; $\alpha = 0,05$

$$\Rightarrow c_u = \mu_0 - t \cdot \hat{\sigma}_{\overline{X}} = 725 - 1,729 \cdot 10 = 707,71$$

Da $\overline{x} = 700 < 707,71 = c_u$ ist, muß die Nullhypothese als falsch verworfen werden. Es ist damit bewiesen, daß das Durchschnittseinkommen der Lehrlinge unter 725 EUR liegt.

13.5.2 Testen einer Hypothese über den Anteilswert

Wie bereits aus Abschnitt 12.3.4 bekannt ist, liegt für die Anzahl der aus einer dichotomen Grundgesamtheit gezogenen Elemente mit einer Eigenschaft A eine Binomialverteilung (mit Zurücklegen) oder eine hypergeometrische Verteilung (ohne Zurücklegen) vor. Schon beim Schätzen wurde die Rechnung mit der hypergeometrischen Verteilung als zu aufwendig verworfen. An dieser Stelle wird auch auf die Rechnung bei einer Binomialverteilung verzichtet. Es wird also nur der Fall betrachtet, daß eine Näherung durch die Normalverteilung möglich ist.

Die **Voraussetzung** für diesen Test ist, daß es sich um eine Zufallsstichprobe aus einer dichotomen Grundgesamtheit handelt.

Die möglichen **Nullhypothesen** lauten:

zweiseitig: $H_0: \theta = \theta_0$

einseitig: $H_0: \theta \leq \theta_0$ oder $H_0: \theta \geq \theta_0$

Als **Prüfgröße** wird der Stichprobenanteilswert P verwendet:

$$P = \frac{1}{n} \sum_{i=1}^{n} X_i \, ,$$

wobei Elementen mit der entsprechenden Eigenschaft der Wert 1, den übrigen der Wert 0 zugeordnet wird.

Die **Grenzen des Ablehnungsbereichs** lassen sich gemäß dem Vorgehen im Flußdiagramm in Abb. 13-9 bestimmen.

Die **Testentscheidung** wird in Abhängigkeit von dem konkret ermittelten Wert p der Prüfgröße P getroffen. Die Nullhypothese wird unter folgenden Bedingungen abgelehnt:

zweiseitiger Test ($H_0: \theta = \theta_0$): $p < c_u$ oder $p > c_o$

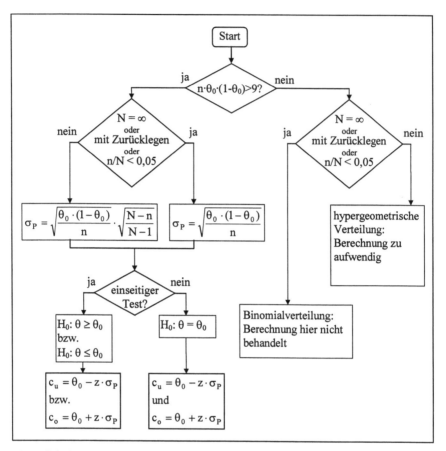

Abb. 13-9: Testen einer Hypothese über den Anteilswert

einseitiger Test mit $H_0: \theta \leq \theta_0$: $p > c_o$

einseitiger Test mit $H_0: \theta \geq \theta_0$: $p < c_u$

Im Gegensatz zum Mittelwert μ ergibt sich hier ein Unterschied in den Formeln zwischen Intervallschätzung und Test. Dieser beruht darauf, daß sich bei einer Binomialverteilung (auch wenn sie durch die Normalverteilung approximiert wird) die Standardabweichung aus dem Anteilswert ergibt. Wird eine Schätzung vorgenommen, ist θ und damit auch σ_P unbekannt und wird aus dem Anteilswert P der Stichprobe geschätzt. Wird jedoch eine Nullhypothese mit einem bestimmten θ formuliert, ergibt sich daraus automatisch ein σ_P. Im Nenner wird jetzt auch n anstelle von n-1 geschrieben, da die Standardabweichung nicht geschätzt wird.

Dieser Unterschied kann sich dahingehend auswirken, daß beim Testen eine Null-hypothese nicht abgelehnt werden kann, obwohl θ_0 außerhalb des geschätzten Konfidenzintervalls liegt. Der Grund liegt darin, daß - anders als beim Mittelwert

μ - die Breite des Konfidenzintervalls beim Schätzen von dem Ergebnis der Stichprobe abhängt, die Breite des Nichtablehnungsbereichs für den Test jedoch nicht.

Hier noch ein konkretes Rechenbeispiel:

Eine Partei behauptet, bei der nächsten Landtagswahl mit Sicherheit die 5%-Hürde zu überspringen. Ein politischer Gegner will diese Behauptung bei einem Signifikanzniveau von 0,05 widerlegen. Es werden 1000 Wähler befragt, von denen nur 40 angaben, die Partei zu wählen.

Lösung:

$H_0: \theta \geq \theta_0 = 0{,}05 \qquad H_1: \theta < \theta_0 = 0{,}05$

$n \cdot \theta_0 \cdot (1-\theta_0) = 1000 \cdot 0{,}05 \cdot 0{,}95 = 47{,}5 > 9$

$n/N < 0{,}05$, da sicher mehr als 20000 Wähler insgesamt

$$c_u = \theta_0 - z \cdot \sqrt{\frac{\theta_0 \cdot (1-\theta_0)}{n}} = 0{,}05 - 1{,}645 \cdot \sqrt{\frac{0{,}05 \cdot (1-0{,}05)}{1000}}$$

$$= 0{,}05 - 0{,}0113 = 0{,}0387$$

$p = x / n = 40 / 1000 = 0{,}04 > c_u = 0{,}0387$

Damit kann die Nullhypothese nicht als statistisch widerlegt abgelehnt werden, d.h., es ist nicht auszuschließen, daß die Partei die 5%-Hürde überwinden wird. Umgekehrt kann aus der Nichtablehnung der Nullhypothese aber keinesfalls gefolgert werden, daß die Partei 5% erreicht.

13.5.3 Testen einer Hypothese über die Varianz

Wird aus einer Grundgesamtheit, die (zumindest näherungsweise) $N(\mu;\sigma^2)$-verteilt ist, eine Zufallsstichprobe im Umfang n gezogen, so ist die Größe

$$\frac{(n-1) \cdot S^2}{\sigma^2}$$

χ^2-verteilt mit n-1 Freiheitsgraden (vgl. Abschnitt 12.3.5).

Gibt man ein Signifikanzniveau α vor, so gilt:

$$P\left(\chi^2(\tfrac{\alpha}{2};n-1) \leq \frac{(n-1) \cdot s^2}{\sigma^2} \leq \chi^2(1-\tfrac{\alpha}{2};n-1) \right) = 1-\alpha$$

$\Leftrightarrow$

$$P\left(\frac{\sigma^2 \cdot \chi^2(\tfrac{\alpha}{2};n-1)}{n-1} \leq s^2 \leq \frac{\sigma^2 \cdot \chi^2(1-\tfrac{\alpha}{2};n-1)}{n-1} \right) = 1-\alpha$$

Die **Voraussetzung** für diesen Test ist, daß es sich um eine Zufallsstichprobe aus einer zumindest näherungsweise normalverteilten Grundgesamtheit handelt.

Die möglichen **Nullhypothesen** lauten:

zweiseitig: $H_0: \sigma^2 = \sigma_0^2$

einseitig: $H_0: \sigma^2 \leq \sigma_0^2$ oder $H_0: \sigma^2 \geq \sigma_0^2$

Als **Prüfgröße** wird die Stichprobenvarianz S^2 verwendet:

$$S^2 = \frac{1}{n-1} \sum_{i=1}^{n} (X_i - \overline{X})^2$$

Die **Grenzen des Ablehnungsbereichs** sind:

$H_0: \sigma^2 = \sigma_0^2:$ $\quad c_u = \dfrac{\sigma_0^2 \cdot \chi^2(\frac{\alpha}{2}; n-1)}{n-1}$ und $c_o = \dfrac{\sigma_0^2 \cdot \chi^2(1-\frac{\alpha}{2}; n-1)}{n-1}$

$H_0: \sigma^2 \leq \sigma_0^2:$ $\quad c_o = \dfrac{\sigma_0^2 \cdot \chi^2(1-\alpha; n-1)}{n-1}$

$H_0: \sigma^2 \geq \sigma_0^2:$ $\quad c_u = \dfrac{\sigma_0^2 \cdot \chi^2(\alpha; n-1)}{n-1}$

Die **Testentscheidung** wird in Abhängigkeit von dem konkret ermittelten Wert s^2 der Prüfgröße S^2 getroffen. Die Nullhypothese wird unter folgenden Bedingungen abgelehnt:

zweiseitiger Test ($H_0: \sigma^2 = \sigma_0^2$): $s^2 < c_u$ oder $s^2 > c_o$

einseitiger Test mit $H_0: \sigma^2 \leq \sigma_0^2$: $s^2 > c_o$

einseitiger Test mit $H_0: \sigma^2 \geq \sigma_0^2$: $s^2 < c_u$

Hier ein konkretes Beispiel für einen Test über die Varianz:

> Der Hersteller einer Maschine zum Zuschneiden von Brettern gibt an, daß die Varianz der (normalverteilten) Schnittlänge maximal 1 mm^2 beträgt. Bei einer Stichprobe mit 36 Brettern wurde eine Varianz von $s^2 = 1{,}5$ mm^2 festgestellt. Ist damit zum Signifikanzniveau von $\alpha = 0{,}01$ bewiesen, daß die Maschine nicht den Herstellerangaben entspricht?
>
> Lösung:
>
> $H_0: \sigma^2 \leq 1$ mm^2 $H_1: \sigma^2 > 1$ mm^2

$$c_o = \frac{\sigma_0^2 \cdot \chi^2(1-\alpha; n-1)}{n-1}$$

$$= \frac{1\,mm^2 \cdot \chi^2(0,99;35)}{35} = \frac{57,342}{35}\,mm^2 = 1,638\,mm^2$$

$s^2 = 1,5\,mm^2 \le c_o = 1,638\,mm^2$

Damit kann H_0 nicht abgelehnt werden, d.h., es liegt keine signifikant zu hohe Varianz vor.

13.6 Zweistichproben-Parametertests

Bisher wurden Tests behandelt, mit denen eine einzige Grundgesamtheit untersucht wurde. Oft besteht jedoch auch die Notwendigkeit, vergleichende Untersuchungen über zwei Grundgesamtheiten anzustellen. Bei diesen **Zweistichproben-tests** wird aus zwei getrennten Grundgesamtheiten jeweils eine Stichprobe gezogen. In diesem Abschnitt werden Testverfahren vorgestellt, mit denen Unterschiede der Mittelwerte, der Anteilswerte und der Varianzen untersucht werden.

13.6.1 Unabhängige und verbundene Stichproben

Viele Zweistichprobentests setzen explizit voraus, daß unabhängige Stichproben beider Grundgesamtheiten vorliegen. Umgekehrt basieren einige Verfahren direkt auf der Annahme abhängiger, sogenannter verbundener Stichproben. Es ist deshalb wichtig, das Vorliegen dieser Voraussetzungen zu beachten.

Unabhängige Stichproben liegen in der Regel dann vor, wenn die Stichprobenelemente der einen Grundgesamtheit ohne jeden Bezug zu den Stichprobenelementen der anderen Grundgesamtheit gezogen werden. Dabei kann die Anzahl der Elemente in beiden Stichproben differieren. Entsprechend werden für den Test auch nicht mehr die einzelnen Elemente benötigt, sondern nur die Werte von Stichprobenfunktionen, z.B. die Stichprobenmittelwerte.

Zufallsvariablen unterliegen meist dem Einfluß einer Vielzahl einzelner Einflüsse. Man kann sie deshalb als Funktion vieler unabhängiger Variablen auffassen. Bei **verbundenen Stichproben** werden aus beiden Grundgesamtheiten jeweils Paare von Werten (x_{1i}; x_{2i}) entnommen, bei denen eine oder mehrere dieser Einflußgrößen gleich sind bzw. deutlich korrelieren. Dies kann auf unterschiedliche Weise erreicht werden. Hier einige Beispiele dazu:

- Die Wirkung zweier Schmerzmittel soll verglichen werden. Anstelle zwei unabhängigen Gruppen von Patienten jeweils eines der Mittel zu geben, erhält jeder Patient nacheinander (mit dem nötigen zeitlichen Abstand) beide Mittel. Da jeweils die Wirkung an ein und demselben Patienten verglichen werden kann, lassen sich besonders deutliche Vergleiche anstellen.

- Die Wirksamkeit verschiedener Dünger oder Pflanzenschutzmittel soll untersucht werden. Für eine verbundene Stichprobe werden jeweils Paare von nebeneinanderliegenden Feldern im gleichen Zeitraum in gleicher Weise behandelt und die Wirkung verglichen. Durch die räumliche Nähe und die zeitgleiche Untersuchung sind maßgebliche Einflußfaktoren wie Wetter oder von außen kommender Schädlingsbefall nahezu identisch.

- Die Tagesumsätze von Feinkostgeschäften sollen verglichen werden. Die Art und Höhe der Umsätze wird größeren Schwankungen unterliegen, die z.B. auf Wochentagen (Einkäufe für Sonntagsessen), Festen (Weihnachten u.ä.) sowie der Saison (inkl. Wetter) beruhen. Trotz großer räumlicher Entfernung dürfte immer noch eine Verbindung zwischen Stichprobenelementen bestehen, die am jeweils gleichen Tag in Hamburg und München erhoben wurden.

Anders als bei unabhängigen Stichproben betrachtet man hier nicht die über eine Stichprobenfunktion aggregierten Werte der beiden Stichproben, sondern vergleicht jeweils die zueinander gehörigen Paare der beiden Stichproben. In der Regel werden dann z.B. die Differenzen oder Quotienten der Paare betrachtet, so daß man diese praktisch wie eine einzige Stichprobe auffassen kann.

13.6.2 Test zum Vergleich zweier Mittelwerte

13.6.2.1 Test für unabhängige Stichproben

Sehr häufig besteht die Aufgabe, die Mittelwerte μ_1 und μ_2 zweier getrennter Grundgesamtheiten zu vergleichen.

Um den nachfolgend beschriebenen Test durchführen zu können, müssen folgende **Voraussetzungen** erfüllt sein:

- Beide Zufallsvariablen müssen unabhängig voneinander sein.

- Beide Zufallsvariablen müssen normalverteilt sein. Ist dies nicht der Fall, kann näherungsweise Normalverteilung angenommen werden, wenn für die Stichprobenumfänge gilt: $n_1 > 30$ und $n_2 > 30$.

- Es wird mit Zurücklegen gezogen. Für den Fall, daß ohne Zurücklegen gezogen wird, muß gelten: $n_1/N_1 < 0{,}05$ und $n_2/N_2 < 0{,}05$.

Die möglichen **Nullhypothesen** lauten:

zweiseitig: $H_0: \mu_1 = \mu_2$ bzw. $\mu_1 - \mu_2 = 0$

einseitig: $H_0: \mu_1 \leq \mu_2$ bzw. $\mu_1 - \mu_2 \leq 0$ oder

              $H_0: \mu_1 \geq \mu_2$ bzw. $\mu_1 - \mu_2 \geq 0$

Als **Prüfgröße** wird die Differenz der Stichprobenmittelwerte der Grundgesamtheiten verwendet: $D = \overline{X}_1 - \overline{X}_2$.

Die **Grenzen des Ablehnungsbereichs** werden nach dem Flußdiagramm in Abb. 13-10 ermittelt.

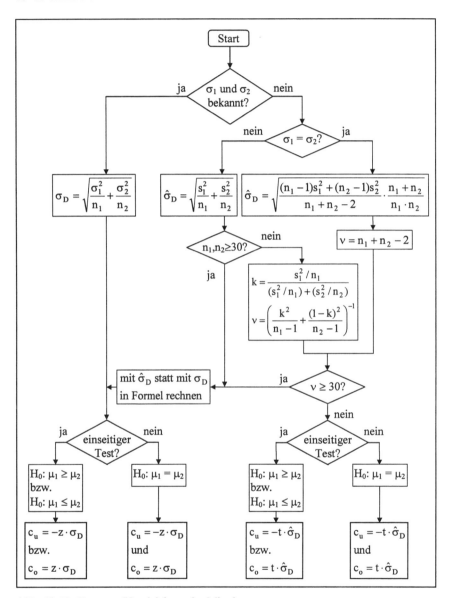

Abb. 13-10: Test zum Vergleich zweier Mittelwerte

Für bekannte Varianzen der beiden Grundgesamtheiten ergibt sich eine normalverteilte Prüfgröße, unabhängig davon, ob die Varianzen gleich sind oder nicht. Dagegen muß bei unbekannten Varianzen zwischen diesen Fällen unterschieden werden. Dazu wird z.B. der in Abschnitt 13.6.4 beschriebene F-Test zum Vergleich zweier Varianzen verwendet. Bei unbekannten Varianzen ergibt sich eine Studentverteilung, deren Anzahl von Freiheitsgraden gemäß den angegebenen Formeln zu berechnen ist. Sofern sich bei der Formel für unterschiedliche Varianzen nicht ganzzahlige Werte ergeben, sind diese aufzurunden. Diese Werte liegen zwischen $\min(n_1;n_2)-1$ und n_1+n_2-2. Für $v \geq 30$ bzw. n_1 und $n_2 \geq 30$ wird die Studentverteilung durch die Standardnormalverteilung approximiert.

Die **Testentscheidung** wird in Abhängigkeit von dem konkret ermittelten Wert d der Prüfgröße D getroffen. Die Nullhypothese wird unter folgenden Bedingungen abgelehnt:

zweiseitiger Test (H_0: $\mu_1 = \mu_2$): $d < c_u$ oder $d > c_o$

einseitiger Test mit H_0: $\mu_1 \leq \mu_2$: $d > c_o$

einseitiger Test mit H_0: $\mu_1 \geq \mu_2$: $d < c_u$

Hier ein konkretes Beispiel für einen Test zum Vergleich zweier Mittelwerte:

> In einer Fertigung werden zwei baugleiche (gleiche Varianz) Maschinen eingesetzt, die auf gleiche Fertigungsmaße (Mittelwerte) eingestellt sein müssen. Bei Messungen an 100 auf Maschine 1 produzierten Stäben wurde eine mittlere Länge von 100,2 mm bei einer Standardabweichung s = 1,5 mm festgestellt; bei Maschine 2 waren es bei 200 Stäben eine Durchschnittslänge von 99,7 mm bei s = 2 mm. Bestätigt dies den Verdacht, daß die Mittelwerte der Maschinen differieren ($\alpha = 0{,}1$)?

Lösung:

H_0: $\mu_1 = \mu_2$ H_1: $\mu_1 \neq \mu_2$

σ_1 und σ_2 sind unbekannt, aber gleich

$$
\begin{aligned}
\hat{\sigma}_D &= \sqrt{\frac{(n_1-1) \cdot s_1^2 + (n_2-1) \cdot s_2^2}{n_1+n_2-2} \cdot \frac{n_1+n_2}{n_1 \cdot n_2}} \\
&= \sqrt{\frac{99 \cdot 1{,}5^2\,mm^2 + 199 \cdot 2^2\,mm^2}{100+200-2} \cdot \frac{100+200}{100 \cdot 200}} = 0{,}226\,mm
\end{aligned}
$$

$v = 100+200-2 = 298$ $\Rightarrow$ Approximation durch Normalverteilung

$\alpha = 0{,}1$, zweiseitiger Test $\Rightarrow$ $z = 1{,}645$

$c_{o,u} = \pm z \cdot \hat{\sigma}_D = \pm 1{,}645 \cdot 0{,}226\,mm = \pm 0{,}373\,mm$

$d = \bar{x}_1 - \bar{x}_2 = 100{,}2\,mm - 99{,}7\,mm = 0{,}5\,mm$

$d = 0{,}5\,mm > c_o = 0{,}373\,mm$

Damit ist H_0 abzulehnen, d.h., die Mittelwerte der produzierten Stäbe weichen auf beiden Maschinen signifikant voneinander ab.

Anmerkung: Die Differenz der Mittelwerte kann nicht nur auf Null, sondern auch auf einen festen Wert getestet werden. Dann würde z.B. die Nullhypothese $\mu_1 - \mu_2 \geq 0$ zu $\mu_1 - \mu_2 \geq c$. Die kritischen Grenze berechnet sich dann zu $c_0 = c + z \cdot \sigma_D$. Für die beiden anderen Nullhypothesen gilt dies entsprechend.

13.6.2.2 Test für verbundene Stichproben

Liegen verbundene Stichproben vor, so beruht der Test zum Vergleich zweier Mittelwerte auf einer Menge von Wertepaaren (X_{1i}, X_{2i}). Damit ist auch die Anzahl der Merkmalswerte in beiden Stichproben gleich: $n_1 = n_2 = n$. Prinzipiell wird anstelle der einzelnen Stichproben nur die Menge der Differenzen $D_i = X_{1i} - X_{2i}$ betrachtet und wie eine einzige Stichprobe behandelt. Damit entspricht der Vergleich der Mittelwerte beider Grundgesamtheiten dem Test ihrer Differenz auf Null.

Für den Test müssen folgende **Voraussetzungen** erfüllt sein:

- Es müssen verbundene Stichproben mit n Wertepaaren (X_{1i}, X_{2i}) vorliegen.

- Die Differenzen der korrespondierenden Werte beider Stichproben müssen (zumindest näherungsweise) normalverteilt sein. Dies ist in der Regel dann gewährleistet, wenn beide Stichproben (näherungsweise) normalverteilt sind.

- Es wird mit Zurücklegen gezogen. Für den Fall, daß ohne Zurücklegen gezogen wird, muß gelten: $n_1/N_1 < 0{,}05$ und $n_2/N_2 < 0{,}05$.

Die möglichen **Nullhypothesen** lauten:

zweiseitig: $H_0: \mu_1 = \mu_2$ bzw. $\mu_1 - \mu_2 = 0$

einseitig: $H_0: \mu_1 \leq \mu_2$ bzw. $\mu_1 - \mu_2 \leq 0$ oder

$H_0: \mu_1 \geq \mu_2$ bzw. $\mu_1 - \mu_2 \geq 0$

Als **Prüfgröße** wird der Mittelwert der Differenzen der korrespondierenden Stichprobenwerte beider Grundgesamtheiten verwendet:

$$\overline{D} = \frac{1}{n} \sum_{i=1}^{n} D_i = \frac{1}{n} \sum_{i=1}^{n} (X_{1i} - X_{2i}) = \overline{X}_1 - \overline{X}_2$$

Für die **Grenzen des Ablehnungsbereichs** gilt:

$$\hat{\sigma}_D = \frac{S_D}{\sqrt{n}} \quad \text{mit} \quad S_D^2 = \frac{1}{n-1} \sum_{i=1}^{n} (D_i - \overline{D})^2 = \frac{1}{n-1} \left[\sum_{i=1}^{n} D_i^2 - \frac{1}{n} \left(\sum_{i=1}^{n} D_i \right)^2 \right]$$

Die beiden Grenzen sind dann:

$$c_u = -t \cdot \hat{\sigma}_D \quad \text{und} \quad c_o = t \cdot \hat{\sigma}_D$$

Die Studentverteilung besitzt n-1 Freiheitsgrade.

Die **Testentscheidung** wird in Abhängigkeit von dem konkret ermittelten Wert $\overline{d}$ der Prüfgröße $\overline{D}$ getroffen. Die Nullhypothese wird unter folgenden Bedingungen abgelehnt:

zweiseitiger Test (H_0: $\mu_1 = \mu_2$): $\overline{d} < c_u$ oder $\overline{d} > c_o$

einseitiger Test mit H_0: $\mu_1 \leq \mu_2$: $\overline{d} > c_o$

einseitiger Test mit H_0: $\mu_1 \geq \mu_2$: $\overline{d} < c_u$

Beispiel:

> Als indirekter Nachweis für ein Doping mit dem Mittel EPO wird im Rahmen eines Bluttests der Hämatokritwert ermittelt. Von einigen Sportlern wird behauptet, daß die beiden beauftragten Labors 1 und 2 im Schnitt unterschiedliche Werte liefern. Zur Überprüfung wurden von acht Sportlern Blutproben entnommen, jeweils in zwei Röhrchen abgefüllt und an jedes Labor eins davon geschickt. Es ergaben sich folgende Werte:

Sportler	1	2	3	4	5	6	7	8
Labor 1	42,8	47,2	45,9	51,4	41,8	43,6	49,2	50,4
Labor 2	43,2	46,8	46,2	50,7	42,2	44,1	48,5	49,7

> Stützen diese Daten die Behauptung der Sportler ($\alpha = 0{,}05$)?

Lösung:

H_0: $\mu_1 = \mu_2$ H_1: $\mu_1 \neq \mu_2$

$$s_D^2 = \frac{1}{n-1}\left[\sum_{i=1}^n d_i^2 - \frac{1}{n}\left(\sum_{i=1}^n d_i\right)^2\right] = \frac{1}{8-1}\left[2{,}29 - \frac{1}{8}0{,}9^2\right] = 0{,}3127$$

$$\hat{\sigma}_D = \frac{s_D}{\sqrt{n}} = \frac{\sqrt{0{,}3127}}{\sqrt{8}} = 0{,}198$$

zweiseitiger Test; $\nu = n-1 = 7$; $\alpha = 0{,}05 \Rightarrow t = 2{,}365$

$$c_{o,u} = \pm t \cdot \hat{\sigma}_D = \pm 2{,}365 \cdot 0{,}198 = \pm 0{,}4676$$

$$\overline{d} = \frac{1}{n}\sum_{i=1}^n d_i = \frac{0{,}9}{8} = 0{,}1125$$

$c_u = -0{,}4676 < \overline{d} = 0{,}1125 < c_o = 0{,}4676$

Damit haben sich keinerlei Anhaltspunkte ergeben, die eine Ablehnung der Nullhypothese rechtfertigen. Es spricht also nichts dagegen, von übereinstimmenden Ergebnissen beider Labors auszugehen.

Analog zum Fall unabhängiger Stichproben ist es auch hier möglich, die Differenz statt auf Null auf einen bestimmten Wert c zu testen.

13.6.3 Test zum Vergleich zweier Anteilswerte

Es sollen die Anteilswerte θ_1 und θ_2 zweier dichotomer Grundgesamtheiten verglichen werden. Dazu wird - unabhängig voneinander - aus jeder Grundgesamtheit jeweils eine Stichprobe im Umfang n_1 bzw. n_2 gezogen, für die sich die Stichprobenanteilswerte P_1 und P_2 ergeben.

Die **Voraussetzung** für diesen Test ist, daß es sich um zwei unabhängige Zufallsstichproben aus jeweils getrennten dichotomen Grundgesamtheiten handelt. Zusätzlich wird hier vorausgesetzt, daß P_1 und P_2 annähernd normalverteilt sind. Dies ist gegeben, wenn gilt:

$$P_1 \cdot (1-P_1) \cdot n_1 > 9 \quad \text{und} \quad P_2 \cdot (1-P_2) \cdot n_2 > 9$$

Die möglichen **Nullhypothesen** lauten:

zweiseitig: $\quad H_0: \theta_1 = \theta_2 \quad$ bzw. $\quad \theta_1 - \theta_2 = 0$

einseitig: $\quad H_0: \theta_1 \leq \theta_2 \quad$ bzw. $\quad \theta_1 - \theta_2 \leq 0 \quad$ oder

$\qquad\qquad\quad H_0: \theta_1 \geq \theta_2 \quad$ bzw. $\quad \theta_1 - \theta_2 \geq 0$

Als **Prüfgröße** wird die Differenz der Stichprobenanteilswerte P_1 und P_2 verwendet: $D = P_1 - P_2$.

Für die **Grenzen des Ablehnungsbereichs** gilt:

$$\boxed{\hat{\sigma}_D = \sqrt{P \cdot (1-P) \cdot \frac{n_1 + n_2}{n_1 \cdot n_2}}} \quad \text{mit} \quad \boxed{P = \frac{n_1 \cdot P_1 + n_2 \cdot P_2}{n_1 + n_2}}$$

Die beiden Grenzen sind dann:

$$\boxed{c_u = -z \cdot \hat{\sigma}_D} \quad \text{und} \quad \boxed{c_o = z \cdot \hat{\sigma}_D}$$

Die **Testentscheidung** wird in Abhängigkeit von dem konkret ermittelten Wert d der Prüfgröße $D = P_1 - P_2$ getroffen. Die Nullhypothese wird unter folgenden Bedingungen abgelehnt:

zweiseitiger Test ($H_0: \theta_1 = \theta_2$): $\quad d < c_u$ oder $d > c_o$

einseitiger Test mit $H_0: \theta_1 \leq \theta_2$: $\quad d > c_o$

einseitiger Test mit $H_0: \theta_1 \geq \theta_2$: $\quad d < c_u$

Beispiel:

Es wird vermutet, daß es in Oberstadt einen höheren Anteil von Akademikern als in Unterstadt gibt. Bei einer Stichprobe von 100 (erwachsenen) Personen in Oberstadt wurden 20 Akademiker gezählt, bei 80 Befragten in Unterstadt nur 12. Ist damit die Vermutung bewiesen ($\alpha = 0,05$)?

Lösung:

$H_0: \theta_1 \leq \theta_2 \qquad H_1: \theta_1 > \theta_2$

$p_1 = \frac{20}{100} = 0,2 \qquad p_2 = \frac{12}{80} = 0,15$

Anwendungsvoraussetzung testen:

$$p_1 \cdot (1 - p_1) \cdot n_1 = 0,2 \cdot 0,8 \cdot 100 = 16 > 9$$

$$p_2 \cdot (1 - p_2) \cdot n_2 = 0,15 \cdot 0,85 \cdot 80 = 10,2 > 9$$

$$p = \frac{n_1 \cdot p_1 + n_2 \cdot p_2}{n_1 + n_2} = \frac{100 \cdot 0,2 + 80 \cdot 0,15}{100 + 80} = 0,1\overline{7}$$

$$\hat{\sigma}_D = \sqrt{p \cdot (1 - p) \cdot \frac{n_1 + n_2}{n_1 \cdot n_2}} = \sqrt{0,1\overline{7} \cdot 0,8\overline{2} \cdot \frac{100 + 80}{100 \cdot 80}} = 0,0573$$

einseitiger Test, $\alpha = 0,05 \Rightarrow z = 1,645$

$c_o = z \cdot \hat{\sigma}_D = 1,645 \cdot 0,0573 = 0,094$

$d = p_1 - p_2 = 0,2 - 0,15 = 0,05$

$d = 0,05 \leq c_o = 0,094$

H_0 konnte nicht widerlegt werden. Damit ließ sich in Oberstadt kein signifikant höherer Akademikeranteil als in Unterstadt feststellen.

13.6.4 Test zum Vergleich zweier Varianzen

Es soll überprüft werden, ob sich die Varianzen σ_1^2 und σ_2^2 zweier getrennter Grundgesamtheiten unterscheiden.

Die **Voraussetzung** für diesen Test ist, daß beide Grundgesamtheiten normalverteilt sind.

Die möglichen **Nullhypothesen** lauten:

zweiseitig: $\quad H_0: \sigma_1^2 = \sigma_2^2 \qquad$ bzw. $\qquad \dfrac{\sigma_1^2}{\sigma_2^2} = 1$

einseitig: $\quad H_0: \sigma_1^2 \leq \sigma_2^2 \qquad$ bzw. $\qquad \dfrac{\sigma_1^2}{\sigma_2^2} \leq 1 \qquad$ oder

$$H_0: \sigma_1^2 \geq \sigma_2^2 \qquad \text{bzw.} \qquad \frac{\sigma_1^2}{\sigma_2^2} \geq 1$$

Man beachte, daß - anders als bei den Tests zum Vergleich zweier Mittel- oder Anteilswerte - hier nicht die Differenz, sondern der Quotient getestet wird. Der Grund liegt darin, daß die **Prüfgröße**

$$F = \frac{S_1^2}{S_2^2}$$

direkt F-verteilt mit $\nu_1 = n_1 - 1$ und $\nu_2 = n_2 - 1$ Freiheitsgraden ist.

Die **Grenzen des Ablehnungsbereichs** lauten:

$H_0: \sigma_1^2 = \sigma_2^2$:
$$\boxed{c_u = F(\tfrac{\alpha}{2}; n_1 - 1; n_2 - 1) = \frac{1}{F(1 - \tfrac{\alpha}{2}; n_2 - 1; n_1 - 1)}}$$ und

$$\boxed{c_o = F(1 - \tfrac{\alpha}{2}; n_1 - 1; n_2 - 1)}$$

$H_0: \sigma_1^2 \leq \sigma_2^2$:
$$\boxed{c_o = F(1 - \alpha; n_1 - 1; n_2 - 1)}$$

$H_0: \sigma_1^2 \geq \sigma_2^2$:
$$\boxed{c_u = F(\alpha; n_1 - 1; n_2 - 1) = \frac{1}{F(1 - \alpha; n_2 - 1; n_1 - 1)}}$$

Die **Testentscheidung** wird in Abhängigkeit von dem konkret ermittelten Wert f der Prüfgröße F getroffen. Die Nullhypothese wird unter folgenden Bedingungen abgelehnt:

zweiseitiger Test ($H_0: \sigma_1^2 = \sigma_2^2$): $f < c_u$ oder $f > c_o$

einseitiger Test mit $H_0: \sigma_1^2 \leq \sigma_2^2$: $f > c_o$

einseitiger Test mit $H_0: \sigma_1^2 \geq \sigma_2^2$: $f < c_u$

Dieser Test wird nach der Verteilung der Prüfgröße auch als **F-Test** bezeichnet.

Beispiel:

> In einer Fertigung werden eine ältere und eine neuere Drehbank eingesetzt, die Wellen mit einem normalverteilten Durchmesser produzieren. Es wird vermutet, daß die neue Maschine eine geringere Fertigungstoleranz aufweist. Um dies zu überprüfen, wurden auf der alten Maschine 21 Stück gefertigt, die eine Standardabweichung $s_1 = 80$ µm hatten. Auf der neuen Maschine wurden 31 Stück produziert und zeigten eine Standardabweichung von $s_2 = 55$ µm. Ist damit bewiesen, daß die neue Maschine eine geringere Toleranz besitzt ($\alpha = 0{,}05$)?

> Lösung:

$H_0: \sigma_1{}^2 \le \sigma_2{}^2 \qquad H_1: \sigma_1{}^2 > \sigma_2{}^2$

$$F = \frac{s_1^2}{s_2^2} = \frac{(80\,\mu m)^2}{(55\,\mu m)^2} = 2{,}12$$

$c_0 = F(1-\alpha; n_1-1; n_2-1) = F(0{,}95; 20; 30) = 1{,}93$

$f = 2{,}12 > c_0 = 1{,}93$

Damit ist H_0 abzulehnen, d.h., es ist bewiesen, daß die neuere Maschine eine geringere Varianz - also eine geringere Fertigungstoleranz - aufweist.

Anmerkung: Der Quotient der Varianzen kann nicht nur auf 1, sondern auch auf einen festen Wert d getestet werden. Dann würde z.B. die Nullhypothese $\sigma_1{}^2/\sigma_2{}^2 \le 1$ zu $\sigma_1{}^2/\sigma_2{}^2 \le d$. Die kritische Grenze berechnet sich dann zu $c_0 = d \cdot F(1-\alpha; n_1-1; n_2-1)$. Für die beiden anderen Nullhypothesen gilt dies entsprechend.

13.7 Chi-Quadrat-Tests

13.7.1 Allgemeines

Die Größe χ^2 (Chi-Quadrat) ist bereits aus der deskriptiven Statistik vom Berechnen des Kontingenzkoeffizienten bekannt. Sie wurde dort als Hilfsmaß für die Abweichung von einer theoretischen Verteilung verwendet, die sich bei Unabhängigkeit der Merkmale ergeben würde. Auf demselben Grundprinzip beruht eine Reihe von Testverfahren, die ebenfalls auf der Größe χ^2 basieren:

χ^2-**Unabhängigkeitstest:**   Überprüft, ob zwischen zwei Merkmalen eine signifikante Abhängigkeit besteht.

χ^2-**Homogenitätstest:**   Überprüft, ob zwei oder mehr Grundgesamtheiten dieselbe Verteilung aufweisen. Damit kann z.B. geprüft werden, ob sich das Käuferverhalten in verschiedenen Regionen unterscheidet oder innerhalb einer Region im Laufe der Zeit verändert hat.

χ^2-**Anpassungstest:**   Überprüft, ob einer Grundgesamtheit eine bestimmte Verteilung zugrunde liegt. Damit kann z.B. geprüft werden, ob die häufig verwendete Annahme der Normalverteilung gerechtfertigt ist.

Obwohl die drei Testverfahren auf den ersten Blick recht unterschiedliche Hypothesen prüfen, sind sie inhaltlich und von der konkreten Rechnung her sehr ähnlich. Aus diesem Grund werden die Gemeinsamkeiten in diesem einleitenden Abschnitt behandelt; die spezifischen Ausprägungen werden dann jeweils in einem speziellen Abschnitt beschrieben.

Bei allen χ^2-Tests wird zunächst die Abweichung zwischen der aus der Stichprobe ermittelten und einer theoretisch erwarteten Verteilung bestimmt. Dazu liegen die nominalen, ordinalen oder klassierten metrischen Merkmale in Form einer ein- oder zweidimensionalen Tabelle (Kontingenztabelle) mit insgesamt m absoluten Häufigkeiten vor. Dann berechnet sich das Maß χ^2 nach folgender Formel:

$$\chi^2 = \sum_{j=1}^{m} \frac{(h_j^o - h_j^e)^2}{h_j^e}$$

Dabei ist h_j^o der beobachtete Wert ("observed"), h_j^e der erwartete ("expected") für die j-te Ausprägung bzw. Merkmalskombination. Das Maß χ^2 ist also die Summe der quadrierten relativen Abweichungen von einer erwarteten Verteilung. Bei einem relativ kleinen Wert für χ^2 lassen sich die Abweichungen von der erwarteten Verteilung durch die normale stochastische Streuung erklären. Überschreitet der Wert für χ^2 eine bestimmte Grenze, kann man von einer signifikanten Abweichung sprechen, die zur Ablehnung der Nullhypothese "es liegt die erwartete Verteilung vor" führt.

Die Größe χ^2 besitzt bei unabhängigen Werten näherungsweise eine χ^2-Verteilung. Damit läßt sich - wie schon bei den bisher beschriebenen Signifikanztests - ein Bereich angeben, der eine Ablehnung der Nullhypothese nicht rechtfertigt. Da χ^2 von 0 bis Unendlich reichen kann, wird dieser Nichtablehnungsbereich durch eine einzige Grenze χ_c^2 ("critical") markiert. Liegt der konkrete Wert für χ^2 darüber, ist die Nullhypothese zu verwerfen.

Um eine ausreichende Genauigkeit zu erreichen, dürfen die h_j^e eine untere Grenze nicht unterschreiten. Meist wird gefordert, daß für alle j gelten muß: $h_j^e \geq 5$. Ist dies nicht gegeben, sind also einige Zellen der Tabelle zu dünn besetzt, sind die Zellen in geeigneter Form zusammenzufassen.

Während die χ^2-Verteilung stetig ist, kann die Prüfgröße χ^2 (auch wenn sie nicht ganzzahlig ist) nur diskrete Werte annehmen. Um den daraus resultierenden Fehler zu verringern, kann eine **Stetigkeitskorrektur**, die sogenannte **Yates-Korrektur**, angewandt werden. Danach wird die folgende Prüfgröße verwendet:

$$\chi_{korr}^2 = \sum_{j=1}^{m} \frac{\left(\left|h_j^o - h_j^e\right| - 0,5\right)^2}{h_j^e}$$

In der Praxis kommt diese Formel aber nur bei einem Freiheitsgrad von $\nu = 1$ zum Einsatz.

13.7.2 Chi-Quadrat-Unabhängigkeitstest

Mit dem χ^2-Unabhängigkeitstest kann überprüft werden, ob zwei nominale (oder auch höher skalierte) Merkmale voneinander unabhängig sind. Das Vorgehen beim Berechnen entspricht - sofern nicht die Stetigkeitskorrektur notwendig wird - genau dem beim Kontingenzkoeffizienten. Während dieser jedoch die Stärke eines vermeintlichen Zusammenhangs beschreibt, wird im Test überprüft, ob der Zusammenhang überhaupt statistisch signifikant ist.

Das konkrete Vorgehen sieht so aus:

1. Die Nullhypothese wird aufgestellt.

   Sie lautet: "Die beiden untersuchten Merkmale sind unabhängig voneinander."

2. Das Signifikanzniveau α wird festgelegt.

3. Die kritische Grenze χ^2_c wird bestimmt.

   Die Werte für $\chi^2_c = \chi^2(1-\alpha; \nu)$ sind der Tabelle der χ^2-Verteilung im Anhang zu entnehmen. Die dafür notwendige Zahl der Freiheitsgrade berechnet sich nach der Formel $\nu = (m - 1) \cdot (r - 1)$, wobei m und r die Anzahl der Ausprägungen der beiden Merkmale sind.

4. Die Prüfgröße ist zu berechnen.

   Dazu werden am besten die absoluten Häufigkeiten in eine Kontingenztabelle eingetragen. Diese werden ergänzt durch die Werte, die bei Unabhängigkeit beider Merkmale aufgrund der Randverteilungen zu erwarten wären. Sie ergeben sich aus dem Produkt beider Randsummen dividiert durch die Gesamtzahl der Werte. Die Prüfgröße berechnet sich also nach folgender Formel:

$$\chi^2 = \sum_{j=1}^{m}\sum_{k=1}^{r} \frac{\left(h(x_j;y_k) - h^e(x_j;y_k)\right)^2}{h^e(x_j;y_k)} = \sum_{j=1}^{m}\sum_{k=1}^{r} \frac{\left(h(x_j;y_k) - \dfrac{h(x_j)\cdot h(y_k)}{n}\right)^2}{\dfrac{h(x_j)\cdot h(y_k)}{n}}$$

   Für einen Freiheitsgrad ($\nu = 1$) ist die Yates-Korrektur anzuwenden.

5. Die Testentscheidung wird gefällt.

   Wenn $\chi^2 > \chi^2_c$ gilt, ist die Nullhypothese abzulehnen. Damit gilt es als statistisch bewiesen, daß beide Merkmale nicht unabhängig voneinander sind.

Hier ein konkretes Beispiel:

   Als Ausgangspunkt wird die bereits für den Kontingenzkoeffizienten verwendete Beziehung zwischen der Wahl des Studienfaches (BWL oder WI) und dem Geschlecht verwendet (vgl. Abschnitt 5.3.4).

   1. H_o: Die Wahl des Studienfaches hängt nicht vom Geschlecht ab.

   2. $\alpha = 0,05$

   3. $\nu = (2 - 1) \cdot (2 - 1) = 1$

      $\chi^2_c = \chi^2(0,95; 1) = 3,841$

4. Es ergibt sich folgende Rechnung (inkl. Yates-Korrektur):

	männlich	**weiblich**	Σ
BWL	30 / 36	30 / 24	60
WI	30 / 24	10 / 16	40
Σ	60	40	100

$$\chi^2_{korr} = \frac{(|30-36|-0,5)^2}{36} + \frac{(|30-24|-0,5)^2}{24} + \frac{(|30-24|-0,5)^2}{24}$$

$$+ \frac{(|10-16|-0,5)^2}{16}$$

$$= 5,252$$

5. $\chi^2_{korr} = 5,252 > \chi^2_c = 3,841$

Die Nullhypothese ist abzulehnen. Es ist damit statistisch bewiesen, daß die Wahl des Studienfachs vom Geschlecht abhängig ist.

Praxistip:

• Liegt χ^2 im Ablehnungsbereich, kann die Rechnung abgebrochen werden, sobald die erreichte Zwischensumme größer als die kritische Grenze ist. Dies führt besonders dann zu einer schnelleren Rechnung, wenn man mit den erkennbar größten Abweichungen beginnt. Ob dies auch in einer Klausur zulässig ist, sollte vorher mit dem Dozenten geklärt werden.

13.7.3 Chi-Quadrat-Homogenitätstest

Mit dem χ^2-Homogenitätstest wird überprüft, ob zwei oder mehr Grundgesamtheiten die gleiche Verteilung aufweisen. Gerade in der Marktforschung ist diese Frage von großer Wichtigkeit.

Hierzu zwei Beispiele:

• Ein Produkt wird in mehreren Varianten angeboten (z.B. verschiedene Autofarben). Es soll überprüft werden, ob die Käufer in verschiedenen Regionen (z.B. West- und Ostdeutschland) dasselbe Kaufverhalten haben, d.h., ob die einzelnen Varianten überall im gleichen Verhältnis gekauft werden.

• Die Verkaufszahlen des Produktes aus dem ersten Beispiel werden über mehrere Jahre hinweg verglichen. Es soll überprüft werden, ob die Unterschiede in den relativen Verkaufszahlen der Produktvarianten zufällig sind oder ob eine signifikante Änderung des Käufergeschmacks stattgefunden hat.

Diese Fragestellungen lassen sich als Variante des Unabhängigkeitstests interpretieren. Es soll nämlich überprüft werden, ob das Merkmal Käufergeschmack (ausgedrückt durch die relativen Verkaufszahlen der Produktvarianten) vom Merkmal Stichprobenziehung (also z.B. Region oder Zeit) abhängt. Die Vorgehensweise ist deshalb identisch mit der im letzten Abschnitt und wird nicht mehr wiederholt.

Die allgemeine Nullhypothese lautet:

H_0: "Die untersuchten Grundgesamtheiten weisen die gleiche Wahrscheinlichkeitsverteilung auf."

Zur Verdeutlichung noch ein konkretes Beispiel:

Ein Automobilhersteller bietet ein Modell in vier Farben an. Er möchte überprüfen, ob Ost-Kunden eine andere Präferenz besitzen als West-Kunden.

1. H_0: Die Wahl der Autofarbe hängt nicht von der Region ab.

2. $\alpha = 0,05$

3. $\nu = (4 - 1) \cdot (2 - 1) = 3$

$\chi^2_c = \chi^2 (0,95; 3) = 7,815$

4. Es ergibt sich folgende Rechnung:

	West	Ost	Σ
rot	80 80	40 40	120
grün	30 40	30 20	60
blau	50 40	10 20	60
weiß	40 40	20 20	60
Σ	200	100	300

$$\chi^2 = \frac{(80-80)^2}{80} + \frac{(30-40)^2}{40} + \frac{(50-40)^2}{40} + \frac{(40-40)^2}{40}$$

$$+ \frac{(40-40)^2}{40} + \frac{(30-20)^2}{20} + \frac{(10-20)^2}{20} + \frac{(20-20)^2}{20}$$

$$= 15$$

5. $\chi^2 = 15 > \chi^2_c = 7,815$

Die Nullhypothese ist abzulehnen. Es ist damit statistisch bewiesen, daß sich Ost- und West-Käufer bei der Wahl der Autofarbe unterscheiden.

13.7.4 Chi-Quadrat-Anpassungstest

In der letzten Variante des χ^2-Tests berechnet sich die Referenzverteilung nicht aus den Werten der Stichprobe, sondern ist in der Formulierung der Hypothese enthalten. Es wird demnach nur eine Stichprobe mit einem Merkmal betrachtet.

Die Nullhypothese lautet immer:

H_0: "Die Verteilung der Grundgesamtheit entspricht der vorgegebenen Verteilung."

Je nach Art und Spezifikation der Verteilung, gegen die getestet wird, lassen sich verschiedene Fälle unterscheiden.

wenige Ausprägungen:	Es gibt eine geringe Anzahl von Ausprägungen, die sich prinzipiell wie ein nominales Merkmal tabellieren lassen. Gegebenenfalls wird eine i.d.R. nach oben offene Randklasse ("mehr als ...") gebildet.
viele Ausprägungen bzw. stetig:	Hier muß eine geeignete Anzahl von Klassen gebildet werden. Das gilt für stetige Merkmale sowie diskrete Merkmale mit sehr vielen Ausprägungen.
Verteilungsparameter gegeben:	Die Parameter der Verteilung sind Teil der Nullhypothese, z.B. "es liegt eine N(100; 10^2)-Verteilung vor". Gleiches gilt bei einer in Tabellenform vorgegebenen Wahrscheinlichkeitsfunktion.
Verteilungsparameter zu schätzen:	Die Hypothese enthält nur die Art der Verteilung (z.B. Normalverteilung), die konkreten Parameter müssen aus den Werten der Stichprobe geschätzt werden.

Die Zahl der Freiheitsgrade bestimmt sich bei gegebenen Parametern der Verteilung aus der Zahl der Merkmalsausprägungen bzw. Anzahl der gebildeten Klassen minus eins, also $\nu = m - 1$. Müssen k Parameter der Verteilung aus der Stichprobe geschätzt werden (z.B. k = 2 bei der Normalverteilung, wenn μ und σ^2 zu schätzen sind), gilt: $\nu = m - k - 1$.

Die Werte h_j^e entsprechen dem Erwartungswert für die Anzahl der Elemente mit der Ausprägung j, ergeben sich also aus dem Produkt der Wahrscheinlichkeit und der Stichprobengröße.

Zur Verdeutlichung des Vorgehens, das weitgehend wieder dem beim χ^2-Unabhängigkeitstest entspricht, zwei konkrete Beispiele:

Beispiel für eine gegebene diskrete Verteilung:

Es soll anhand einer Stichprobe von 120 Würfen überprüft werden, ob ein idealer Würfel vorliegt, d.h. eine diskrete Gleichverteilung der Ausprägungen 1 bis 6.

1. H_o: Der Würfel ist ideal.

2. $\alpha = 0,1$

3. $v = 6 - 1 = 5$

   $\chi^2_c = \chi^2 (0,90; 5) = 9,236$

4. Es ergibt sich folgende Rechnung:

Augenzahl	h_i^o	h_i^e
1	18	20
2	21	20
3	17	20
4	25	20
5	16	20
6	23	20
Σ	120	120

$$\chi^2 = \frac{(18-20)^2}{20} + \frac{(21-20)^2}{20} + \frac{(17-20)^2}{20} + \frac{(25-20)^2}{20}$$
$$+ \frac{(16-20)^2}{20} + \frac{(23-20)^2}{20}$$
$$= 3,2$$

5. $\chi^2 = 3,2 \leq \chi^2_c = 9,236$

   Die Nullhypothese kann nicht abgelehnt werden. Der Test hat also keinen Anhaltspunkt dafür geliefert, daß der Würfel nicht ideal wäre.

Beispiel für eine aus der Stichprobe geschätzte stetige Verteilung:

Es soll überprüft werden, ob die Körpergröße normalverteilt ist. Bei einer Stichprobe von 100 Personen wurde daraus ein Mittelwert von 175 cm und ein Schätzwert für die Standardabweichung von 10 cm bestimmt. Die Werte wurden in 5 Klassen eingeteilt.

1. H_o: Die Körpergröße ist normalverteilt.

2. $\alpha = 0,05$

3. Da die zwei Parameter der $N(\mu; \sigma^2)$-Verteilung geschätzt wurden, gilt:

   $v = 5 - 2 - 1 = 2$

   $\chi^2_c = \chi^2 (0,95; 2) = 5,991$

4. Die erwarteten Werte für jede Klasse sind nach den Rechenregeln für die Normalverteilung zu bestimmen. Um diese Rechnung zu verdeutlichen, sind in der dritten Spalte die durch Transformation entstandenen z-Werte der Standardnormalverteilung angegeben.

Es ergibt sich folgende Rechnung:

Körpergröße [cm]	h_i^o	z-Werte	h_i^e
< 160	10	$z < -1{,}5$	6,68
[160; 170)	19	$-1{,}5 \leq z < -0{,}5$	24,17
[170; 180)	41	$-0{,}5 \leq z < 0{,}5$	38,30
[180; 190)	21	$0{,}5 \leq z < 1{,}5$	24,17
≥ 190	9	$\geq 1{,}5$	6,68
Σ	100		100,00

$$\chi^2 = \frac{(10-6{,}68)^2}{6{,}68} + \frac{(19-24{,}17)^2}{24{,}17} + \frac{(41-38{,}3)^2}{38{,}3}$$

$$+ \frac{(21-24{,}17)^2}{24{,}17} + \frac{(9-6{,}68)^2}{6{,}68}$$

$$= 4{,}168$$

5. $\chi^2 = 4{,}168 \leq \chi_c^2 = 5{,}991$

Die Nullhypothese kann nicht abgelehnt werden. Der Test hat also keinen Anhaltspunkt dafür geliefert, daß keine Normalverteilung vorliegt.

13.8 Übungsaufgaben

Aufgabe 13-1

Formulieren Sie für die nachfolgenden Aufgabenstellungen jeweils eine geeignete Nullhypothese:

a) Ein Hersteller möchte seinem Konkurrenten nachweisen, daß dieser die angegebene (durchschnittliche) Füllmenge von 500 g unterschreitet.

b) Es soll überprüft werden, ob der Solldurchmesser von 100 mm bei der Produktion von Wellen eingehalten wird.

c) Eine Verbraucherschutzorganisation will nachweisen, daß die Pkw eines Herstellers mehr als die angegebenen 7,2 l/100km verbrauchen.

Aufgabe 13-2

Ein Gesundheitsverband möchte einem Zigarettenhersteller nachweisen, daß dessen Zigaretten mehr als die angegebenen 0,7 mg Nikotin enthalten.

a) Formulieren Sie eine geeignete Nullhypothese.

b) Erläutern Sie, was in diesem Zusammenhang konkret die Fehler 1. und 2. Art bedeuten.

c) Zum einen möchte der Verband die Fehlinformation des Zigarettenherstellers nachweisen, zum anderen soll das drohende Prozeßrisiko bei einer falschen Beschuldigung so gering wie möglich gehalten werden. Erläutern Sie den Einfluß des festzulegenden Signifikanzniveaus α auf beide Bereiche.

Aufgabe 13-3

Eine Lieferung enthält 100 Wellen, die einen durchschnittlichen Durchmesser von 10 cm aufweisen sollen. Es ist bekannt, daß dieses Maß normalverteilt ist. Eine Stichprobe von 10 Stück (ohne Zurücklegen) ergibt einen Mittelwert von 9,7 cm bei einer Standardabweichung von 5 mm. Kann damit bei einem Signifikanzniveau von 5% bewiesen werden, daß die Lieferung vom Sollmaß abweicht?

Aufgabe 13-4

Der Herausgeber eines Kulturmagazins wirbt damit, daß (mind.) 80% seiner mehr als 10000 Leser einen Hochschulabschluß aufweisen. Bei einer Befragung unter 100 Lesern lag der Anteil jedoch nur bei 75%. Ist damit die Behauptung widerlegt ($\alpha = 0,1$)?

Aufgabe 13-5

Im Studiengang BWL einer Universität schreiben 400 Studierende eine Statistik-klausur mit. Davon haben 120 zuvor ein Repetitorium besucht. Die Mitglieder dieser Gruppe haben im Schnitt 42,7 Punkte erreicht bei einer Standardabweichung von $s_1 = 10$ Punkten. Bei den übrigen Teilnehmern waren es durchschnittlich 41,3 Punkte bei $s_2 = 12$ Punkten.

a) Beweisen die Zahlen, daß Teilnehmer des Repetitoriums im Schnitt mehr Punkte in der Klausur erzielen ($\alpha = 0,05$)?

b) Welche Antwort erlaubt das Ergebnis aus a) auf die Frage: "Führt eine Teilnahme am Repetitorium zu einer besseren Punktzahl?"

Aufgabe 13-6

Die Verspätungen der Bahn im ICE-Verkehr sollen anhand von Daten des ersten Quartals dieses sowie des Vorjahres untersucht werden. Bei jeweils mehreren tausend Verbindungen wurden im letzten Jahr bei einer Stichprobe von 100 Verbindungen 34 Verspätungen festgestellt; dieses Jahr waren es bei 120 Verbindungen 37 Verspätungen. Belegen diese Zahlen die Aussage der Bahn, daß der Anteil der Verspätungen abgenommen hat ($\alpha = 0{,}1$)?

Aufgabe 13-7

Ein Unternehmen plant die Anschaffung einer neuen Maschine für die Fertigung. Zur Auswahl stehen zwei Maschinen M1 und M2. M2 ist zwar teurer, soll aber nach Angaben des Herstellers eine deutlich geringere Fertigungsstreuung (Varianz) als das Konkurrenzfabrikat M1 aufweisen. Das Unternehmen ist bereit, den höheren Preis für M2 zu zahlen, wenn sicher ist, daß dieses Gerät tatsächlich genauer fertigt ($\alpha = 0{,}01$).

Bei Probeserien von je 51 Stück auf beiden Maschinen wurde bei M1 eine Standardabweichung von 10 μm ermittelt, bei M2 eine von 7 μm. Die Fertigungsgröße selbst ist normalverteilt. Soll das Unternehmen damit die teurere Maschine M2 kaufen?

Aufgabe 13-8

Der Hotel- und Gaststättenverband vermutet, daß ein Zusammenhang zwischen dem Familienstand von Männern und der Mitgliedschaft an einem Stammtisch besteht. Aus einer Befragung liegen folgende Zahlen vor:

Stammtisch	ledig	verheiratet	geschieden	verwitwet
ja	23	19	3	5
nein	27	11	3	9

Belegen diese Zahlen die Vermutung des Verbandes ($\alpha = 0{,}05$)?

Aufgabe 13-9

Es werden fünf Produkte betrachtet, die nach einer Befragung von den Verbrauchern als unterschiedlich ökologisch wertvoll wahrgenommen werden. Umweltschutzverbände starten eine massive Kampagne zugunsten von Öko-Produkten. Die Verkaufszahlen eines Tages wurden in einem repräsentativen Testmarkt vor und nach der Kampagne ermittelt:

Produkt	vorher	nachher
A	13	7
B	14	16
C	21	9
D	5	5
E	7	3

Kann damit eine Wirkung der Kampagne auf die Marktanteile der Produkte festgestellt werden ($\alpha = 0{,}1$)?

Aufgabe 13-10

In einer täglich stattfindenden Glücksshow wird die Höhe des Hauptgewinns über den gleichzeitigen Wurf dreier überdimensionaler Münzen ermittelt. Für jede Münze, bei der Zahl oben liegt, gibt es 10000 EUR. Ein enttäuschter Kandidat behauptet nun, daß der Münzwurf bzw. die Münzen manipuliert seien. Für die Überprüfung wurden die Gewinnbeträge der letzten 100 Sendungen zusammengestellt:

Gewinn	0 EUR	10000 EUR	20000 EUR	30000 EUR
Häufigkeit	4	49	42	5

Es soll eine umfassende Untersuchung der Vorwürfe durchgeführt werden. Dazu sind folgende Fragen zu klären:

a) Kann aufgrund der Verteilung der Gewinne von einer Manipulation bzw. nicht idealen Münzen ausgegangen werden ($\alpha = 0,01$)?

b) Hätte man die Manipulation auch aufgrund des mittleren Gewinns erkennen können ($\alpha = 0,01$)?

c) Welcher Unterschied zur erwarteten Verteilung liegt vor?

d) Nennen Sie eine konkrete Möglichkeit, wie die empirisch ermittelte Verteilung durch Manipulation an den Münzen erreicht werden könnte.

Aufgabe 13-11

In einer Gruppe von Patienten, die ein bestimmtes Medikament verabreicht bekamen, ist die Sterberate signifikant höher als im Schnitt der Bevölkerung mit gleichem Alter und Geschlecht. Ist damit statistisch nachgewiesen, daß dieses Medikament gefährliche Nebenwirkungen besitzt?

Anhang

Lösungen der Übungsaufgaben

Aufgabe 2-1

Merkmal	diskret	stetig	Skala				
			nominal	ordinal	Interv.	Verh.	Absol.
Geschwindigkeit		x				x	
Studienfach	x		x				
Einwohnerzahl	x						x
Jahr der Heirat	x				x		
Klausurnote	x			x			
Monatseinkommen	x	(x)				x	
Semesterzahl	x						x

Aufgabe 2-2

a) nein
b) nein
c) ja
d) nein

Aufgabe 3-1

a)

Größe [cm]	h_i	f_i	H_i	F_i
[140; 150]	5	0,025	5	0,025
(150; 160]	25	0,125	30	0,150
(160; 170]	45	0,225	75	0,375
(170; 180]	80	0,400	155	0,775
(180; 190]	30	0,150	185	0,925
(190; 200]	15	0,075	200	1,000
Σ	200	1,000		

b)

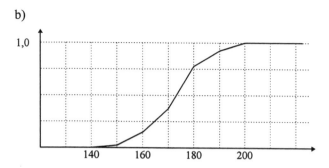

c) Gleichverteilung innerhalb der Klassen

Aufgabe 3-2

Bei der Lösung ist zu beachten, daß die einzelnen Rechtecke <u>flächenproportional</u> sein müssen. Die Höhe entspricht damit nicht der Häufigkeit h_i, sondern der Dichte, die sich aus der Häufigkeit geteilt durch die Klassenbreite ergibt.

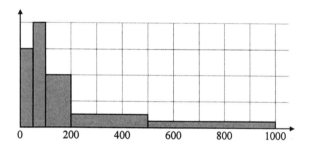

Aufgabe 3-3

Nein. Aus dem Streudiagramm geht nur hervor, welche der 25 möglichen Kombinationen vorkommen. Die Häufigkeit für die einzelnen Kombinationen - und damit der Zusammenhang zwischen den Merkmalen - ist so nicht erkennbar.

Aufgabe 3-4

		Mathematiknote					
		1	2	3	4	5	
	1	1	1	-	-	-	2
Statistik-note	2	2	1	4	3	-	10
	3	3	3	1	3	-	10
	4	-	1	1	2	2	6
	5	-	1	-	1	-	2
		6	7	6	9	2	30

Aufgabe 4-1

a) geometrisches Mittel (der Wachstumsfaktoren):

$$\bar{x}_G = \prod_{i=1}^{m} x_i^{f_i} = 1,04^{1/3} \cdot 1,07^{2/3} = 1,0599 \Rightarrow 5,99\%$$

b) arithmetisches Mittel:

$$\bar{x} = \frac{1}{n} \sum_{i=1}^{m} (h_i \cdot x_i)$$

$$= \frac{120 \cdot 200\,\text{EUR} + 30 \cdot 150\,\text{EUR} + 70 \cdot 50\,\text{EUR} + 10 \cdot 0\,\text{EUR}}{230} = 139,13\,\text{EUR}$$

Hinweis: Auch Ehrenmitglieder sind "Mitglieder".

c) harmonisches Mittel:

$$\bar{x}_H = \cfrac{1}{\cfrac{1}{n}\sum_{i=1}^{m}\cfrac{1}{x_i}\cdot h_i} = \cfrac{1}{\cfrac{1}{900+2000+450}\left(\cfrac{900}{3\%}+\cfrac{2000}{4\%}+\cfrac{450}{6\%}\right)} = 3,829\%$$

d) harmonisches Mittel:

$$\bar{x}_H = \cfrac{1}{\cfrac{1}{n}\sum_{i=1}^{m}\cfrac{1}{x_i}\cdot h_i} = \cfrac{1}{\cfrac{1}{2,8+1,2}\left(\cfrac{2,8}{10,1\%}+\cfrac{1,2}{16,7\%}\right)} = 11,46\%$$

Aufgabe 4-2

a) $\bar{x} = \dfrac{1}{n} \sum_{i=1}^{m} (h_i \cdot x_i)$

$$= \frac{1}{70}(5 \cdot 155\,\text{cm} + 15 \cdot 165\,\text{cm} + 25 \cdot 175\,\text{cm} + 20 \cdot 185\,\text{cm} + 5 \cdot 195\,\text{cm})$$

$$= 175,71\,\text{cm}$$

b) $\bar{x}_Z = x^u + (x^o - x^u) \cdot \dfrac{\dfrac{n}{2} - H(x^u)}{H(x^o) - H(x^u)}$

$$= 170\,\text{cm} + (180\,\text{cm} - 170\,\text{cm}) \cdot \frac{\dfrac{70}{2} - 20}{45 - 20} = 170\,\text{cm} + 10\,\text{cm} \cdot \frac{15}{25} = 176\,\text{cm}$$

c) $\quad s^2 = \dfrac{1}{n} \displaystyle\sum_{i=I}^{m} (h_i \cdot x_i^2) - \overline{x}^2$

$\quad\quad = \dfrac{1}{70}\,(5 \cdot (155\,\text{cm})^2 + 15 \cdot (165\,\text{cm})^2 + 25 \cdot (175\,\text{cm})^2 + 20 \cdot (185\,\text{cm})^2$

$\quad\quad\quad + 5 \cdot (195\,\text{cm})^2) - (175{,}7142857\,\text{cm})^2$

$\quad\quad = 106{,}63\,\text{cm}^2$

$s = \sqrt{s^2} = \sqrt{106{,}63\,\text{cm}^2} = 10{,}326\,\text{cm}$

Anmerkung: Wird mit der gerundeten Lösung aus a) weitergerechnet, ergibt sich eine Varianz von $108{,}14\,\text{cm}^2$, was eine zu große Abweichung vom richtigen Ergebnis wäre!

Aufgabe 4-3

Nein. Bei exakter Messung kommt bei einem stetigen Merkmal wie der Lebensdauer jeder Wert nur (maximal) einmal vor. Es gibt also keinen häufigsten Wert.

Aufgabe 4-4

Falsch! Anstelle der Klassenmitte kann auch das arithmetische Mittel der Einzelwerte dieser Klasse verwendet werden. Nur dieses garantiert, daß sich beim Berechnen des Mittelwertes derselbe Wert wie für die unklassierten Originaldaten ergibt. Wird die Klassenmitte verwendet, trifft dies nur dann zu, wenn sie mit dem arithmetischen Mittel der Einzelwerte dieser Klasse identisch ist (z.B. bei exakter Gleichverteilung).

Aufgabe 4-5

Das arithmetische Mittel und die Standardabweichung werden mit dem Wechselkurs multipliziert, der Variationskoeffizient als Quotient der beiden bleibt unverändert.

Aufgabe 4-6

Zur Lösung vergl. Abschnitt 10.2.4.

$$Y = a \cdot X = \dfrac{1}{1{,}95583}\,\dfrac{\text{EUR}}{\text{DM}} \cdot X$$

$$\overline{Y} = a \cdot \overline{X} = \dfrac{1}{1{,}95583}\,\dfrac{\text{EUR}}{\text{DM}} \cdot 12\,\dfrac{\text{DM}}{\text{m}^2} = 6{,}14\,\dfrac{\text{EUR}}{\text{m}^2}$$

$$VAR(Y) = a^2 \cdot VAR(X) = \left(\frac{1}{1,95583} \frac{EUR}{DM}\right)^2 \cdot 1,21 \frac{DM^2}{m^4} = 0,32 \frac{EUR^2}{m^4}$$

Aufgabe 4-7

a)

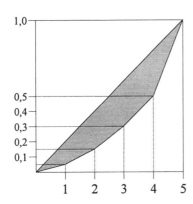

b)

i	q_i	2i-n-1	(2i-n-1)·q_i
1	0,05	-4	-0,2
2	0,10	-2	-0,2
3	0,15	0	0,0
4	0,20	2	0,4
5	0,50	4	2,0
Σ			2,0

$$G = \frac{1}{n}\sum_{i=1}^{n}(2i - n - 1)\cdot q_i = \frac{1}{5}\cdot 2,0 = 0,4$$

c) $G_{max} = \frac{n-1}{n} = \frac{4}{5} = 0,8$

d) $G_{norm} = \frac{n}{n-1}\cdot G = \frac{5}{5-1}\cdot 0,4 = 0,5$

Aufgabe 5-1

Es wird in dieser Aufgabe (siehe Tip) mit der Einheit 1000 gerechnet.

$n = 5$ $\Sigma x_i = 1200$ $\Sigma x_i^2 = 345000$ $\Sigma y_i = 14,2$ $\Sigma y_i^2 = 41,74$ $\Sigma x_i y_i = 3685$

a) $s_x^2 = \frac{1}{n}\sum x_i^2 - \bar{x}^2 = \frac{1}{n}\sum x_i^2 - \left(\frac{1}{n}\sum x_i\right)^2 = \frac{1}{5}\cdot 345000 - \left(\frac{1}{5}\cdot 1200\right)^2$

$= 11400$

$s_y^2 = \frac{1}{5}\cdot 41{,}74 - \left(\frac{1}{5}\cdot 14{,}2\right)^2 = 0{,}2824$

$s_{xy} = \frac{1}{n}\sum x_i y_i - \bar{x}\cdot\bar{y} = \frac{1}{n}\sum x_i y_i - \left(\frac{1}{n}\sum x_i\right)\cdot\left(\frac{1}{n}\sum y_i\right)$

$= \frac{1}{5}\cdot 3.685 - \left(\frac{1}{5}\cdot 1.200\right)\cdot\left(\frac{1}{5}\cdot 14{,}2\right) = 55{,}4$

$r = \dfrac{s_{xy}}{s_x\cdot s_y} = \dfrac{55{,}4}{\sqrt{11.400}\cdot\sqrt{0{,}2824}} = 0{,}976$

b) $a = \dfrac{\sum x_i^2 \cdot \sum y_i - \sum x_i \cdot \sum x_i y_i}{n\cdot\sum x_i^2 - \left(\sum x_i\right)^2} = \dfrac{345000\cdot 14{,}2 - 1200\cdot 3685}{5\cdot 345000 - 1200^2}$

$= \dfrac{477000}{285000} = 1{,}6737$

$b = \dfrac{n\cdot\sum x_i y_i - \sum x_i \cdot \sum y_i}{n\cdot\sum x_i^2 - \left(\sum x_i\right)^2} = \dfrac{5\cdot 3685 - 1200\cdot 14{,}2}{5\cdot 345000 - 1200^2}$

$= \dfrac{1385}{285000} = 0{,}00486$

$\hat{y} = 1{,}6737 + 0{,}00486\cdot x$

$\hat{y} = 1{,}6737 + 0{,}00486\cdot 500 = 4{,}1037$

Da die Rechnung mit 1000ern durchgeführt wurde, werden 4104 Personen erwartet.

Anmerkung: Ein Einsetzen von 500000 in die Formel führt zu unsinnigen Werten. Dies ist nur möglich, wenn zuvor korrekt von 1000ern wieder auf 1er umgestellt wurde. Die Regressionsgerade lautet dann $\hat{y} = 1673{,}7 + 0{,}00486\cdot x$. Es ist zu beachten, daß dabei die Steigung nicht mit 1000 multipliziert werden darf.

Aufgabe 5-2

a) $r_{sp} = 1 - \dfrac{6\sum(x_i - y_i)^2}{n \cdot (n^2 - 1)} = 1 - \dfrac{6 \cdot (1^2 + 1^2 + 2^2 + 2^2 + 0^2)}{5 \cdot (5^2 - 1)} = 1 - \dfrac{60}{120} = 0,5$

b) Es besteht ein mittlerer positiver Zusammenhang zwischen Körpergewicht und Plazierung, d.h., schwerere Athleten belegen in der Regel die besseren Plätze.

c)

Name	Platz
A	5
B	4
C	3
D	1
E	2

Aufgabe 5-3

	Hochschulabschluß	kein Hochschulabschluß	
Arbeiter	0 / 8	40 / 32	40
Angestellter	15 / 10	35 / 40	50
Selbständiger	5 / 2	5 / 8	10
	20	80	100

$\chi^2 = \dfrac{(0-8)^2}{8} + \dfrac{(40-32)^2}{32} + \dfrac{(15-10)^2}{10} + \dfrac{(35-40)^2}{40} + \dfrac{(5-2)^2}{2} + \dfrac{(5-8)^2}{8}$

$= 18,75$

$C = \sqrt{\dfrac{\chi^2}{n + \chi^2}} = \sqrt{\dfrac{18,75}{100 + 18,75}} = 0,3974$

$C_{korr.} = C \cdot \sqrt{\dfrac{C^*}{C^* - 1}} = 0,3974 \cdot \sqrt{\dfrac{2}{2-1}} = 0,562$

Aufgabe 5-4

a) Nein. Der Pearson'sche Korrelationskoeffizient r eignet sich nur für lineare Zusammenhänge. Es ist deshalb möglich, daß ein exakter (z.B. quadratischer) Zusammenhang besteht und trotzdem r = 0 gilt.

b) Nein. Die Stärke des Zusammenhangs wird durch den Betrag von r bestimmt, die Richtung durch das Vorzeichen. Für ein r deutlich kleiner als 0 besteht also ein negativer Zusammenhang.

Aufgabe 6-1

$$P_{97,98}^L = \frac{\sum p_{i,t} \cdot q_{i,0}}{\sum p_{i,0} \cdot q_{i,0}} \cdot 100\% = \frac{2,20 \cdot 600 + 20,00 \cdot 80}{2,10 \cdot 600 + 18,00 \cdot 80} \cdot 100\% = 108,15\%$$

$$P_{97,98}^P = \frac{\sum p_{i,t} \cdot q_{i,t}}{\sum p_{i,0} \cdot q_{i,t}} \cdot 100\% = \frac{2,20 \cdot 700 + 20,00 \cdot 100}{2,10 \cdot 700 + 18,00 \cdot 100} \cdot 100\% = 108,26\%$$

$$Q_{97,98}^L = \frac{\sum p_{i,0} \cdot q_{i,t}}{\sum p_{i,0} \cdot q_{i,0}} \cdot 100\% = \frac{2,10 \cdot 700 + 18,00 \cdot 100}{2,10 \cdot 600 + 18,00 \cdot 80} \cdot 100\% = 121,11\%$$

$$Q_{97,98}^P = \frac{\sum p_{i,t} \cdot q_{i,t}}{\sum p_{i,t} \cdot q_{i,0}} \cdot 100\% = \frac{2,20 \cdot 700 + 20,00 \cdot 100}{2,20 \cdot 600 + 20,00 \cdot 80} \cdot 100\% = 121,23\%$$

Aufgabe 6-2

Die Lebenshaltungskosten ergeben sich als Produkt aus Preisen mal Mengen. Bei steigenden Preisen können sie konstant bleiben, wenn die gekauften Mengen entsprechend reduziert werden.

Aufgabe 6-3

Falsch. Dies würde nur für den - praktisch unmöglichen - Fall gelten, daß der Haushalt alle Ausgaben exakt im selben Mengenverhältnis und zu den gleichen Preisen (die von Anbieter zu Anbieter differieren) kaufen würde, wie sie im Warenkorb des Preisindex enthalten sind.

Aufgabe 6-4

Die Preise für t_0 seien gegeben durch:

$y_0 = p_0 \cdot 1,16$

Die Preise am Ende des zweiten Jahres (t_2) betragen:

$y_2 = p_0 \cdot 1,02 \cdot 1,025 \cdot 1,17$

Daraus ergibt sich als durchschnittliche Wachstumsrate der Endverbraucherpreise:

$$r = \sqrt[2]{\frac{y_2}{y_0}} - 1 = \sqrt[2]{\frac{p_0 \cdot 1,02 \cdot 1,025 \cdot 1,17}{p_0 \cdot 1,16}} - 1 = \sqrt[2]{\frac{1,2232}{1,16}} - 1 = 1,027 - 1 = 0,027 = 2,7\%$$

Aufgabe 7-1

Jahr	70	71	72	73	74	75	76	77
x_t	8,3	8,0	7,9	9,3	10,4	8,5	7,8	6,2
exp. Glättung, $\alpha = 0,2$	8,3	8,3	8,24	8,172	8,398	8,798	8,738	8,551
exp. Glättung, $\alpha = 0,7$	8,3	8,3	8,09	7,957	8,897	9,949	8,935	8,140
gleitender Durchschnitt 2. Ordnung	----	8,05	8,275	9,225	9,65	8,8	7,575	----

Beispiel für die Berechnung des gleitenden Durchschnitts 2. Ordnung:

$$\bar{x}2_{71} = \frac{\frac{1}{2} \cdot x_{70} + x_{71} + \frac{1}{2} \cdot x_{72}}{k} = \frac{\frac{1}{2} \cdot 8,3 + 8,0 + \frac{1}{2} \cdot 7,9}{2} = \frac{16,1}{2} = 8,05$$

Aufgabe 7-2

Jahr	0	1	2	3
beobachtete Werte	4,7	5,2	5,1	6,0
exp. Glättung ($\alpha = 0,3$) (nicht Prognose!)	4,5	4,71	4,827	5,1789
Methode der kleinsten Quadrate	4,68	5,06	5,44	5,82

Zur exponentiellen Glättung:

$$\hat{x}_t = \alpha \cdot x_t + (1 - \alpha) \cdot \hat{x}_{t-1} \text{ (Glättung, nicht Prognose!)},$$

d.h. x_t stammt aus der aktuellen Periode, $\hat{x}_{t-1}$ aus der vorherigen!

Zur Methode der kleinsten Quadrate:

$$a = \frac{\sum x_i \cdot \sum t_i^2 - \sum t_i \cdot \sum t_i x_i}{n \cdot \sum t_i^2 - (\sum t_i)^2} = \frac{21 \cdot 14 - 6 \cdot 33,4}{4 \cdot 14 - 6^2} = 4,68$$

$$b = \frac{n \cdot \sum t_i x_i - \sum x_i \cdot \sum t_i}{n \cdot \sum t_i^2 - (\sum t_i)^2} = \frac{4 \cdot 33,4 - 21 \cdot 6}{4 \cdot 14 - 6^2} = 0,38$$

$$\hat{x} = a + b \cdot t = 4,68 + 0,38 \cdot t$$

Aufgabe 7-3

Der gleitende Durchschnitt soll kurzfristige (z.B. auch saisonal bedingte) Schwankungen ausgleichen. Dazu muß der Glättungszeitraum der Schwankungsperiode entsprechen oder ein Vielfaches davon sein. Bei Quartalswerten liegen vier Werte pro Jahr vor. Wird der Durchschnitt 3. Ordnung angewandt, fehlt bei jedem geglätteten Wert ein Quartal, so daß die Saisonschwankungen zwar etwas abgemildert, jedoch nicht - wie gewünscht - durch die Glättung eliminiert werden.

Aufgabe 7-4

Die Werte vor einem Strukturbruch sind in der Regel nicht dafür geeignet, den Trend danach abzuschätzen. Für eine Trendextrapolation sind deshalb nur die Werte nach dem Strukturbruch zu verwenden, wobei noch ein gewisser Abstand als Einschwingzeit verbleiben sollte. Unter diesen Voraussetzungen ist der Einsatz der Methode sinnvoll.

Aufgabe 8-1

Monat	0	2	3	4	5	6	7	8	9	11	Σ
Zugang		0	4	0	10	10	5	5	2	0	36
Abgang		1	1	2	4	8	12	6	2	1	37
Bestand	5	4	7	5	11	13	6	5	5	4	

a) Bei der Berechnung der Zugangs- und Abgangsrate sind natürlich auch die Monate zu berücksichtigen, an denen keine Bewegung stattgefunden hat:

$$\bar{z} = \frac{1}{t_m - t_0} \cdot \sum_{j=1}^{m} z_j = \frac{36\,\text{Stück}}{12\,\text{Monate}} = 3\,\text{Stück/Monat}$$

$$\bar{a} = \frac{1}{t_m - t_0} \cdot \sum_{j=1}^{m} a_j = \frac{37\,\text{Stück}}{12\,\text{Monat}} = 3,08\,\text{Stück/Monat}$$

b) $$\bar{B} = \frac{\frac{1}{2} \cdot 5 + 5 + 4 + 7 + 5 + 11 + 13 + 6 + 5 + 5 + 5 + 4 + \frac{1}{2} \cdot 4}{12} = 6,21\,\text{Stück}$$

c) Es handelt sich um eine offene Bestandsmasse:

$$\bar{d} = \frac{\bar{B} \cdot (t_m - t_0)}{\dfrac{A_m + Z_m}{2}} = \frac{6,21\,\text{Stück} \cdot 12\,\text{Monate}}{\dfrac{36\,\text{Stück} + 37\,\text{Stück}}{2}} = 2,04\,\text{Monate}$$

d) $$U = \frac{t_m - t_0}{\bar{d}} = \frac{12\,\text{Monate}}{2,04\,\text{Monate}} = 5,88$$

Aufgabe 8-2

$Z_{0,j}$ gibt die Menge aller Zugänge, $A_{0,j}$ die Menge aller Abgänge von der Periode 0 bis zur Periode j an. Wenn gilt $Z_{0,j} < A_{0,j}$, hat der Bestand also seit der Periode 0 abgenommen. Dies ist bei einer geschlossenen Bestandsmasse materieller Güter nicht möglich, da diese mit dem Bestand 0 beginnt, der Bestand der Periode j also negativ wäre. Auch bei offenen Bestandsmassen darf der Bestand natürlich zu keinem Zeitpunkt negativ werden, so daß hier gelten muß: $Z_{0,j} - A_{0,j} \geq B_0$.

Aufgabe 9-1

a) $E = \{(W,W,Z,Z), (W,Z,W,Z), (W,Z,Z,W), (Z,W,W,Z), (Z,W,Z,W),$
    $(Z,Z,W,W)\}$

b) $P = \dfrac{6}{2^4} = \dfrac{6}{16} = \dfrac{3}{8} = 0{,}375$

Alternativlösung:

$$P = B(2 \mid 4; 0{,}5) = \binom{4}{2} \cdot \left(\frac{1}{2}\right)^2 \cdot \left(\frac{1}{2}\right)^2 = \frac{4!}{2! \, 2!} \cdot \frac{1}{16} = \frac{6}{16} = 0{,}375$$

Aufgabe 9-2

a) Für Unabhängigkeit von M und K muß gelten:

$P(K \mid M) = P(K)$

$P(K \mid M) = \dfrac{P(K \cap M)}{P(M)} = \dfrac{0{,}05}{0{,}2} = 0{,}25 \neq P(K) = 0{,}15$

Damit sind die beiden Ereignisse nicht unabhängig voneinander. In diesem Fall konkret: Wer sich Mücke anschaut, sieht auch mit höherer Wahrscheinlichkeit "Kummer am Mittag" als Personen, die Mücke nicht gesehen haben.

b) Dies läßt sich direkt aus einer Vierfeldertafel ablesen:

	K	$\overline{K}$	Σ
M	5%	15%	20%
$\overline{M}$	10%	70%	80%
Σ	15%	85%	100%

Die Wahrscheinlichkeit dafür, keine der Sendungen zu sehen, beträgt 70%

Aufgabe 9-3

P   = P(Bus intakt) · P(Fahrer da)
    $= (1 - 0{,}1) \cdot [1 - (1 - 0{,}8) \cdot (1 - 0{,}7)] = 0{,}9 \cdot (1 - 0{,}06) = 0{,}9 \cdot 0{,}94 = 0{,}846$

Aufgabe 9-4

Es sind zunächst die Wahrscheinlichkeiten für Teiltransfers zu ermitteln und dann zu einer Gesamtwahrscheinlichkeit zusammenzufassen:

Wahrscheinlichkeit für den Transfer E→F

$$P(E{\rightarrow}F) \quad = 1 - (1 - P(Flug)) \cdot (1 - P(Bahn)) \cdot (1 - P(Bus))$$
$$= 1 - 0,4 \cdot 0,2 \cdot 0,5 = 0,96$$

Wahrscheinlichkeit für den Transfer C→D

$$P(C{\rightarrow}D) \quad = 1 - (1 - P(Schiff)) \cdot (1 - P(Bus))$$
$$= 1 - 0,4 \cdot 0,3 = 0,88$$

Wahrscheinlichkeit für den Transfer B→D über C

$$P(B{\rightarrow}C{\rightarrow}E) = P(B{\rightarrow}C) \cdot P(C{\rightarrow}D)$$
$$= 0,8 \cdot 0,88 = 0,704$$

Wahrscheinlichkeit für den Transfer B→D

$$P(B{\rightarrow}D) \quad = 1 - (1 - P(B{\rightarrow}C{\rightarrow}D)) \cdot (1 - P(B{\rightarrow}D \text{ per Flug}))$$
$$= 1 - (1 - 0,704) \cdot (1 - 0,7) = 0,9112$$

Wahrscheinlichkeit für den Transfer A→F

$$P(A{\rightarrow}F) \quad = P(A{\rightarrow}B) \cdot P(B{\rightarrow}D) \cdot P(D{\rightarrow}E) \cdot P(E{\rightarrow}F)$$
$$= 0,7 \cdot 0,9112 \cdot 0,8 \cdot 0,96 = 0,4899$$

Aufgabe 9-5

a) Lösung durch Satz von der totalen Wahrscheinlichkeit:

$$P(T) \quad = P(T \mid D) \cdot P(D) + P(T \mid F) \cdot P(F) + P(T \mid H) \cdot P(H)$$
$$= 0,8 \cdot 0,6 + 0,6 \cdot 0,3 + 0,3 \cdot 0,1 = 0,69$$

b) Lösung nach dem Theorem von Bayes:

$$P(F \mid T) = \frac{P(F) \cdot P(T \mid F)}{P(T)} = \frac{0,3 \cdot 0,6}{0,69} = \frac{0,18}{0,69} = 0,2609$$

Aufgabe 10-1

a) $E(X) = \sum_{i=1}^{n} x_i \cdot f_x(x_i)$

$$= 2 \cdot 0,1 + 3 \cdot 0,4 + 5 \cdot 0,2 + 8 \cdot 0,1 + 9 \cdot 0,2 = 5$$

b) $VAR(X) = \sum_{i=1}^{n} x_i^2 \cdot f_x(x_i) - E(x)^2$

$$= (2^2 \cdot 0,1 + 3^2 \cdot 0,4 + 5^2 \cdot 0,2 + 8^2 \cdot 0,1 + 9^2 \cdot 0,2) - 5^2 = 6,6$$

c) $\sigma_X = \sqrt{\text{VAR}(X)} = \sqrt{6,6} = 2,57$

Aufgabe 10-2

Die zweiten 1000 Würfe sind unabhängig vom Ergebnis der ersten 1000 Würfe. Da ein idealer Würfel vorausgesetzt wurde, gilt

$$E(W_{1000...2000}) = n \cdot p = 1000 \cdot 0,5 = 500$$

Für alle 2000 Würfe gilt damit (da das Ergebnis der ersten 1000 schon feststeht):

$$E(W_{ges}) = 480 + E(W_{1000....2000}) = 480 + 500 = 980$$

Aufgabe 10-3

Es gibt vier mögliche Kombinationen von Gesprächsdauern im Monat:

| Mann | | Frau | | gesamt | | Kosten | |
P	Min.	P	Min.	P	Min.	ohne Rabatt	mit Rabatt
0,25	80	0,4	45	0,10	125	135	121,50
0,25	80	0,6	60	0,15	140	150	135
0,75	30	0,4	45	0,30	75	85	85
0,75	30	0,6	60	0,45	90	100	100

Relevant für die Rechnungen ist davon die 5. Spalte (Gesamt-Wahrscheinlichkeit) und die 8. (Gesamt-Kosten).

a) Für den Erwartungswert der Kosten gilt:

$$E(X) = \sum_{i=1}^{n} x_i \cdot f_X(x_i)$$
$$= 121,5\,\text{EUR} \cdot 0,1 + 135\,\text{EUR} \cdot 0,15 + 85\,\text{EUR} \cdot 0,3 + 100\,\text{EUR} \cdot 0,45$$
$$= 102,90\,\text{EUR}$$

b) Für die Varianz der Kosten gilt:

$$\text{VAR}(X) = \sum_i \left(x_i^2 \cdot f_X(x_i) \right) - \left(E(X) \right)^2$$
$$= (121,5\,\text{EUR})^2 \cdot 0,1 + (135\,\text{EUR})^2 \cdot 0,15 + (85\,\text{EUR})^2 \cdot 0,3$$
$$+ (100\,\text{EUR})^2 \cdot 0,45 - (102,9\,\text{EUR})^2$$
$$= 289,065\,\text{EUR}^2$$

Anmerkung: Der Ansatz, zunächst den Erwartungswert der Telefondauer zu errechnen und dann erst den Tarif darauf anzuwenden, führt zu einem falschen Ergebnis. Dabei wird nämlich nicht berücksichtigt, daß sich in einigen Monaten ein Rabatt ergibt, in anderen nicht.

Aufgabe 10-4

Da Nichtlinearitäten enthalten sind (Mengenrabatt und Überstundenzuschläge) darf nicht erst der Erwartungswert für die Menge ausgerechnet werden. Es ist statt dessen zunächst in die Ebene der Kosten zu transformieren und dann der Erwartungswert zu berechnen:

		Kauf		Eigenfertigung	
x_i	$P(x_i)$	$K(x_i)$	$P(x_i) \cdot K(x_i)$	$K(x_i)$	$P(x_i) \cdot K(x_i)$
1000	**0,3**	10000	3000	11500	3450
1500	**0,5**	15000	7500	14750	7375
2500	**0,2**	22500	4500	21500	4300
E(X)			15000		15125

Anmerkung: Wenn bei $K(x_i)$ für die Eigenfertigung 22500 EUR statt 21500 EUR herauskommen, wurden die Überstundenzuschläge für die gesamte produzierte Menge und nicht nur - wie in der Aufgabenstellung genannt - für den über 2000 Stück liegenden Teil berechnet.

Der Kauf ist also der Eigenfertigung vorzuziehen.

Aufgabe 10-5

Die Plätze reichen dann nicht, wenn 21 oder 22 Gäste (der 22 Gäste, die gebucht haben) kommen. Es handelt sich um eine Binomialverteilung mit P = 0,9 (für "nicht absagen").

$$P = B(21 \mid 22; 0,9) + B(22 \mid 22; 0,9)$$

$$= \binom{22}{21} \cdot 0,9^{21} \cdot (1-0,9)^{22-21} + \binom{22}{22} \cdot 0,9^{22} \cdot (1-0,9)^{22-22} = 0,3392$$

Aufgabe 10-6

Die Poisson-Verteilung ist reproduktiv. Diese Eigenschaft wird für die Lösung in zweierlei Hinsicht angewandt. Zum einen ergibt sich für die Anzahl der Fahrzeuge, die aus einer beliebigen Richtung innerhalb einer Minute ankommen, die Verteilung Ps(0,4+0,2+0,3+0,1), also Ps(1). Da zum anderen ein Zeitraum von zwei statt von einer Minute betrachtet wird, gilt insgesamt Ps(2). Für die gesuchte Wahrscheinlichkeit gilt dann:

$$P = Ps(0 \mid 2) + Ps(1 \mid 2)$$

$$= \frac{2^0}{0!} e^{-2} + \frac{2^1}{1!} e^{-2} = 1 \cdot 0,1353 + 2 \cdot 0,1353 = 0,406$$

Aufgabe 10-7

Der Schmuggel wird entdeckt, wenn mindestens ein Faß mit Schmuggelware entdeckt wird. Am einfachsten wird die Wahrscheinlichkeit über die Gegenwahrscheinlichkeit "es wird kein Faß gefunden" berechnet:

$$P(\text{entdeckt}) = 1 - \frac{\binom{3}{0} \cdot \binom{20-3}{5-0}}{\binom{20}{5}} = 1 - \frac{\binom{17}{5}}{\binom{20}{5}} = 1 - \frac{6.188}{15.504} = 0,601$$

Aufgabe 10-8

Da nur die Tabelle der Standardnormalverteilung verfügbar ist, müssen andere Normalverteilungen dorthin transformiert werden. Anschließend sind die Wahrscheinlichkeiten aus der Tabelle abzulesen. Der Rechenweg wird explizit für a) angegeben. Die übrigen werden analog gelöst.

a) $x_1 = 30000 \quad \Rightarrow z_1 = \dfrac{x_1 - \mu}{\sigma} = \dfrac{30000 - 50000}{10000} = -2$

$\quad x_2 = 70000 \quad \Rightarrow z_2 = \dfrac{x_2 - \mu}{\sigma} = \dfrac{70000 - 50000}{10000} = 2$

$\quad \begin{aligned} P(30000 < L < 70000) &= P(-2 < Z < 2) = 2 \cdot (F_Z(2) - 0,5) = 2 \cdot (0,9772 - 0,5) \\ &= 0,9544 \end{aligned}$

b) $P(30000 < L < 60000) = P(-2 < Z < 1) = F_Z(1) + F_Z(2) - 1 = 0,8185$

c) $P(L < 20000) = P(Z < -3) = 1 - F_Z(3) = 0,0013$

d) $P(L > 65000) = P(Z > 1,5) = 1 - F_Z(1,5) = 0,0668$

Aufgabe 10-9

Es handelt sich um eine $N(10;0,1^2)$-Verteilung (man beachte den Unterschied zwischen cm und mm!).

a) i) $P(L > 10,2) = 1 - F_Z(2) = 1 - 0,9772 = 0,0228 = 2,28\%$

ii) $\begin{aligned} P(9,8 \le L \le 10,1) &= F_Z(1) - (1 - F_Z(2)) = 0,8413 - 1 + 0,9772 = 0,8185 \\ &= 81,85\% \end{aligned}$

iii) $\begin{aligned} P(9,855 \le L \le 10,145) &= 2 \cdot (F_Z(1,45) - 0,5) = 2 \cdot (0,9265 - 0,5) = 0,853 \\ &= 85,3\% \end{aligned}$

b) $P(L < 10,0) = 0,05 \Rightarrow F_Z(z) = 0,05 \Leftrightarrow F_Z(-z) = 0,95 \Rightarrow -z = 1,65$

$\quad \Rightarrow \mu = x - z \cdot \sigma = 10,0 \text{ cm} - (-1,65) \cdot 1 \text{ mm} = 10,165 \text{ cm}$

Aufgabe 10-10

Für diese Aufgabe ist zunächst die Tabelle der Standardnormalverteilung in umgekehrter Richtung zu lesen, indem zu einem Wahrscheinlichkeitswert der dazugehörige Z-Wert gesucht wird.

$$P(|Z| > z) = 0,05 \Leftrightarrow 2 \cdot (1 - F_Z(z)) = 0,05 \Leftrightarrow F_Z(z) = 0,975 \Rightarrow z = 1,96$$

Im nächsten Schritt ist dieser Wert in die tatsächliche $N(10;0,2^2)$-Verteilung zu transformieren:

$$z = \frac{x - \mu}{\sigma} \Leftrightarrow \sigma = \frac{x - \mu}{z} = \frac{10,2\,\text{cm} - 10\,\text{cm}}{1,96} = 0,102\,\text{cm} = 1,02\,\text{mm}$$

Aufgabe 11-1

a) Nein. Da 500 ein Vielfaches von 4 ist, werden nur Flaschen geprüft, die vom selben Füllkopf befüllt wurden. Fehlerhafte Füllmengen der anderen Köpfe werden so nicht erfaßt.

b) Der Abstand zwischen den entnommenen Flaschen darf kein Vielfaches von 4 (oder 2) sein. Nur so ist sichergestellt, daß jeder Füllkopf in der Stichprobe enthalten ist. Z.B. könnte jede 501. Flasche entnommen werden.

Aufgabe 11-2

a) Das Ergebnis ist in zweifacher Weise zugunsten der PSI-Anhänger verfälscht:

- Bei einer Sendung zum Thema PSI werden Anhänger dieser Richtung mit wesentlich größerer Wahrscheinlichkeit zuschauen als Gegner oder Gleichgültige.

- Wer etwas zu berichten hat (also eine vermeintliche Wahrnehmung hatte), ruft mit wesentlich größerer Wahrscheinlichkeit an als jemand, der nur sagen kann: "Ich hatte keine Wahrnehmung."

b) Da die Erwerbstätigen - im Gegensatz zu den Arbeitslosen - zu dieser Zeit in der Regel arbeiten, sind die Arbeitslosen bei einer Befragung zu dieser Zeit an diesem Ort natürlich überrepräsentiert.

c) Zufriedene Kunden schreiben selten Dankesbriefe und loben das Produkt, während unzufriedene Kunden sich eher beschweren, um ihrem Ärger Luft zu machen oder eine Verbesserung (z.B. Entschädigung o.ä.) zu erreichen. Die negativen Meinungen sind damit drastisch überrepräsentiert.

d) Da die Bundesliga erst 1962 gegründet wurde und Spieler spätestens Ende 30 die Liga verlassen, gibt es praktisch keine Bundesligaspieler, die bereits über 70 Jahre alt sind. Entsprechend waren alle bisher verstorbenen (Ex-) Spieler deutlich jünger als es der durchschnittlichen Lebenserwartung heute entspricht.

Die weitaus meisten Spieler leben jedoch noch und wurden deshalb bei der Mittelwertbildung nicht berücksichtigt.

e) Eine Statistik über die Studiendauer kann zehn Semester nach dem Start auch nur Studiendauern bis zu diesem Wert enthalten. Der Durchschnitt kann deshalb noch nicht die große Zahl von Studierenden enthalten, die länger benötigt, weil diese ihr Studium zu diesem Zeitpunkt noch nicht abgeschlossen haben.

Aufgabe 11-3

a) Klumpenstichprobe (3 von n Seiten; alle Studierenden pro gewählter Seite)

b) aufeinanderfolgende Matrikel-Nrn. innerhalb einer Seite bedeuten (fast immer) gleichen Zeitpunkt der Immatrikulation; dieser korreliert jedoch mit dem Alter

Aufgabe 12-1

a) $N = 3000$

$n = 49$ $\quad \bar{x} = 22,5$ Jahre $\quad \sigma$ unbekannt; $s = 0,7$ Jahre

$n/N = 0,017 < 0,05$

$$\Rightarrow \hat{\sigma}_{\bar{x}} = \frac{s}{\sqrt{n}} = \frac{0,7 \text{ Jahre}}{\sqrt{49}} = 0,1 \text{ Jahre}$$

$n - 1 = 49 \geq 30 \quad \Rightarrow \quad$ Standardnormalverteilung (z) verwenden

zweiseitiges 90%-Konfidenzintervall $\Rightarrow z = 1,645$

$\mu_{u/o} = \bar{x} \pm z \cdot \hat{\sigma}_{\bar{x}} = 22,5 \text{ Jahre} \pm 1,645 \cdot 0,1 \text{ Jahre} = 22,5 \text{ Jahre} \pm 0,165 \text{ Jahre}$

$\mu_u = 22,335 \text{ Jahre}$

$\mu_o = 22,665 \text{ Jahre}$

b) $N = 500$

$n = 28$ $\quad \bar{x} = 22,5$ Jahre $\quad \sigma$ unbekannt; $s = 0,7$ Jahre

$n/N = 0,056 > 0,05$

$$\Rightarrow \hat{\sigma}_{\bar{x}} = \frac{s}{\sqrt{n}} \cdot \sqrt{\frac{N-n}{N}} = \frac{0,7 \text{ Jahre}}{\sqrt{28}} \cdot \sqrt{\frac{500-28}{500}} = 0,1285 \text{ Jahre}$$

$n - 1 = 27 < 30 \quad \Rightarrow \quad$ Studentverteilung (t) verwenden

zweiseitiges 90%-Konfidenzintervall $\Rightarrow t(27; 90\%) = 1,703$

$\mu_{u/o} = \bar{x} \pm t \cdot \hat{\sigma}_{\bar{x}} = 22,5 \text{ Jahre} \pm 1,703 \cdot 0,1285 \text{ Jahre} = 22,5 \text{ Jahre} \pm 0,219 \text{ Jahre}$

$\mu_u = 22,281 \text{ Jahre}$

$\mu_o = 22,719 \text{ Jahre}$

Aufgabe 12-2

$$n = 100 \quad x = 20 \quad p = \frac{x}{n} = \frac{20}{100} = 0,2$$

$$n \cdot p \cdot (1 - p) = 100 \cdot 0,2 \cdot (1 - 0,2) = 16 > 9$$

$\Rightarrow$ es wird Normalverteilung unterstellt

$$\theta_{u/o} = p \pm z \cdot \sqrt{\frac{p \cdot (1-p)}{n-1}} = 0,2 \pm 1,645 \cdot \sqrt{\frac{0,2 \cdot 0,8}{100-1}} = 0,2 \pm 0,066$$

$$\theta_u = 0,134$$
$$\theta_o = 0,266$$

Aufgabe 12-3

a) $n = 50 \quad x = 5 \quad p = \dfrac{x}{n} = \dfrac{5}{50} = 0,1$

   $n \cdot p \cdot (1 - p) = 50 \cdot 0,1 \cdot (1 - 0,1) = 4,5 < 9$

   $\Rightarrow$ es kann keine Normalverteilung unterstellt werden

   n/N < 0,05? ja

   für das zweiseitige Intervall gilt:

   $F_1 = F(1-\alpha/2; 2n-2x+2; 2x) = F(0,975; 92; 10) = 3,16$

   $F_2 = F(1-\alpha/2; 2x+2; 2n-2x) = F(0,975; 12; 90) = 2,09$

$$\theta_u = \frac{x}{x + (n-x+1) \cdot F_1} = \frac{5}{5 + (50-5+1) \cdot 3,16} = 0,0333 = 3,33\%$$

$$\theta_o = \frac{(x+1) \cdot F_2}{(x+1) \cdot F_2 + n - x} = \frac{(5+1) \cdot 2,09}{(5+1) \cdot 2,09 + 50 - 5} = 0,2179 = 21,79\%$$

b) $n = 200 \quad p = 0,1$

   $n \cdot p \cdot (1 - p) = 200 \cdot 0,1 \cdot (1 - 0,1) = 18 > 9$

   $\Rightarrow$ es kann Normalverteilung unterstellt werden

   n/N < 0,05? ja

$$\theta_{u/o} = p \pm z \cdot \sqrt{\frac{p \cdot (1-p)}{n-1}} = 0,1 \pm 1,96 \cdot \sqrt{\frac{0,1 \cdot 0,9}{199}} = 0,1 \pm 0,0417$$

$$\theta_u = 0{,}0583 = 5{,}83\%$$
$$\theta_o = 0{,}1417 = 14{,}17\%$$

c) $n \geq \dfrac{z^2}{4 \cdot (\Delta\theta)^2} = \dfrac{1{,}96^2}{4 \cdot 0{,}02^2} = 2401$

Aufgabe 12-4

$n = 60 \quad x = 5 \quad p = \dfrac{x}{n} = \dfrac{5}{60} = 0{,}0833$

$n \cdot p \cdot (1 - p) = 60 \cdot 0{,}0833 \cdot (1 - 0{,}0833) = 4{,}58 < 9$

$\Rightarrow$ es kann keine Normalverteilung unterstellt werden

$n/N < 0{,}05 \;\Rightarrow\; \theta_o = \dfrac{(x+1) \cdot F_2}{n - x + (x+1) \cdot F_2}$

für das einseitige Intervall gilt:

$F_2 = F(1-\alpha;\ 2x+2;\ 2n-2x) = F(0{,}95;\ 12;\ 110) = 1{,}84$

$\Theta_o = \dfrac{(5+1) \cdot 1{,}84}{60 - 5 + (5+1) \cdot 1{,}84} = 0{,}167$

D.h., der Anteil der Spätzlegegner liegt mit 95%iger Sicherheit unter 16,7%.

Aufgabe 12-5

$n \geq \left(\dfrac{\sigma \cdot z}{\Delta\mu}\right)^2 = \left(\dfrac{10\,\text{Jahre} \cdot 1{,}96}{2\,\text{Jahre}}\right)^2 = 96{,}04 \;\Rightarrow n = 97$

Aufgabe 12-6

$n \geq \dfrac{z^2}{4 \cdot (\Delta\theta)^2} = \dfrac{1{,}645^2}{4 \cdot 0{,}01^2} = 6765{,}06 \quad \Rightarrow n = 6766$

Aufgabe 13-1

a) $H_0: \mu \geq 500\,\text{g}$

Die zu beweisende Tatsache muß die Alternativhypothese H_1 sein.

b) $H_0: \mu = 100\,\text{mm}$

Für zweiseitige Tests ist die Nullhypothese immer $u = u_0$.

c) H_0: $\mu \leq 7{,}2$ l/100km

Aufgabe 13-2

a) H_0: $\mu \leq 0{,}7$ mg

b) Fehler 1. Art (α-Fehler): Der Zigarettenhersteller wird fälschlicherweise beschuldigt, Zigaretten mit einem zu hohen durchschnittlichen Nikotingehalt zu produzieren.

   Fehler 2. Art (β-Fehler): Die Zigaretten haben tatsächlich einen zu hohen durchschnittlichen Nikotingehalt; dies wird jedoch nicht statistisch nachgewiesen.

c) Das Prozeßrisiko, also das Risiko, in einem Prozeß wegen eines falschen Testergebnisses zu unterliegen, entspricht dem Fehler 1. Art. Um dieses gering zu halten, sollte α möglichst klein gewählt werden. Mit kleinem α wächst aber auch die Gefahr, selbst erhebliche Überschreitungen des angegebenen Nikotingehaltes nicht mehr zu erkennen. Dieser Fehler läßt sich in seiner Höhe nicht berechnen, er wächst aber mit kleinerem α deutlich an.

Aufgabe 13-3

H_0: $\mu = 10$ cm H_1: $\mu \neq 10$ cm

Maß normalverteilt $\Rightarrow$ Test anwendbar

σ unbekannt; Stichprobe ohne Zurücklegen; n/N = 10/100 $\geq$ 0,05

$$\Rightarrow \hat{\sigma}_{\overline{X}} = \frac{s}{\sqrt{n}} \cdot \sqrt{\frac{N-n}{N}} = \frac{0{,}5\,\text{cm}}{\sqrt{10}} \cdot \sqrt{\frac{100-10}{100}} = 0{,}15\,\text{cm}$$

da n-1 < 30, gilt Studentverteilung (t-Werte)

$\alpha = 5\%$; zweiseitige Nullhypothese

$$\Rightarrow c_{o/u} = \mu_0 \pm t \cdot \hat{\sigma}_{\overline{X}} = 10\,\text{cm} \pm 2{,}262 \cdot 0{,}15\,\text{cm} = 10\,\text{cm} \pm 0{,}339\,\text{cm}$$

$c_u = 9{,}661$ cm $\leq \overline{X} = 9{,}7$ cm $\leq c_o = 10{,}339$ cm

Da der ermittelte Wert der Prüfgröße im Nichtablehnungsbereich liegt, kann die Nullhypothese nicht verworfen werden. Die Lieferung ist also zu akzeptieren.

Aufgabe 13-4

H_0: $\theta \geq \theta_0 = 0{,}8$ H_0: $\theta < \theta_0 = 0{,}8$

$n \cdot \theta_0 \cdot (1-\theta_0) = 100 \cdot 0{,}8 \cdot 0{,}2 = 16 > 9$

n/N < 0,05

$$c_u = \theta_0 - z \cdot \sqrt{\frac{\theta_0 \cdot (1 - \theta_0)}{n}} = 0,8 - 1,282 \cdot \sqrt{\frac{0,8 \cdot (1 - 0,8)}{100}} = 0,8 - 0,0513 = 0,7487$$

$$p = 0,75 \geq c_u = 0,7487$$

Damit kann die Nullhypothese nicht statistisch widerlegt werden.

Aufgabe 13-5

a) $H_0: \mu_1 \leq \mu_2 \quad H_0: \mu_1 > \mu_2$

σ_1 und σ_2 sind unbekannt und können auch nicht als gleich vorausgesetzt werden.

$$\hat{\sigma}_D = \sqrt{\frac{s_1^2}{n_1} + \frac{s_2^2}{n_2}} = \sqrt{\frac{10^2}{120} + \frac{12^2}{280}} = 1,161$$

n_1 und $n_2 \geq 30$; einseitiger Test; $\alpha = 0,05 \Rightarrow z = 1,645$

$$c_0 = z \cdot \hat{\sigma}_D = 1,645 \cdot 1,161 = 1,91$$

$$d = \bar{x}_1 - \bar{x}_2 = 42,7 - 41,3 = 1,4$$

$$d = 1,4 \leq c_0 = 1,91$$

H_0 kann nicht abgelehnt werden. Damit konnte bei den Teilnehmern des Repetitoriums keine signifikant höhere Punktzahl festgestellt werden.

b) Das Ergebnis erlaubt keine Aussage darüber, ob der Besuch beim Repetitorium zu einer höheren Punktzahl führt oder nicht. Der Grund liegt darin, daß zu vermuten ist, daß sich Teilnehmer und Nichtteilnehmer von vornherein unterscheiden. Z.B. werden eher die Schwächeren die Hilfe eines Repetitors in Anspruch nehmen. Damit kann jedoch nicht der Einfluß der unterschiedlichen Teilnehmerstruktur von der Wirkung der Teilnahme getrennt werden.

Aufgabe 13-6

$H_0: \theta_1 \leq \theta_2 \quad H_0: \theta_1 > \theta_2$

$$p_1 = \frac{34}{100} = 0,34 \qquad p_2 = \frac{37}{120} = 0,308\overline{3}$$

$$p_1 \cdot (1 - p_1) \cdot n_1 = 22,4 > 9 \qquad p_2 \cdot (1 - p_2) \cdot n_2 = 25,6 > 9$$

$$p = \frac{n_1 \cdot p_1 + n_2 \cdot p_2}{n_1 + n_2} = \frac{100 \cdot \frac{34}{100} + 120 \cdot \frac{37}{120}}{100 + 120} = 0,3227$$

$$\hat{\sigma}_D = \sqrt{p \cdot (1-p) \cdot \frac{n_1 + n_2}{n_1 \cdot n_2}} = \sqrt{0{,}3227 \cdot 0{,}6773 \cdot \frac{100 + 120}{100 \cdot 120}} = 0{,}0633$$

einseitiger Test; $\alpha = 0{,}1 \Rightarrow z = 1282$

$c_0 = z \cdot \hat{\sigma}_D = 1{,}282 \cdot 0{,}0633 = 0{,}0812$

$d = p_1 - p_2 = 0{,}34 - 0{,}3083 = 0{,}0317$

$d = 0{,}0317 \le c_0 = 0{,}0812$

H_0 kann nicht abgelehnt werden. Damit konnte kein Beweis für eine verbesserte Pünktlichkeit erbracht werden.

Aufgabe 13-7

$H_0: \sigma_1^2 \le \sigma_2^2 \qquad H_0: \sigma_1^2 > \sigma_2^2$

$c_0 = F(1-\alpha; n_1-1; n_2-1) = F(0{,}99; 50; 50) = 1{,}95$

$$f = \frac{s_1^2}{s_2^2} = \frac{(10\,\mu m)^2}{(7\,\mu m)^2} = 2{,}04$$

$f = 2{,}04 > c_0 = 1{,}95$

Damit ist H_0 abzulehnen, d.h., es ist bewiesen, daß die Maschine M2 genauer fertigt. Die Kaufentscheidung fällt somit zugunsten von M2 aus.

Aufgabe 13-8

Es ist ein χ^2-Unabhängigkeitstest durchzuführen. Eine erste Kontingenztabelle mit den erwarteten Werten sieht folgendermaßen aus:

Stammtisch	ledig	verheiratet	geschieden	verwitwet	Σ
ja	23 25	19 15	3 3	5 7	50
nein	27 25	11 15	3 3	9 7	50
Σ	50	30	6	14	100

Die erwarteten Werte für Geschiedene liegen unterhalb der Mindestanzahl von 5, so daß die Geschiedenen und Verwitweten zu einer Spalte zusammengefaßt werden:

Stammtisch	ledig		verheiratet		gesch. / verw.		Σ
ja	23	25	19	15	8	10	50
nein	27	25	11	15	12	10	50
Σ	50		30		20		100

Nach dem Zusammenfassen verbleiben $v = (3\text{-}1) \cdot (2\text{-}1) = 2$ Freiheitsgrade.

Für $\alpha = 0,05$ ergibt sich dann: $\chi^2_c = \chi^2(0,95; 2) = 5,991$.

$$\chi^2 = \frac{(23-25)^2}{25} + \frac{(19-15)^2}{15} + \frac{(8-10)^2}{10} + \frac{(27-25)^2}{25} + \frac{(11-15)^2}{15} + \frac{(12-10)^2}{10}$$
$$= 3,253$$

Es gilt: $\chi^2 = 3,253 \leq \chi^2_c = 5,991$. Damit haben sich keine Anhaltspunkte für eine Abhängigkeit der Merkmale Familienstand und Stammtischmitgliedschaft ergeben. Die Zahlen belegen also die Vermutung des Verbandes nicht.

Aufgabe 13-9

Es ist zu überprüfen, ob sich die Marktanteile, also die Verteilungen, geändert haben. Dazu ist ein χ^2-Homogenitätstest durchzuführen. Da die erwarteten Werte für die Produkte D und E unterhalb von 5 liegen, werden beide zu einer gemeinsamen Zeile zusammengefaßt:

Produkt	vorher		nachher		Σ
A	13	12	7	8	20
B	14	18	16	12	30
C	21	18	9	12	30
D + E	12	12	8	8	20
Σ	60		40		100

Nach dem Zusammenfassen der Zeilen für D und E ergeben sich $v = (4\text{-}1) \cdot (2\text{-}1)$ = 3 Freiheitsgrade. Für $\alpha = 0,1$ ergibt sich dann: $\chi^2_c = \chi^2(0,9; 3) = 6,251$.

$$\chi^2 = \frac{(13-12)^2}{12} + \frac{(14-18)^2}{18} + \frac{(21-18)^2}{18} + \frac{(12-12)^2}{12}$$
$$+ \frac{(7-8)^2}{8} + \frac{(16-12)^2}{12} + \frac{(9-12)^2}{12} + \frac{(8-8)^2}{8}$$
$$= 3,68$$

Es gilt: $\chi^2 = 3,68 \leq \chi^2_c = 6,251$. Damit haben sich keine Anhaltspunkte für einen Unterschied der Verteilungen vor und nach der Kampagne ergeben. Eine Wirkung kann deshalb nicht festgestellt werden.

Aufgabe 13-10

a) Für den Fall, daß ideale Münzen korrekt geworfen werden, ergibt sich eine Binomialverteilung B(3; 0,5). Die tatsächliche Verteilung ist deshalb mittels χ^2-Anpassungstest mit der theoretischen Verteilung zu vergleichen:

Gewinn	h_i^o	h_i^e	
0 EUR	4	B(0 | 3; 0,5) · 100 =	12,5
10000 EUR	49	B(1 | 3; 0,5) · 100 =	37,5
20000 EUR	42	B(2 | 3; 0,5) · 100 =	37,5
30000 EUR	5	B(3 | 3; 0,5) · 100 =	12,5
Σ	100		100,0

Da die Verteilung nicht aus der Stichprobe geschätzt wurde, gilt $\nu = 4 - 1 = 3$ Freiheitsgrade. Für $\alpha = 0,01$ ergibt sich dann: $\chi^2_c = \chi^2(0,99; 3) = 11,345$.

$$\chi^2 = \frac{(4-12,5)^2}{12,5} + \frac{(49-37,5)^2}{37,5} + \frac{(42-37,5)^2}{37,5} + \frac{(5-12,5)^2}{12,5} = 14,347$$

Es gilt: $\chi^2 = 14,347 > \chi^2_c = 11,345$. Damit ist statistisch bewiesen, daß die Ergebnisse der Glücksshow nicht der theoretisch zu erwartenden Verteilung entsprechen. Der Vorwurf ist also korrekt.

b) Der theoretisch zu erwartende Gewinn beträgt - wie leicht ersichtlich - 15000 EUR. Zur Überprüfung ist demnach die Hypothese zu prüfen, ob der Erwartungswert der Ziehungen in der Glücksshow ebenfalls 15000 EUR beträgt.

Die Gewinne sind zwar nicht normalverteilt, sondern basieren auf einer Binomialverteilung. Aufgrund der Stichprobengröße von mehr als 30 kann jedoch von einem näherungsweise normalverteilten Stichprobenmittelwert ausgegangen werden, so daß der Test für den Mittelwert angewandt werden kann. Aus den 100 Sendungen errechnet sich nach den bekannten Formeln (der induktiven Statistik): $\bar{x} = 14800$ EUR und s = 6587,74 EUR. Angesichts einer vermutlich fehlerhaften Ziehung muß von einem unbekannten σ ausgegangen werden. Es ergibt sich dann (N = ∞):

$$\hat{\sigma}_{\bar{X}} = \frac{s}{\sqrt{n}} = \frac{6587,74 \text{ EUR}}{\sqrt{100}} = 658,74 \text{ EUR}$$

n - 1 > 30; $\alpha = 0,01$; zweiseitig $\Rightarrow$ z = 2,58

$\mu_{o,u} = 15000$ EUR ± 2,58 · 658,74 EUR

$\mu_o = 16699,55$ EUR

μ_u = 13300,45 EUR

Da die Prüfgröße $\bar{x}$ eindeutig im Nichtablehnungsbereich liegt, wird die Null-hypothese μ = 15000 EUR nicht zurückgewiesen. Damit läßt sich ein von 15000 EUR abweichender Erwartungswert nicht beweisen.

c) Die aus den Ziehungen ermittelte Verteilung besitzt bei etwa gleichem Mittelwert eine deutlich kleinere Streuung als die theoretisch zu erwartende Binomialverteilung B(3; 0,5). Damit ist die Wahrscheinlichkeit für besonders hohe Gewinne ebenso verringert wie für Kandidaten, die völlig leer ausgehen.

d) Eine solche Veränderung der Verteilung könnte z.B. dadurch erreicht werden, daß eine der drei Münzen fast immer Zahl, eine andere fast immer Wappen ergibt, während die dritte Münze ideal ist.

Aufgabe 13-11

Nein. In der Regel bekommen nur Kranke Medikamente verabreicht. Bei vielen Krankheiten besteht ein leicht bis stark erhöhtes Sterberisiko, und insbesondere auch ältere Menschen erhalten in weit größerem Umfang Medikamente als Jüngere. Deshalb ist eine Gruppe von Medikamentenempfängern normalerweise nicht repräsentativ für die Durchschnittsbevölkerung, sondern weist eine höhere Sterberate auf, auch ohne daß Nebenwirkungen auftreten. Damit kann ohne zusätzliche Informationen allein aus der höheren Sterblichkeit innerhalb der Gruppe der Medikamentenempfänger nicht abgeleitet werden, daß gefährliche Nebenwirkungen vorliegen.

Klausurtips

Aufgabenstellung genau durchlesen!

Oft werden schematisch die Rechenschritte durchgeführt, die man von einer Übung her gewohnt ist; z.B. bei Indizes werden Mengen- und Preisindex sowohl von Paasche als auch Laspeyres berechnet, obwohl nur ein Teil davon gefragt ist.

Gefragte Lösung angeben!

Dies erscheint zwar trivial, wird aber oft vergessen. Beispiel:

Bei einer Aufgabe zur Testtheorie wird gefragt: "Kann man damit die Aussage widerlegen?" Werden lediglich die kritischen Grenzen berechnet, ist die eigentliche Frage nicht beantwortet.

Nur mit vertrauten Formeln arbeiten!

In vielen Fällen gibt es mehrere Lösungswege bzw. Formeln, mit denen eine gesuchte Größe berechnet werden kann. Man sollte nur solche Formeln verwenden, mit denen man schon erfolgreich (!) mehrere Aufgaben gelöst hat, also zur Musterlösung gelangt ist.

Sich rechtzeitig mit dem Taschenrechner vertraut machen!

Selbst einfache Taschenrechner besitzen heute mehr oder weniger umfangreiche statistische Funktionen. Dies nutzt jedoch nur etwas, wenn man mit dem Rechner vertraut ist. Dazu sollte man ihn schon während des Semesters beim Lösen der Übungsaufgaben verwendet haben. Wer erst eine Woche vor der Klausur nach der Bedienungsanleitung sucht, sollte lieber auf diese Funktionen verzichten. Tip: Achten Sie darauf, daß Ihr Taschenrechner zweidimensionale Statistik beherrscht.

Einheiten beachten!

Oft werden bei den Rechnungen einfach die Einheiten weggelassen und - wenn überhaupt - aus dem Nichts zum Ergebnis hinzugefügt. Dies birgt eine Reihe von Gefahren. So können z.B. Mittelwert und Standardabweichung in der Aufgabenstellung in unterschiedlichen Einheiten angegeben sein (z.B. in kg und g oder in cm und mm). Werden die Einheiten bei der Rechnung weggelassen, wird dann oft die notwendige vorherige Umrechnung auf dieselbe Einheit vergessen. Zudem kann durch die Verwendung von Einheiten das Einsetzen falscher Größen in eine Formel verhindert werden.

Ähnliches gilt für die Angabe als Prozentzahl (z.B. 120%) oder Dezimalbruch (z.B. 1,2). Durch die nachgestellte Angabe "%" ändert sich der Wert um den Faktor 100 (!), so daß eine Verwechslung zu unsinnigen Ergebnissen führt.

Ergebnisse müssen sinnvoll sein!

Viele Ergebnisse können aus unterschiedlichen Gründen nur innerhalb eines bestimmten Wertebereiches liegen. Mit einer Vorabschätzung im Kopf läßt sich dieser Bereich meist noch weiter eingrenzen. Deshalb sollte vor Beginn einer numerischen Lösung immer zunächst das ungefähre Ergebnis abgeschätzt werden. Liegt der errechnete Wert deutlich daneben, ist besondere Skepsis angebracht. Zur Hilfe nachfolgend eine Liste der (sinnvollen) Wertebereiche wichtiger Größen:

absolute Bereichsgrenzen:

Varianz, Standardabweichung: $\quad x \geq 0$

Korrelationsmaße r, r_{sp}: $\quad -1 \leq x \leq 1$

Kontingenzkoeffizient C: $\quad 0 \leq x \leq 1$ (genauer $0 \leq x \leq \sqrt{(C^* - 1)/C^*}$)

Wahrscheinlichkeiten: $\quad 0 \leq x \leq 1$

Dichten: $\quad x \geq 0$

Gini-Koeffizient G: $\quad 0 \leq x \leq 1$ (genauer $0 \leq x \leq 1-1/n$)

Gliederungszahlen u.ä.: $\quad 0 \leq x \leq 1$ bzw. $0\% \leq x \leq 100\%$

aus der Anwendung gegebene absolute Beschränkungen:

Die meisten ökonomisch relevanten Größen unterliegen der Nichtnegativitätsbedingung, z.B. Mengen, Preise, Zinsen. Bedenken Sie jedoch, daß es durchaus negative Inflationsraten oder Vermögen (Schulden) geben kann.

relative Beschränkungen:

• Mittelwerte müssen zwischen dem kleinsten und größten Wert liegen. Entsprechendes gilt für Erwartungswerte, bei denen die Grenzen bei stetigen Größen durch eine Dichte größer 0 gegeben sind.

• a und b der Regressionsgeraden müssen für die gegebenen Werte (x_i) zu sinnvollen Ergebnissen ($\hat{y}_i$) führen.

• Steigen alle Preise, so muß der Preisindex größer 100% (bzw. 1,0) sein. Der Preisindex darf nicht über der größten Preissteigerung eines Einzelwertes liegen. Analog gilt dies für fallende Preise sowie Mengenindizes.

Rundungen in vertretbaren Grenzen halten!

Oft werden Zwischenergebnisse nur mit z.B. einer Stelle hinter dem Komma angegeben. Aus 2/3 wird dann 0,7 oder gar 0,6 (falsch!). Wird beim Weiterrechnen nicht der im Taschenrechner vorhandene genaue Wert, sondern der so gerundete verwendet, kann es nach mehreren Rechenschritten zu nicht mehr akzeptablen Rundungsfehlern kommen, z.B. eine Varianz von 1,5 statt 4/3 bzw. $1,\overline{3}$. Dieser Effekt ist dort besonders groß, wo die Differenz zwischen zwei Größen gebildet wird, z.B. bei der Formel der Varianz. Tip: Möglichst mit Brüchen rechnen.

Symbolverzeichnis

Nachfolgend werden die im Buch verwendeten Formelzeichen und Abkürzungen aufgelistet und kurz erläutert. Um den Gebrauch zusätzlicher Literatur zu erleichtern, wird mit "(auch: ...)" zum Teil auf alternative Schreibweisen hingewiesen, wenn sie öfters zu finden sind.

Deskriptive Statistik

a_j	Abgänge aus einer Bestandsmasse im Zeitintervall $(t_{j-1}; t_j]$
$\bar{a}$	Abgangsrate (bei einer Bestandsmasse)
$A_{0,j}$	Summe aller Abgänge aus einer Bestandsmasse im Zeitintervall $(t_0; t_j]$
B	Bestimmtheitsmaß (auch: B^2, R^2, B_{yx})
B_t	Bestand zum Zeitpunkt t
$\bar{B}$	durchschnittlicher Bestand einer Bestandsmasse
C	Kontingenzkoeffizient (auch: PK, c)
C_{korr}	korrigierter Kontingenzkoeffizient (auch: C^*, PK^*, c_{01})
d_i	Verweildauer der i-ten Einheit in einer Bestandsmasse
$d_{\bar{x}_Z}$	mittlere absolute Abweichung (auch: $\bar{d}$, $d_{\tilde{x}}$, $d_{x_{0,5}}$, $\delta_{x_{0,5}}$, MAD, MA)
$\bar{d}$	durchschnittliche Verweildauer in einer Bestandsmasse
f_i	Kurzschreibweise für $f(x_i)$ (auch: p_i, r_i, h_i, f_i')
$f(x_i)$	relative Häufigkeit (= h_i/n) der Ausprägung x_i (auch: $p(x_i)$, $r(x_i)$, $h(x_i)$, $f'(x_i)$)
F_i	Kurzschreibweise für $F(x_i)$ (auch: H_i)
$F_{0,j}$	Zeitmengenfläche einer Bestandsmasse im Zeitintervall $(t_0; t_j]$ (auch: $M(t_a, t_e)$)
$F(x_i)$	kumulierte relative Häufigkeiten bis einschließlich Element x_i (auch: $H(x_i)$)
G	Gini-Koeffizient (Lorenzsches Konzentrationsmaß, LKM) (auch: D_G, L)
G_{norm}	normierter Gini-Koeffizient (auch: G^*, D_G^*)
h_i	Kurzschreibweise für $h(x_i)$ (auch: n_i, f_i)

$h(x_i)$	absolute Häufigkeit (Anzahl des Auftretens) der Ausprägung x_i (auch: $n(x_i)$, $f(x_i)$)
H_i	Kurzschreibweise für $H(x_i)$ (auch: N_i, F_i)
$H(x_i)$	kumulierte absolute Häufigkeiten bis einschließlich Element x_i (auch: $N(x_i)$, $F(x_i)$)
m	Anzahl der Merkmalsausprägungen (auch: I)
n	Anzahl von Elementen bzw. Beobachtungswerten (einer Stichprobe oder einer Erhebung)
N	Anzahl der Elemente der Grundgesamtheit
$p_{i,t}$	Preis des i-ten Gutes in der Periode t
$P_{0,t}^L$	Preisindex nach Laspeyres für die Periode t zur Basis 0
$P_{0,t}^P$	Preisindex nach Paasche für die Periode t zur Basis 0
$q_{i,t}$	Menge des i-ten Gutes in der Periode t
$Q_{0,t}^L$	Mengenindex nach Laspeyres für die Periode t zur Basis 0
$Q_{0,t}^P$	Mengenindex nach Paasche für die Periode t zur Basis 0
r	Pearson'scher Korrelationskoeffizient (auch: r_{xy}, ρ)
r_{sp}	Spearman'scher Rangkorrelationskoeffizient (auch: r_s oder R_{xy}^s)
r_t	Wachstumsrate in Periode t
s	Standardabweichung
s^2	Varianz
s_x	Standardabweichung des Merkmals X
s_{xy}	Kovarianz (auch: $COV(X,Y)$)
t	Zeit (allgemein); t-ter Zeitpunkt
U	Umschlagshäufigkeit einer Bestandsmasse
v	Variationskoeffizient (auch: V, VC)
w	Spannweite (auch: R, SPW)
w_t	Wachstumsfaktor in Periode t
x_i	i-te Merkmalsausprägung oder i-ter Beobachtungswert
x_t^*	Prognosewert für die Größe X in der Periode t (unabhängig von Prognoseverfahren)

$\overline{x}$ arithmetisches Mittel

$\overline{x}_G$ geometrisches Mittel (auch: $\overline{x}_g$, μ_g, G)

$\overline{x}_H$ harmonisches Mittel (auch: $\overline{x}_h$, H)

$\overline{x}_M$ Modus (häufigster Wert, dichtester Wert, Modalwert) (auch: $\overline{x}_D$, x_d, x_{MOD}, D, MO)

$\overline{x}_p$ Quantil (p steht dabei für die relative Lage, z.B. $\overline{x}_{0,25}$) (auch: x_p, $\tilde{x}_p$)

$\overline{x}_Z$ Zentralwert (Median) (auch: Z, $\overline{x}_{0,5}$, $\tilde{x}$, $\tilde{x}_{0,5}$, $x_{0,5}$, Me)

$\overline{x}k_t$ gleitender Durchschnitt der Ordnung k für die Periode t (konkret z.B. $\overline{x}3_4$) (auch: $\tilde{y}_t$, x^*_t)

X   meist Bezeichnung für ein Merkmal oder eine Zufallsvariable

Y   meist Bezeichnung für ein Merkmal oder eine Zufallsvariable, wenn X bereits anderweitig verwendet wird bzw. bei zweidimensionalen Merkmalen

z_j Zugänge zu einer Bestandsmasse im Zeitintervall (t_{j-1}; t_j]

$\overline{z}$ Zugangsrate (bei einer Bestandsmasse)

$Z_{0,j}$ Summe aller Zugänge zu einer Bestandsmasse im Zeitintervall (t_0; t_j]

Δ (Groß-Delta) Periodenbreite

χ^2 Chi-Quadrat

Wahrscheinlichkeitsrechnung

A, B   Ereignis

$\overline{A}$ Komplementärereignis zu A

B(n; P)   Binomialverteilung (auch: Bi(n; P))

E(X)   Erwartungswert der Zufallsvariablen X

Ex(λ)   Exponentialverteilung

f_X (diskrete) Wahrscheinlichkeitsfunktion oder (stetige) Dichtefunktion der Zufallsvariablen X

F_X Verteilungsfunktion der Zufallsvariablen X

F(p; ν_1; ν_2)   p-Quantil der F-Verteilung (auch: Fi(p; ν_1; ν_2))

Ge(P)	geometrische Verteilung
H(N; M; n)	hypergeometrische Verteilung (auch: Hy(n; N; M))
$N(\mu; \sigma^2)$	Normalverteilung (auch: $N(\mu; \sigma)$, $No(\mu; \sigma^2)$)
P	Wahrscheinlichkeit (auch: W)
P(A)	Wahrscheinlichkeit für das Eintreten des Ereignisses A (auch: W(A))
P(B|A)	Wahrscheinlichkeit für das Eintreten des Ereignisses B unter der Bedingung, daß Ereignis A bereits eingetreten ist (auch: P(B / A), W(P|A))
$Ps(\lambda)$	Poisson-Verteilung (auch: $Po(\lambda)$)
t	Wert (Quantil) der t-Verteilung (Studentverteilung)
VAR(X)	Varianz der Zufallsvariablen X
X, Y	Zufallsvariablen
z	Wert (Quantil) der Standardnormalverteilung
λ	Klein-Lambda (z.B. in $Ex(\lambda)$)
μ	(Klein-My, sprich: "Mü") Erwartungswert
ν	(Klein-Ny, sprich: "Nü") Zahl der Freiheitsgrade
σ	(Klein-Sigma) Standardabweichung
σ^2	Varianz
χ^2	Chi-Quadrat
$\chi^2(p; \nu)$	p-Quantil der Chi-Quadrat-Verteilung
ω	(Klein-Omega) Elementarereignis
Ω	(Groß-Omega) Ereignisraum, sicheres Ereignis
$A \cup B$	zusammengesetztes Ereignis (Vereinigung von Ereignissen)
$A \cap B$	Durchschnitt von Ereignissen
$\varnothing$	unmögliches Ereignis (leere Menge)

Induktive Statistik

H_0	Nullhypothese
H_1	Alternativhypothese (auch: H_A)
n	Stichprobenumfang
N	Umfang der Grundgesamtheit

P	Stichprobenanteilswert
S	Stichprobenstandardabweichung
S^2	Stichprobenvarianz
$\overline{X}$	Stichprobenmittelwert
α	(Klein-Alpha) Signifikanzniveau, Irrtumswahrscheinlichkeit
α^*	empirisches Signifikanzniveau
β	(Klein-Beta) Wahrscheinlichkeit für einen Fehler 2. Art
θ	(Klein-Theta) Anteilswert einer dichotomen Grundgesamtheit (auch: π, P)
$\Delta\theta$	(Delta-Theta) absoluter Schätzfehler für den Anteilswert einer dichotomen Grundgesamtheit
μ	(Klein-My, sprich: "Mü") Mittelwert einer Grundgesamtheit
$\Delta\mu$	(Delta-My) absoluter Schätzfehler für den Mittelwert
ν	(Klein-Ny, sprich: "Nü") Zahl der Freiheitsgrade
σ	(Klein-Sigma) Standardabweichung einer Grundgesamtheit
σ^2	Varianz einer Grundgesamtheit
$\sigma_{\overline{X}}^2$	Varianz der Stichprobenmittelwerte
χ^2	Chi-Quadrat

Tabellensammlung

Standardnormalverteilung (Verteilungsfunktion)

Auf der nächsten Seite sind die Werte der Verteilungsfunktion $F_Z(z)$ der Standardnormalverteilung tabelliert. Zum Ablesen sind in der Spalte links die Vorkomma- und die erste Nachkommastelle des z-Wertes zu suchen und durch die zweite Nachkommastelle in der obersten Zeile zu ergänzen.

Die Werte $F_Z(z)$ in der Tabelle entsprechen der grauen Fläche in folgendem Diagramm mit der Dichtefunktion der Standardnormalverteilung:

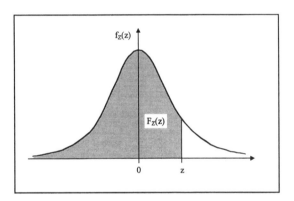

Formeln für die Berechnung anderer Bereiche befinden sich in Abschnitt 10.3.6.3.

Zusätzlich sind hier noch die wichtigsten Quantile der Standardnormalverteilung aufgelistet, die für Schätz- und Testverfahren benötigt werden:

	einseitig	zweiseitig
$1-\alpha = 0{,}90$	1,282	1,645
$1-\alpha = 0{,}95$	1,645	1,960
$1-\alpha = 0{,}99$	2,326	2,576
$1-\alpha = 0{,}999$	3,090	3,291

$F_Z(z)$:

z	0,00	0,01	0,02	0,03	0,04	0,05	0,06	0,07	0,08	0,09
0,0	0,5000	0,5040	0,5080	0,5120	0,5160	0,5199	0,5239	0,5279	0,5319	0,5359
0,1	0,5398	0,5438	0,5478	0,5517	0,5557	0,5596	0,5636	0,5675	0,5714	0,5753
0,2	0,5793	0,5832	0,5871	0,5910	0,5948	0,5987	0,6026	0,6064	0,6103	0,6141
0,3	0,6179	0,6217	0,6255	0,6293	0,6331	0,6368	0,6406	0,6443	0,6480	0,6517
0,4	0,6554	0,6591	0,6628	0,6664	0,6700	0,6736	0,6772	0,6808	0,6844	0,6879
0,5	0,6915	0,6950	0,6985	0,7019	0,7054	0,7088	0,7123	0,7157	0,7190	0,7224
0,6	0,7257	0,7291	0,7324	0,7357	0,7389	0,7422	0,7454	0,7486	0,7517	0,7549
0,7	0,7580	0,7611	0,7642	0,7673	0,7704	0,7734	0,7764	0,7794	0,7823	0,7852
0,8	0,7881	0,7910	0,7939	0,7967	0,7995	0,8023	0,8051	0,8078	0,8106	0,8133
0,9	0,8159	0,8186	0,8212	0,8238	0,8264	0,8289	0,8315	0,8340	0,8365	0,8389
1,0	0,8413	0,8438	0,8461	0,8485	0,8508	0,8531	0,8554	0,8577	0,8599	0,8621
1,1	0,8643	0,8665	0,8686	0,8708	0,8729	0,8749	0,8770	0,8790	0,8810	0,8830
1,2	0,8849	0,8869	0,8888	0,8907	0,8925	0,8944	0,8962	0,8980	0,8997	0,9015
1,3	0,9032	0,9049	0,9066	0,9082	0,9099	0,9115	0,9131	0,9147	0,9162	0,9177
1,4	0,9192	0,9207	0,9222	0,9236	0,9251	0,9265	0,9279	0,9292	0,9306	0,9319
1,5	0,9332	0,9345	0,9357	0,9370	0,9382	0,9394	0,9406	0,9418	0,9429	0,9441
1,6	0,9452	0,9463	0,9474	0,9484	0,9495	0,9505	0,9515	0,9525	0,9535	0,9545
1,7	0,9554	0,9564	0,9573	0,9582	0,9591	0,9599	0,9608	0,9616	0,9625	0,9633
1,8	0,9641	0,9649	0,9656	0,9664	0,9671	0,9678	0,9686	0,9693	0,9699	0,9706
1,9	0,9713	0,9719	0,9726	0,9732	0,9738	0,9744	0,9750	0,9756	0,9761	0,9767
2,0	0,9772	0,9778	0,9783	0,9788	0,9793	0,9798	0,9803	0,9808	0,9812	0,9817
2,1	0,9821	0,9826	0,9830	0,9834	0,9838	0,9842	0,9846	0,9850	0,9854	0,9857
2,2	0,9861	0,9864	0,9868	0,9871	0,9875	0,9878	0,9881	0,9884	0,9887	0,9890
2,3	0,9893	0,9896	0,9898	0,9901	0,9904	0,9906	0,9909	0,9911	0,9913	0,9916
2,4	0,9918	0,9920	0,9922	0,9925	0,9927	0,9929	0,9931	0,9932	0,9934	0,9936
2,5	0,9938	0,9940	0,9941	0,9943	0,9945	0,9946	0,9948	0,9949	0,9951	0,9952
2,6	0,9953	0,9955	0,9956	0,9957	0,9959	0,9960	0,9961	0,9962	0,9963	0,9964
2,7	0,9965	0,9966	0,9967	0,9968	0,9969	0,9970	0,9971	0,9972	0,9973	0,9974
2,8	0,9974	0,9975	0,9976	0,9977	0,9977	0,9978	0,9979	0,9979	0,9980	0,9981
2,9	0,9981	0,9982	0,9982	0,9983	0,9984	0,9984	0,9985	0,9985	0,9986	0,9986
3,0	0,9987	0,9987	0,9987	0,9988	0,9988	0,9989	0,9989	0,9989	0,9990	0,9990
3,1	0,9990	0,9991	0,9991	0,9991	0,9992	0,9992	0,9992	0,9992	0,9993	0,9993
3,2	0,9993	0,9993	0,9994	0,9994	0,9994	0,9994	0,9994	0,9995	0,9995	0,9995
3,3	0,9995	0,9995	0,9995	0,9996	0,9996	0,9996	0,9996	0,9996	0,9996	0,9997
3,4	0,9997	0,9997	0,9997	0,9997	0,9997	0,9997	0,9997	0,9997	0,9997	0,9998
3,5	0,9998	0,9998	0,9998	0,9998	0,9998	0,9998	0,9998	0,9998	0,9998	0,9998
3,6	0,9998	0,9998	0,9999	0,9999	0,9999	0,9999	0,9999	0,9999	0,9999	0,9999
3,7	0,9999	0,9999	0,9999	0,9999	0,9999	0,9999	0,9999	0,9999	0,9999	0,9999
3,8	0,9999	0,9999	0,9999	0,9999	0,9999	0,9999	0,9999	0,9999	0,9999	0,9999
3,9	1,0000	1,0000	1,0000	1,0000	1,0000	1,0000	1,0000	1,0000	1,0000	1,0000

Studentverteilung (Quantile)

Auf der nächsten Seite sind die Quantile der Studentverteilung (t-Verteilung) für verschiedene Freiheitsgrade ν angegeben. Zur Vereinfachung wurden die für Schätz- und Testverfahren benötigten Werte schon getrennt nach ein- und zwei-seitigen Konfidenzintervallen bzw. Hypothesen berechnet.

Die t-Werte für den einseitigen Fall entsprechen direkt den Quantilen der Vertei-lungsfunktion der Studentverteilung. Es gilt also:

$F_t(t) = 1-\alpha$

Dies ist in dem nachfolgenden Diagramm der Dichtefunktion der Studentvertei-lung dargestellt:

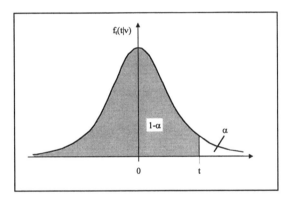

Die t-Werte im zweiseitigen Fall entsprechen den Quantilen, für die gilt:

$F_t(t) = 1-\alpha/2$

Auch hierzu die grafische Darstellung:

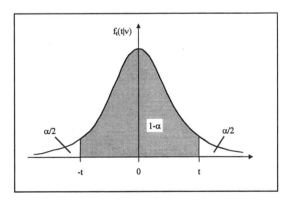

Ab $\nu \geq 30$ wird eine Approximation durch die Standardnormalverteilung als ak-zeptabel angesehen. Diese entspricht dem Wert für $\nu = \infty$.

ν (=n-1)	einseitig				beidseitig			
	1-α				1-α			
	0,90	0,95	0,99	0,999	0,90	0,95	0,99	0,999
1	3,078	6,314	31,821	318,289	6,314	12,706	63,656	636,578
2	1,886	2,920	6,965	22,328	2,920	4,303	9,925	31,600
3	1,638	2,353	4,541	10,214	2,353	3,182	5,841	12,924
4	1,533	2,132	3,747	7,173	2,132	2,776	4,604	8,610
5	1,476	2,015	3,365	5,894	2,015	2,571	4,032	6,869
6	1,440	1,943	3,143	5,208	1,943	2,447	3,707	5,959
7	1,415	1,895	2,998	4,785	1,895	2,365	3,499	5,408
8	1,397	1,860	2,896	4,501	1,860	2,306	3,355	5,041
9	1,383	1,833	2,821	4,297	1,833	2,262	3,250	4,781
10	1,372	1,812	2,764	4,144	1,812	2,228	3,169	4,587
11	1,363	1,796	2,718	4,025	1,796	2,201	3,106	4,437
12	1,356	1,782	2,681	3,930	1,782	2,179	3,055	4,318
13	1,350	1,771	2,650	3,852	1,771	2,160	3,012	4,221
14	1,345	1,761	2,624	3,787	1,761	2,145	2,977	4,140
15	1,341	1,753	2,602	3,733	1,753	2,131	2,947	4,073
16	1,337	1,746	2,583	3,686	1,746	2,120	2,921	4,015
17	1,333	1,740	2,567	3,646	1,740	2,110	2,898	3,965
18	1,330	1,734	2,552	3,610	1,734	2,101	2,878	3,922
19	1,328	1,729	2,539	3,579	1,729	2,093	2,861	3,883
20	1,325	1,725	2,528	3,552	1,725	2,086	2,845	3,850
21	1,323	1,721	2,518	3,527	1,721	2,080	2,831	3,819
22	1,321	1,717	2,508	3,505	1,717	2,074	2,819	3,792
23	1,319	1,714	2,500	3,485	1,714	2,069	2,807	3,768
24	1,318	1,711	2,492	3,467	1,711	2,064	2,797	3,745
25	1,316	1,708	2,485	3,450	1,708	2,060	2,787	3,725
26	1,315	1,706	2,479	3,435	1,706	2,056	2,779	3,707
27	1,314	1,703	2,473	3,421	1,703	2,052	2,771	3,689
28	1,313	1,701	2,467	3,408	1,701	2,048	2,763	3,674
29	1,311	1,699	2,462	3,396	1,699	2,045	2,756	3,660
30	1,310	1,697	2,457	3,385	1,697	2,042	2,750	3,646
40	1,303	1,684	2,423	3,307	1,684	2,021	2,704	3,551
50	1,299	1,676	2,403	3,261	1,676	2,009	2,678	3,496
60	1,296	1,671	2,390	3,232	1,671	2,000	2,660	3,460
80	1,292	1,664	2,374	3,195	1,664	1,990	2,639	3,416
100	1,290	1,660	2,364	3,174	1,660	1,984	2,626	3,390
200	1,286	1,653	2,345	3,131	1,653	1,972	2,601	3,340
∞	1,282	1,645	2,326	3,090	1,645	1,960	2,576	3,291

Chi-Quadrat-Verteilung (Quantile)

Auf den nächsten beiden Seiten sind die Quantile der Chi-Quadrat-Verteilung (χ^2-Verteilung) für verschiedene Freiheitsgrade ν angegeben. Die χ^2-Werte entsprechen also den Quantilen der Verteilungsfunktion, für die gilt:

$$F_{Ch}(\chi^2|\nu) = 1-\alpha$$

Die Kurzschreibweise dafür lautet: $\chi^2(1-\alpha; \nu)$.

Dies ist in nachfolgendem Diagramm der Dichtefunktion der Chi-Quadrat-Verteilung dargestellt:

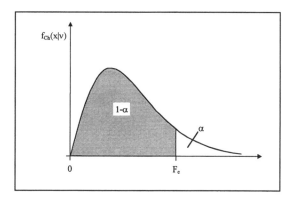

Tabelliert sind die Quantile an beiden Rändern der Verteilung, die für Schätz- und Testverfahren besonders häufig benötigt werden.

$\nu \setminus 1-\alpha$	0,001	0,005	0,01	0,025	0,05	0,1
1	0,000	0,000	0,000	0,001	0,004	0,016
2	0,002	0,010	0,020	0,051	0,103	0,211
3	0,024	0,072	0,115	0,216	0,352	0,584
4	0,091	0,207	0,297	0,484	0,711	1,064
5	0,210	0,412	0,554	0,831	1,145	1,610
6	0,381	0,676	0,872	1,237	1,635	2,204
7	0,599	0,989	1,239	1,690	2,167	2,833
8	0,857	1,344	1,647	2,180	2,733	3,490
9	1,152	1,735	2,088	2,700	3,325	4,168
10	1,479	2,156	2,558	3,247	3,940	4,865
11	1,834	2,603	3,053	3,816	4,575	5,578
12	2,214	3,074	3,571	4,404	5,226	6,304
13	2,617	3,565	4,107	5,009	5,892	7,041
14	3,041	4,075	4,660	5,629	6,571	7,790
15	3,483	4,601	5,229	6,262	7,261	8,547
16	3,942	5,142	5,812	6,908	7,962	9,312
17	4,416	5,697	6,408	7,564	8,672	10,085
18	4,905	6,265	7,015	8,231	9,390	10,865
19	5,407	6,844	7,633	8,907	10,117	11,651
20	5,921	7,434	8,260	9,591	10,851	12,443
21	6,447	8,034	8,897	10,283	11,591	13,240
22	6,983	8,643	9,542	10,982	12,338	14,041
23	7,529	9,260	10,196	11,689	13,091	14,848
24	8,085	9,886	10,856	12,401	13,848	15,659
25	8,649	10,520	11,524	13,120	14,611	16,473
26	9,222	11,160	12,198	13,844	15,379	17,292
27	9,803	11,808	12,878	14,573	16,151	18,114
28	10,391	12,461	13,565	15,308	16,928	18,939
29	10,986	13,121	14,256	16,047	17,708	19,768
30	11,588	13,787	14,953	16,791	18,493	20,599
35	14,688	17,192	18,509	20,569	22,465	24,797
40	17,917	20,707	22,164	24,433	26,509	29,051
50	24,674	27,991	29,707	32,357	34,764	37,689
60	31,738	35,534	37,485	40,482	43,188	46,459
70	39,036	43,275	45,442	48,758	51,739	55,329
80	46,520	51,172	53,540	57,153	60,391	64,278
90	54,156	59,196	61,754	65,647	69,126	73,291
100	61,918	67,328	70,065	74,222	77,929	82,358

ν \ 1-α	0,9	0,95	0,975	0,99	0,995	0,999
1	2,706	3,841	5,024	6,635	7,879	10,827
2	4,605	5,991	7,378	9,210	10,597	13,815
3	6,251	7,815	9,348	11,345	12,838	16,266
4	7,779	9,488	11,143	13,277	14,860	18,466
5	9,236	11,070	12,832	15,086	16,750	20,515
6	10,645	12,592	14,449	16,812	18,548	22,457
7	12,017	14,067	16,013	18,475	20,278	24,321
8	13,362	15,507	17,535	20,090	21,955	26,124
9	14,684	16,919	19,023	21,666	23,589	27,877
10	15,987	18,307	20,483	23,209	25,188	29,588
11	17,275	19,675	21,920	24,725	26,757	31,264
12	18,549	21,026	23,337	26,217	28,300	32,909
13	19,812	22,362	24,736	27,688	29,819	34,527
14	21,064	23,685	26,119	29,141	31,319	36,124
15	22,307	24,996	27,488	30,578	32,801	37,698
16	23,542	26,296	28,845	32,000	34,267	39,252
17	24,769	27,587	30,191	33,409	35,718	40,791
18	25,989	28,869	31,526	34,805	37,156	42,312
19	27,204	30,144	32,852	36,191	38,582	43,819
20	28,412	31,410	34,170	37,566	39,997	45,314
21	29,615	32,671	35,479	38,932	41,401	46,796
22	30,813	33,924	36,781	40,289	42,796	48,268
23	32,007	35,172	38,076	41,638	44,181	49,728
24	33,196	36,415	39,364	42,980	45,558	51,179
25	34,382	37,652	40,646	44,314	46,928	52,619
26	35,563	38,885	41,923	45,642	48,290	54,051
27	36,741	40,113	43,195	46,963	49,645	55,475
28	37,916	41,337	44,461	48,278	50,994	56,892
29	39,087	42,557	45,722	49,588	52,335	58,301
30	40,256	43,773	46,979	50,892	53,672	59,702
35	46,059	49,802	53,203	57,342	60,275	66,619
40	51,805	55,758	59,342	63,691	66,766	73,403
50	63,167	67,505	71,420	76,154	79,490	86,660
60	74,397	79,082	83,298	88,379	91,952	99,608
70	85,527	90,531	95,023	100,425	104,215	112,317
80	96,578	101,879	106,629	112,329	116,321	124,839
90	107,565	113,145	118,136	124,116	128,299	137,208
100	118,498	124,342	129,561	135,807	140,170	149,449

F-Verteilung (Quantile)

Auf den nächsten drei Seiten sind die Quantile der F-Verteilung für verschiedene Freiheitsgrade v_1 und v_2 angegeben. Die F-Werte entsprechen also den Quantilen der Verteilungsfunktion, für die gilt:

$F_F(F|v_1; v_2) = 1-\alpha$

Die Kurzschreibweise dafür lautet: $F(1-\alpha; v_1; v_2)$.

Dies ist in nachfolgendem Diagramm der Dichtefunktion der F-Verteilung dargestellt:

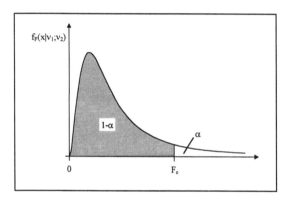

Wie üblich werden nur die rechtsseitigen Quantile (mit $1-\alpha \geq 0,5$) tabelliert. Für die linksseitigen Quantile ist folgender Zusammenhang zu nutzen:

$$F(\alpha; v_1; v_2) = \frac{1}{F(1-\alpha; v_2; v_1)}$$

1-α = 0,9

v2\v1	1	2	3	4	5	6	8	10	20	30	40	50	100	∞
1	39,9	49,5	53,6	55,8	57,2	58,2	59,4	60,2	61,7	62,3	62,5	62,7	63,0	63,3
2	8,53	9,00	9,16	9,24	9,29	9,33	9,37	9,39	9,44	9,46	9,47	9,47	9,48	9,49
3	5,54	5,46	5,39	5,34	5,31	5,28	5,25	5,23	5,18	5,17	5,16	5,15	5,14	5,13
4	4,54	4,32	4,19	4,11	4,05	4,01	3,95	3,92	3,84	3,82	3,80	3,80	3,78	3,76
5	4,06	3,78	3,62	3,52	3,45	3,40	3,34	3,30	3,21	3,17	3,16	3,15	3,13	3,11
6	3,78	3,46	3,29	3,18	3,11	3,05	2,98	2,94	2,84	2,80	2,78	2,77	2,75	2,72
7	3,59	3,26	3,07	2,96	2,88	2,83	2,75	2,70	2,59	2,56	2,54	2,52	2,50	2,47
8	3,46	3,11	2,92	2,81	2,73	2,67	2,59	2,54	2,42	2,38	2,36	2,35	2,32	2,29
9	3,36	3,01	2,81	2,69	2,61	2,55	2,47	2,42	2,30	2,25	2,23	2,22	2,19	2,16
10	3,29	2,92	2,73	2,61	2,52	2,46	2,38	2,32	2,20	2,16	2,13	2,12	2,09	2,06
15	3,07	2,70	2,49	2,36	2,27	2,21	2,12	2,06	1,92	1,87	1,85	1,83	1,79	1,76
20	2,97	2,59	2,38	2,25	2,16	2,09	2,00	1,94	1,79	1,74	1,71	1,69	1,65	1,61
30	2,88	2,49	2,28	2,14	2,05	1,98	1,88	1,82	1,67	1,61	1,57	1,55	1,51	1,46
40	2,84	2,44	2,23	2,09	2,00	1,93	1,83	1,76	1,61	1,54	1,51	1,48	1,43	1,38
50	2,81	2,41	2,20	2,06	1,97	1,90	1,80	1,73	1,57	1,50	1,46	1,44	1,39	1,33
100	2,76	2,36	2,14	2,00	1,91	1,83	1,73	1,66	1,49	1,42	1,38	1,35	1,29	1,21
200	2,73	2,33	2,11	1,97	1,88	1,80	1,70	1,63	1,46	1,38	1,34	1,31	1,24	1,14
∞	2,71	2,30	2,08	1,94	1,85	1,77	1,67	1,60	1,42	1,34	1,30	1,26	1,18	1,00

1-α = 0,95

v2\v1	1	2	3	4	5	6	8	10	20	30	40	50	100	∞
1	161	199	216	225	230	234	239	242	248	250	251	252	253	254
2	18,5	19,0	19,2	19,2	19,3	19,3	19,4	19,4	19,4	19,5	19,5	19,5	19,5	19,5
3	10,1	9,55	9,28	9,12	9,01	8,94	8,85	8,79	8,66	8,62	8,59	8,58	8,55	8,53
4	7,71	6,94	6,59	6,39	6,26	6,16	6,04	5,96	5,80	5,75	5,72	5,70	5,66	5,63
5	6,61	5,79	5,41	5,19	5,05	4,95	4,82	4,74	4,56	4,50	4,46	4,44	4,41	4,37
6	5,99	5,14	4,76	4,53	4,39	4,28	4,15	4,06	3,87	3,81	3,77	3,75	3,71	3,67
7	5,59	4,74	4,35	4,12	3,97	3,87	3,73	3,64	3,44	3,38	3,34	3,32	3,27	3,23
8	5,32	4,46	4,07	3,84	3,69	3,58	3,44	3,35	3,15	3,08	3,04	3,02	2,97	2,93
9	5,12	4,26	3,86	3,63	3,48	3,37	3,23	3,14	2,94	2,86	2,83	2,80	2,76	2,71
10	4,96	4,10	3,71	3,48	3,33	3,22	3,07	2,98	2,77	2,70	2,66	2,64	2,59	2,54
15	4,54	3,68	3,29	3,06	2,90	2,79	2,64	2,54	2,33	2,25	2,20	2,18	2,12	2,07
20	4,35	3,49	3,10	2,87	2,71	2,60	2,45	2,35	2,12	2,04	1,99	1,97	1,91	1,84
30	4,17	3,32	2,92	2,69	2,53	2,42	2,27	2,16	1,93	1,84	1,79	1,76	1,70	1,62
40	4,08	3,23	2,84	2,61	2,45	2,34	2,18	2,08	1,84	1,74	1,69	1,66	1,59	1,51
50	4,03	3,18	2,79	2,56	2,40	2,29	2,13	2,03	1,78	1,69	1,63	1,60	1,52	1,44
100	3,94	3,09	2,70	2,46	2,31	2,19	2,03	1,93	1,68	1,57	1,52	1,48	1,39	1,28
200	3,89	3,04	2,65	2,42	2,26	2,14	1,98	1,88	1,62	1,52	1,46	1,41	1,32	1,19
∞	3,84	3,00	2,60	2,37	2,21	2,10	1,94	1,83	1,57	1,46	1,39	1,35	1,24	1,00

1-α = 0,975

v2\v1	1	2	3	4	5	6	8	10	20	30	40	50	100	∞
1	648	799	864	900	922	937	957	969	993	1001	1006	1008	1013	1018
2	38,5	39,0	39,2	39,2	39,3	39,3	39,4	39,4	39,4	39,5	39,5	39,5	39,5	39,5
3	17,4	16,0	15,4	15,1	14,9	14,7	14,5	14,4	14,2	14,1	14,0	14,0	14,0	13,9
4	12,2	10,6	10,0	9,60	9,36	9,20	8,98	8,84	8,56	8,46	8,41	8,38	8,32	8,26
5	10,0	8,43	7,76	7,39	7,15	6,98	6,76	6,62	6,33	6,23	6,18	6,14	6,08	6,02
6	8,81	7,26	6,60	6,23	5,99	5,82	5,60	5,46	5,17	5,07	5,01	4,98	4,92	4,85
7	8,07	6,54	5,89	5,52	5,29	5,12	4,90	4,76	4,47	4,36	4,31	4,28	4,21	4,14
8	7,57	6,06	5,42	5,05	4,82	4,65	4,43	4,30	4,00	3,89	3,84	3,81	3,74	3,67
9	7,21	5,71	5,08	4,72	4,48	4,32	4,10	3,96	3,67	3,56	3,51	3,47	3,40	3,33
10	6,94	5,46	4,83	4,47	4,24	4,07	3,85	3,72	3,42	3,31	3,26	3,22	3,15	3,08
15	6,20	4,77	4,15	3,80	3,58	3,41	3,20	3,06	2,76	2,64	2,59	2,55	2,47	2,40
20	5,87	4,46	3,86	3,51	3,29	3,13	2,91	2,77	2,46	2,35	2,29	2,25	2,17	2,09
30	5,57	4,18	3,59	3,25	3,03	2,87	2,65	2,51	2,20	2,07	2,01	1,97	1,88	1,79
40	5,42	4,05	3,46	3,13	2,90	2,74	2,53	2,39	2,07	1,94	1,88	1,83	1,74	1,64
50	5,34	3,97	3,39	3,05	2,83	2,67	2,46	2,32	1,99	1,87	1,80	1,75	1,66	1,55
100	5,18	3,83	3,25	2,92	2,70	2,54	2,32	2,18	1,85	1,71	1,64	1,59	1,48	1,35
200	5,10	3,76	3,18	2,85	2,63	2,47	2,26	2,11	1,78	1,64	1,56	1,51	1,39	1,23
∞	5,02	3,69	3,12	2,79	2,57	2,41	2,19	2,05	1,71	1,57	1,48	1,43	1,30	1,00

1-α = 0,99

v2\v1	1	2	3	4	5	6	8	10	20	30	40	50	100	∞
1	4052	4999	5404	5624	5764	5859	5981	6056	6209	6260	6286	6302	6334	6366
2	98,5	99,0	99,2	99,3	99,3	99,3	99,4	99,4	99,4	99,5	99,5	99,5	99,5	99,5
3	34,1	30,8	29,5	28,7	28,2	27,9	27,5	27,2	26,7	26,5	26,4	26,4	26,2	26,1
4	21,2	18,0	16,7	16,0	15,5	15,2	14,8	14,5	14,0	13,8	13,7	13,7	13,6	13,5
5	16,3	13,3	12,1	11,4	11,0	10,7	10,3	10,1	9,55	9,38	9,29	9,24	9,13	9,02
6	13,7	10,9	9,78	9,15	8,75	8,47	8,10	7,87	7,40	7,23	7,14	7,09	6,99	6,88
7	12,2	9,55	8,45	7,85	7,46	7,19	6,84	6,62	6,16	5,99	5,91	5,86	5,75	5,65
8	11,3	8,65	7,59	7,01	6,63	6,37	6,03	5,81	5,36	5,20	5,12	5,07	4,96	4,86
9	10,6	8,02	6,99	6,42	6,06	5,80	5,47	5,26	4,81	4,65	4,57	4,52	4,41	4,31
10	10,0	7,56	6,55	5,99	5,64	5,39	5,06	4,85	4,41	4,25	4,17	4,12	4,01	3,91
15	8,68	6,36	5,42	4,89	4,56	4,32	4,00	3,80	3,37	3,21	3,13	3,08	2,98	2,87
20	8,10	5,85	4,94	4,43	4,10	3,87	3,56	3,37	2,94	2,78	2,69	2,64	2,54	2,42
30	7,56	5,39	4,51	4,02	3,70	3,47	3,17	2,98	2,55	2,39	2,30	2,25	2,13	2,01
40	7,31	5,18	4,31	3,83	3,51	3,29	2,99	2,80	2,37	2,20	2,11	2,06	1,94	1,80
50	7,17	5,06	4,20	3,72	3,41	3,19	2,89	2,70	2,27	2,10	2,01	1,95	1,82	1,68
100	6,90	4,82	3,98	3,51	3,21	2,99	2,69	2,50	2,07	1,89	1,80	1,74	1,60	1,43
200	6,76	4,71	3,88	3,41	3,11	2,89	2,60	2,41	1,97	1,79	1,69	1,63	1,48	1,28
∞	6,63	4,61	3,78	3,32	3,02	2,80	2,51	2,32	1,88	1,70	1,59	1,52	1,36	1,00

1-α = 0,995

v2\v1	1	2	3	4	5	6	8	10	20	30	40	50	100	∞
1	16212	19997	21614	22501	23056	23440	23924	24222	24837	25041	25146	25213	25339	25466
2	199	199	199	199	199	199	199	199	199	199	199	199	199	200
3	55,6	49,8	47,5	46,2	45,4	44,8	44,1	43,7	42,8	42,5	42,3	42,2	42,0	41,8
4	31,3	26,3	24,3	23,2	22,5	22,0	21,4	21,0	20,2	19,9	19,8	19,7	19,5	19,3
5	22,8	18,3	16,5	15,6	14,9	14,5	14,0	13,6	12,9	12,7	12,5	12,5	12,3	12,1
6	18,6	14,5	12,9	12,0	11,5	11,1	10,6	10,3	9,59	9,36	9,24	9,17	9,03	8,88
7	16,2	12,4	10,9	10,1	9,52	9,16	8,68	8,38	7,75	7,53	7,42	7,35	7,22	7,08
8	14,7	11,0	9,60	8,81	8,30	7,95	7,50	7,21	6,61	6,40	6,29	6,22	6,09	5,95
9	13,6	10,1	8,72	7,96	7,47	7,13	6,69	6,42	5,83	5,62	5,52	5,45	5,32	5,19
10	12,8	9,43	8,08	7,34	6,87	6,54	6,12	5,85	5,27	5,07	4,97	4,90	4,77	4,64
15	10,8	7,70	6,48	5,80	5,37	5,07	4,67	4,42	3,88	3,69	3,59	3,52	3,39	3,26
20	9,94	6,99	5,82	5,17	4,76	4,47	4,09	3,85	3,32	3,12	3,02	2,96	2,83	2,69
30	9,18	6,35	5,24	4,62	4,23	3,95	3,58	3,34	2,82	2,63	2,52	2,46	2,32	2,18
40	8,83	6,07	4,98	4,37	3,99	3,71	3,35	3,12	2,60	2,40	2,30	2,23	2,09	1,93
50	8,63	5,90	4,83	4,23	3,85	3,58	3,22	2,99	2,47	2,27	2,16	2,10	1,95	1,79
100	8,24	5,59	4,54	3,96	3,59	3,33	2,97	2,74	2,23	2,02	1,91	1,84	1,68	1,49
200	8,06	5,44	4,41	3,84	3,47	3,21	2,86	2,63	2,11	1,91	1,79	1,71	1,54	1,31
∞	7,88	5,30	4,28	3,72	3,35	3,09	2,74	2,52	2,00	1,79	1,67	1,59	1,40	1,00

Literaturhinweise

Jede Auswahl von Statistikbüchern muß angesichts der riesigen Zahl aktueller Werke unvollständig und willkürlich erscheinen. Trotzdem werden nachfolgend einige (wenige) deutschsprachige Bücher genannt, die sich entweder als Standardwerke etabliert haben oder besonders für den Einstieg geeignet sind.

Lehrbücher

Bamberg, Günter / Baur, Franz: *Statistik*; 12. Aufl.; München / Wien; Oldenbourg; 2002

Bleymüller, Josef / Gehlert, Günther / Gülicher, Herbert: *Statistik für Wirtschaftswissenschaftler*; 13. Aufl.; München; Vahlen; 2002

Hartung, Joachim / Elpelt, Bärbel / Klösener, Karl-Heinz: *Statistik: Lehr- und Handbuch der angewandten Statistik*; 13. Aufl.; München / Wien; Oldenbourg; 2002

Heike, Hans-Dieter / Tarcolea, Constantin: *Grundlagen der Statistik und Wahrscheinlichkeitsrechnung*; München / Wien; Oldenbourg; 2000

Schwarze, Jochen: *Grundlagen der Statistik*; Bd. 1 + 2; 9. bzw. 7. Aufl.; Herne / Berlin; Verlag Neue Wirtschafts-Briefe; 2001

Nachschlagewerke

Bosch, Karl: *Statistik-Taschenbuch*; 3. Aufl.; München / Wien; Oldenbourg; 1998

Rinne, Horst: *Taschenbuch der Statistik*; 2. Aufl.; Thun / Frankfurt a. M.; Harri Deutsch; 1997

Sauerbier, Thomas / Voß, Werner: *Kleine Formelsammlung Statistik*; 2. Aufl.; Hanser / Fachbuchverlag Leipzig; München / Wien; 2002

Voß, Werner [Hrsg.]: *Taschenbuch der Statistik*; München / Wien; Fachbuchverlag Leipzig im Carl Hanser Verlag; 2000

Übungsbücher

Bosch, Karl: *Klausurtraining Statistik*; 2. Aufl.; München / Wien; Oldenbourg; 1996

Lippe, Peter von der: *Deskriptive Statistik - Formeln, Aufgaben, Klausurtraining*; 6. Aufl.; München / Wien; Oldenbourg; 2002

Lippe, Peter von der: *Induktive Statistik - Formeln, Aufgaben, Klausurtraining*; 5. Aufl.; München / Wien; Oldenbourg; 1999

Missong, Martin: *Aufgabensammlung zur deskriptiven Statistik*; 6. Aufl.; München / Wien; Oldenbourg; 2003

Sauerbier, Thomas / Voß, Werner: *Kleine Formelsammlung Statistik mit Mathcad 8*; auf CD-ROM; Hanser / Fachbuchverlag Leipzig; München / Wien; 2000

Schwarze, Jochen: *Aufgabensammlung zur Statistik*; 4. Aufl.; Herne / Berlin; Verlag Neue Wirtschafts-Briefe; 2002

Verschiedenes

Krämer, Walter: *So lügt man mit Statistik*; 8. Aufl.; Frankfurt a. M. / New York; Campus; 1998

Monka, Michael / Voß, Werner: *Statistik am PC - Lösungen mit Excel*; 3. Aufl.; München / Wien; Carl-Hanser; 2002

Statistisches Jahrbuch für die Bundesrepublik Deutschland; Stuttgart; Metzler-Poeschel; jährlich neu

Internet-Seiten

Deutsche Statistische Gesellschaft: *http://www.dstatg.de*

Statistisches Bundesamt: *http://www.destatis.de*

Index